선조들의 삶 II

24절기 이야기

한호철

지식과교양

책머리에

세상에는 많고 많은 사람들이 있고, 이들이 만들어 내는 책들도 아주 많다. 또한 각자가 읽는 책의 종류도 다양하며, 한 사람이 많은 양을 읽기도 한다. 나 또한 1주에 한 권 즉 1년에 52권을 읽는 'O₂독서' 모임에서 책을 읽고 있다. 그러나 이렇게 많은 책 중에 우리 조상들이 살아왔던 생활양식에 관한 책은 그 종류가 많지 않고, 어쩌다 골라잡은 책이라 하더라도 내용은 내가 바라는 바를 흡족하게 얻을 수 없었다.

지금까지 편찬된 세시풍속이나 24절기에 관한 책들은, 예전에 이런 풍습이 있었다더라 하는 식으로 설명하고 제목을 안내하는 수준에 불과하였다. 덧붙여 말하면 그 날이 무슨 날인지 알고 싶어도 혼자서는 알 수 없는 게 현실이다. 그 날에 어떤 일이 있었는지, 그 날에 어떤 일을 해야 하는지 등에 대한 설명이 없었다는 것이다.

농업의 비중이 점차 줄어들면서 농경사회 중심의 세시풍속이나 24절기의 필요성이 약화된 것은 사실이다. 그러나 아무리 그렇다하더라도 엄연한 우리의 풍속인 것도 확실하다. 자칫 전래의 세시풍속이나 24절기가 있었는지조차 모르는 민족이 될까 두려운 생각이 든다.

이른바 베이비붐 세대 이후에는, 급변하는 세태에 따라 우리 민족의 고유 풍습이 남의 나라 이야기처럼 들리고 어쩌다 사전에서 찾아보는 신기한 이야기쯤으로 여기고 있다. 우리나라의 산업화 및 공업화와 함께 낡은, 필요 없는, 거추장스러운 풍습 정도로 치부하기도 한다. 그러나 세계가 지구촌화 되면서 각 나라의 거리와 문화적 격차가 좁혀지는 마당에서는, 오히려 가장 토속적이고 가장 민속적인 것이 그 나라를 상징하는 것임을 알아야 한다.

많은 사람들은 선조들이 겪으며 생활의 일부로 여겨왔던 우리 전통에 대하여 상세한 안내가 필요하다는 것에 공감하고 있다. 단절될지도 모르는 풍속에 대하여 전해주고 싶다는 것에 동감을 표하고 있다. 설령 그대로 지켜가지는 않는다 하더라도 선조들은 이런 문화를 가지고 있었다는 것을 기억해주기 바라고 있다. 말하자면 우리 민족은 우리 선조들이 어떻게 살아왔는가를 알아야 한다는 것이다.

시시각각 변하는 시대에 선조들의 삶이 그리 중요할 것이 없다고 말한다면 그것은 우리 역사를 부정하는 것이며 유구한 전통을 거부하는 일이다. 더하여 전통이 없는 나라, 문화가 없는 나라는 신생국가에 지나지 않는다. 정말로 우리가 신생국가로 불리기를 원하고 있는 것일까.

이런 의미에서 생각하면 본 도서 '24절기 이야기'는 우리를 되돌아보게 한다. 1년을 시작하는 입춘에서부터 마지막 절기인 대한까지 자세하게 설명하면서, 각 절기마다 우리 생활과 연관성을 부여하고 있다. 농번기에는 어떤 일들이 일어났고, 농한기에는 어떤 일들로 대처하였는지 알 수도 있다. 농사철에는 어떤 기후가 적합하며 일상에서는 계절마다 어떻게 살아왔는지도 엮어낼 수 있다. 이것이 바로 선조들의 삶이며, 앞서 출간된 '세시풍속 이야기'와 더불어 우리의 문화적 뿌리인 것이다.

우리는 과거 역사에서 미래를 배우며, 지나온 삶의 방식에서 앞으로 해야 할 지혜를 얻는다. 새롭게 부딪치는 일에서 시행착오를 하지 않기 위해 역사를 배우고, 새로운 발명을 위하여 남이 해온 실패를 거울삼는 것이다. 전혀 어울릴 것 같지 않은 세시풍속과 24절기로 이렇게 우리의 삶의 방향을 가늠할 수 있는 것이다. 이것이 바로 '온고이지신(溫故而知新)'이 아니고 무엇이겠는가. 이 책으로 선조들의 삶을 모두 이해할 수는 없지만, 지나온 세대의 오랜 전통이 어떠했는가는 알 수 있기를 바란다.

지난 겨울 극심했던 가뭄을 해소하기 위한 것이라고 하지만 요즘은 비가 자주 내린다. 이 정도면 논농사를 준비하는데 큰 애로사항은 없을 것이다. 예전에는 농부가 직접 도랑을 파서 물을 모으고 작은

웅덩이라도 알뜰히 관리하던 시절이 있었는데, 근래에는 다목적으로 물을 관리하는 기관이 있어 농민들은 많이 편리해졌다. 이런 것들이 산업화의 변화에 따른 결과이기는 하지만, 그렇다고 농사짓는 일의 근본을 완전히 바꿀 수는 없다. 아직도 쌀농사가 주를 이루고 있어 많은 양의 물과 풍부한 일조량 그리고 적당한 영양을 공급해주어야 하는 일에는 변함이 없는 것이다.

현재는 과거를 떠나서 존재할 수 없는 것이며, 미래는 현재를 거치지 않고는 다가올 수 없는 것이리라. 그래서 선조들의 삶을 이해하는 데는 다 그럴만한 이유가 있는 것이다.

끝으로 이 책이 나오기까지 애써주신 지식과교양사 윤사장님을 비롯하여 직원들에게 감사를 전합니다. 또한 격려해 주시고 관심을 가져주신 모든 분들께도 감사드립니다.

2016년 춘분
한 호 철

차 례

부 록

제 1부

절기 둘러보기

01 절기와 달력의 관계

　지금은 거의 대부분의 나라에서 태양력을 사용하며 보통은 그냥 양력이라 부르는데, 바꿔 말하면 고대부터 사용되어오던 음력에 반대되는 달력이다. 교통이 원활하지 못하던 예전 각 나라에는 각자의 필요에 의하여 만들어진 달력이 있었으나, 현재는 생활의 편리성과 산업의 발달로 인하여 태양력을 사용하고 있다.

　우리나라에서도 신라시대부터 독자적인 달력을 만들어 사용해오다가, 진덕왕 4년 650년에 중국의 역법을 들여와 사용하였다. 또 백제는 중국의 송나라 때 만든 원가력(元嘉曆)을 도입하여 사용했다는 기록이 있다. 조선에 와서는 세종때 일종의 태음력인 칠정산내편(七政算內篇)과 칠정산외편(七政算外篇)의 역법을 만들었는데, 이때의 칠정(七政)이란 역목(曆目), 태양(太陽), 태음(太陰), 중성(中星), 교식(交食), 오성(五星), 사여성(四餘星) 등의 7개 천문을 가리킨다.

　그러나 실제로 오늘날과 같은 달력 형태를 갖춘 월력은 조선 효종 4년 1653년에 청나라에서 도입된 시헌력(時憲曆)을 채용한 때부터이다. 시헌력은 서양천문학의 영향을 받아 만든 달력이었으며, 고종 32년 1895년에 이르러서 현재 사용되는 태양력(太陽曆)을 전격적으로 사용하게 되었다.

1.1 태양력

우리가 사용하는 달력은 태양의 주기 변화를 기본으로 만들어졌기에 양력이라 한다. 이것은 1년 365일을 12달로 나누어 각 달은 30일과 31일이 번갈아 들며, 2월 달에는 28일이나 29일로 조금 작게 정해져있다. 2월은 3년 동안은 28일로 하고 4년마다 29일을 사용하는 윤년을 두었다. 현재 거의 모든 나라에서 이 태양력을 기본으로 사용하고 있다.

▲ 달력

이러한 계산법의 근거를 보면 예전에는 태양의 회전주기를 360일이라고 믿었으며, 원에 내접하는 6각형으로 사잇각이 60°라는 숫자를 얻었다. 이것은 60진법의 시작이 되었으며, 이를 다시 둘로 나누면 30°, 또 15°가 되어 1년은 24등분이 되고 24절기가 생겨나게 된 것이다. 또한 목성의 공전주기가 12년으로 12지지와 같아 세성(歲星)이라 부르며 이러한 계산법을 세성기년

법(歲星幾年法)이라 부른다.

60진법은 시간을 나타내는 시계에 잘 적용되어있는데, 마지막 단위인 초(秒)는 10진법을 사용한 것이 좀 특이하다. 그러나 모든 법칙에 예외가 있듯이 초는 처음에 만들어진 정규 시간을 재는 단위가 아니라, 훗날 좀 더 세부적인 시간을 재는 방식으로 채택된 것이라는 설에 타당성이 있어 보인다. 이때는 벌써 많은 사람들이 10진법에 익숙해져 있었으므로 큰 거부감 없이 채택되었다고 보는 것이다. 동양에서는 이 60진법을 놓고 60갑자(甲子)와 12지지(地支)를 만들어냈었는데, 이런 사실은 서양의 메소포타미아 문명과 3천 년 전 중국의 갑골문에서 공통으로 확인되고 있다. 우리나라에서는 음력 1895년 9월 9일 조선의 고종이 내린 칙령에 따라, 1895년 11월 17일까지 태음태양력을 사용해오다가 이날을 양력 1896년 1월 1일로 바꿔 사용하게 되었다. 이 태양력의 채택은 한일병합인 1910년 8월 22일에 앞서, 일본의 강요에 의해 어쩔 수 없이 수용하게 되었다.

1.2 태음력

달은 특별한 기상 이변이 없으면 밤이나 낮을 가리지 않고 육안으로도 쉽게 관측이 가능하며, 당시 목축이나 어로 등 기본적인 생활에 많은 영향을 미치던 달에 접근하는 것은 아주 자연스러운 일이었다. 이렇게 정한 규칙은 기원전 3만 년에 살았던 순록의 뿔에 음각하여 달의 주기를 표현한 것이 아시아에서 발견되어 최초의 달력으로 전한다. 물론 이때는 문자가 아니라 점이나 선으로 표기하여 달력으로서의 기초를 보여주는 정도에 지나지 않았다. 이후 시베리아에서도 매머드의 뼈에 점이나 나무 모양을 음각하여 달의 공전주기를 나타낸 것이 발견되었다. 이런 것들은 아직 부족하기는 하지만 진정으로 의미하는 순수한 태음력의 형태를 띠었다고 말할 수 있다.

일반인들이 흔히 음력은 현실적이지 않고 많이 틀린다는 생각을 하기 쉽지만, 이는 달의 영향을 많이 받았던 시절에는 아주 요긴한 달력이었기에 어느 것이 맞고 틀린다고 말할 수는 없는 것이다. 당시는 달의 공전주기인 29.53일을 기준으로 하여 정교하게 만들었던 것이다.

기원전 5세기 고대 그리스의 천문학자 메톤은 음력으로 235개월이 양력으로 19년과 거의 맞아떨어진다는 것을 알아내어, 음력 19년에 윤달 7개를 추가하기에 이른다. 양력 365일을 19년 동안 계산하면 6,935일이 된다. 한편 음력 19년은 228개월이므로 각 29.5일을 곱해주면 6,726일 되고, 여기에 7개의 윤달을 넣어 29.5일을 곱하면 206.5일이 됨으로 둘을 더하면 6,932.5일이 된다. 따라서 태음력을 보완함으로써 태양력과는 19년에 2일 정도의 오차만이 발생하게 되는 것이다. 앞서 언급한 매머드의 뼈에 적힌 태음력에서 출발하여 이렇게 조정된 것이 바로 태음태양력이다.

그러므로 태음력은 시간이 지나면서 개선에 개선을 거쳐 태음태양력으로 변천하였고, 현재는 태양력과 태음태양력의 두 가지 달력이 존재한다는 결론이다.

일반적인 요즘의 음력 즉 태음태양력의 최초 기록은 634년 이슬람 지역에서 사용하기 시작한 이슬람달력으로 통한다. 여기에는 한 달이 29일 혹은 30일로 구성되어 있다. 이렇게 하다가 마지막 달에는 번갈아 나오는 것이 아니라 인위적으로 29일 혹은 30일로 조정하는데 이는 날짜를 달의 공전주기와 맞추기 위한 수단으로 적용되고 있다.

1.3 태음태양력

태음태양력은 원시시대 달의 운행주기를 기준삼아 생활하던 시절에서, 비교적 주기의 변화가 없는 태양의 영향을 받아 태음력을 보완한 것이라고 보면 된다. 달력에서 월(月)의 개념은 음력을 사용하면서 년(年)의 개념은 태양력에서 맞춘 것으로, 달을 해에 맞췄다고 하여 태음태양력이 되는 것이다. 태음태양력이 태양력과 어떤 관계에 있는지를 알기 위하여 종이 한 장에 표기한 것이 현재 우리가 사용하는 달력 즉 음력이 표기된 태양력달력이다.

태음력은 삭망의 날짜 계산이나 기타 조수(潮水) 간만(干滿)의 차이 등에 유용하다. 그러나 아시아처럼 태양의 힘을 빌어 농사를 짓거나, 일상 생활을 태양에 의존하던 사람들은 순수 태음력만을 사용하기에는 무리가 있었다. 따라서 태양의 일조(日照)와 물의 증발, 바람의 방향과 세기, 눈과 비의 많고 적음을 기록하여 생활에 반영하여 태음태양력을 만든 것은 아주 현명한 선택이었다고 할 수 있다.

다시 말해 우리가 현재 음력(陰曆) 생일을 따지는 것은 이미 태음력과 태양력을 보완한 상태의 태음태양력을 말하며, 일반적으로 오늘은 며칠이냐고 할 때는 순수한 태양력을 의미한다. 그런데 아직도 태음태양력을 그냥 음력 즉 태음력인줄 착각하는 경우가 많다.

02 24절기의 의미

    우리의 달력 속에는 순수한 날짜 개념의 날[日]이 있고, 농사에 필요하도록 구분하여 놓은 24절기도 있다. 여기에 등장하는 24절기는 엄밀히 말해 태양력에서 파생된 날이라고 할 수 있는 것이다. 이런 24절기는 대체로 벼농사를 주로 하는 아시아에 널리 통용되던 것으로, 태양력이 없으면 구분하기 힘든 날짜로써 극히 제한적이면서 변칙적인 달력이라 할 수 있다. 따라서 24절기를 말할 때는 특별한 언급이 없는 한 모두 태양력 즉 우리가 말하는 양력을 기준으로 하는 날짜임을 알아야 한다.

    절기는 매 달마다 2개의 특정일을 두어 1년 12달에 24개의 절기를 두었고, 이로써 농사를 짓는 기준으로 삼으면서 동시에 계절의 변화를 읽는 생활의 도구로 활용하였다.

    전통 농경사회에서 자연 현상에 의한 기후 변화는 농사에 커다란 영향을 끼쳤으며, 태양의 공전으로 생기는 힘이 농사에 미치는 영향은 지대하여 농사력은 매우 정확해야 했던 것이다.

이때 절기를 나누던 기준을 보면 황경이 15°변할 때마다 하나의 절기를 두었고, 이 절기는 바다를 터전으로 하는 어로보다는 육지에서 농사를 짓는데 아주 유용하게 사용되었다. 최소한 우리나라 사람들은 절기를 보고 바로 농사철을 안다고 할 수 있게 된 것이다.

03 24절기의 이해

　전통의 절기를 지정하는 방법은 평기법(平氣法)과 정기법(定氣法)이 있다. 오랜 세월동안 사용해온 평기법은 1년을 24등분해서 황도상(黃道上)의 해당 점에 각 기(氣)를 매기는 방법으로, 동지를 기점으로 중기(中氣)와 절기(節氣)를 매겨 15.218425일씩 더하면서 24절기를 정하는 방법이다.

　또 청나라 때 사용하였고 조선 효종 때에 도입된 시헌력(時憲曆)을 바탕으로 채택된 정기법은, 황도상의 동지점을 기준으로 태양이 동쪽으로 15° 간격으로 변화될 때마다 절기와 중기를 번갈아 매겨 나가는 방법이다.

　그런데 이 둘은 날짜를 기준으로 나누었느냐 아니면 황도상의 각도를 기준으로 나누었느냐 하는 차이일 뿐, 어차피 나누어가다가 오차가 발생하면 이를 보정해주어야 함으로 결국은 대동소이할 것으로 풀이된다. 그러나 전문가 입장에서는 미세하나마 어떤 차이가 있을 것이니, 그 차이의 해석 역시 전문가의 몫이다.

이렇게 하여 생긴 24절기를 세부적으로 보면 각 달의 4일부터 8일 사이 초순에 들어있는 12개의 절기와 19일부터 23일 사이 하순에 들어있는 12개의 중기로 이루어졌다. 그래서 1년은 달이 12개로 나누어져 12진법의 활용이 되었으며, 절기와 중기도 마찬가지다. 각 달은 12지지(地支)를 두어 표현하였으며, 하루 24시간 중에서 12시간의 낮과 12시간의 밤으로 구분한 것도 12진법의 적용이라 할 것이다. 이런 원리의 근거는 태양과 달을 제외한 별 중에서 목성이 가장 밝은 별로써 공전주기가 12년이라는 데서 비롯되었다. 그래서 목성(木星)을 12지지의 의미가 담긴 별이라 하여 특별히 세성(歲星)이라고 부른다. 이러한 세성법(歲星法) 역시 중국의 진나라에서도 사용되었다.

04 24절기의 구성형태

태양의 황도에서 낮과 밤의 길이가 같은 춘분점을 기점으로 15° 간격으로 나누어 각 점을 찍으면 모두 24개의 구간이 생긴다. 이 구간을 24개의 절기라 부르고, 그 시작하는 첫날을 절기가 들어서는 날이라 하여 각각의 입기일(立氣日)이라 한다.

그래서 입춘이나 입하, 입추, 입동은 절기에 해당하여 그 계절의 시작을 알리고 있다. 또 춘분이나 하지, 추분, 동지는 중기에 해당하여 그 계절의 가장 정점에 와있음을 알려준다. 또 계절의 시작점에서 계절의 정점까지는 약 45일의 기간이 있는데, 그 안에 하나의 절기와 하나의 중기가 들어있다. 그러나 요즘에는 절기와 중기를 구분하지 않고 그냥 모두 절기로 혼용하여 부르고 있는데, 특별히 구분하여 부를만한 이유도 없으니 일반인들은 같이 써도 무방할 듯하다.

위에서 보았듯이 절기의 날짜가 일정하지 않고 조금씩 변하는 이유는, 지구의 둘레를 도는 태양의 황도가 타원형으로써 주기가 일정치 않은 것을 보완하는 수단으로 활용된 흔적이다.

05 24절기의 현실성

24절기는 농사를 주업으로 하던 예전의 중국에서 만든 계절변화표이며, 우리나라에서도 이를 준용하여왔다. 그러나 약 2,500년 전 중국의 주나라가 이를 만들 때 기준으로 하였던 중국의 내륙인 화북지방과, 삼면이 바다로 둘려있고 면적이 작은 우리나라와는 약간의 기후 차이를 보여 조금씩 다른 것을 느낀다.

예를 들어 절기로는 같은 입춘인데 우리나라에서는 아직 봄이 오지 않았다든지, 대한이라 하여 가장 추운 때를 말하는데 오히려 그보다 조금 앞선 소한이 더 춥게 느껴지는 것들이 그렇다. 이것은 겨울에서 여름으로 가는 길목에서는 우리나라를 둘러싼 물보다 중국대륙의 토양이 좀 더 빨리 달궈져서 여름기운이 빨리 찾아온다는 것이다. 또 여름에서 겨울로 가는 길목에서는 바다로 둘러싸인 우리나라보다 대륙으로 되어있는 중국에서는 차가운 대륙성고기압의 영향으로 빨리 식고, 그 기운이 오랫동안 남아있게 되는 것이다. 그 예로는 대한이 늦게까지 존재한다는 것을 들 수 있다. 또 하나 중요한 사실은 본래의 태음력을 기준으로 한 절기가 나중에 태음태양력으로 바뀌면서 부딪치게 된 어떤 변화를 무시해서도 안 된다는 것이다.

그럼에도 불구하고 이 기준이 우리에게 맞지 않는다고 얘기하는 것은 해설상의 차이가 있을 수 있다. 면적이 큰 중국자체에서도 동쪽과 서쪽, 그리고 북쪽과 남쪽에서 각 지역마다 절기의 특성이 꼭 들어맞지는 않는 예를 들어 알 수 있다. 따라서 우리도 이런 절기를 어떻게 잘 활용할 것이냐가 중요한 것이지, 원래 우리와 상관없이 중국에서 만든 것이라서 맞지 않는다고 잘라 말하면 그 해결책은 없는 것이다.

현실에서 보면 각 계절의 시작을 알리는 입춘과 입하, 입추, 입동으로부터 다음에 오는 중기(中氣) 혹은 그 다음 다음에 오는 절기(節氣)에 이르러서야 비로소 본 계절의 감각을 느끼게 된다. 예를 들면 입춘 후에 오는 우수나 경칩이 되어야 봄을 느끼며, 입하가 지나고 나서 찾아오는 소만이나 망종이 되면 여름을 느끼고, 입추가 지나 처서나 백로가 되면 가을을 느끼며, 입동을 지나 소설이나 대설이 되면 겨울이 오는 것을 감각적으로 느끼게 된다는 말이다.

그리고 정작 계절다운 계절을 살펴보면 봄에는 춘분을 지나서 청명이나 곡우가 되면 확실한 봄이 왔음을 알며, 여름에는 하지가 지나 소서나 대서에 이르러서 여름을, 가을에는 추분을 지나 한로나 상강에 가을을, 겨울에는 동지를 지나 소한이나 대한에 완연한 겨울을 느끼게 된다.

그러니 이런 해설은 굳이 따질 필요가 없고 그냥 입춘은 입춘이요 하지는 하지면 족할 것이다. 이런 절기를 고유 명사로 여겨 알고 지내면 되지 않을까 생각된다.

최근 들어 24절기라는 단어가 그 힘을 잃어가고 있다. 굳이 이유를 들자면 농사를 예전만큼 중하지 않게 생각하고 있으며, 여기에 지구 온난화 현상도 거들고 있기 때문이다. 과거의 기온과 비교하면 봄에는 거의 하나 정도의 절기가 먼저 나타나고 있다. 1960년부터 1964년까지 5년간 1월 20일 기준 전주지역의 대한(大寒) 날의 최고 기온 평균은 4.78℃, 최저 기온 평균이 -7.2℃였다. 그러나 최근 1971년부터 2000년까지의 30년 평균에서는 최고 기온이 3.7℃로 약 1℃가 낮아졌지만 최저 기온은 -5.5℃로 약 2℃나 높아졌다.

　　이러한 현상은 지구온난화가 계절의 변환점인 24절기마저 뒤죽박죽으로 만들고 있는 것이다. 이에 따라 농사짓는 사람들의 작업주기가 달라졌으며, 머지않아 남해안에서는 겨울이 사라질 것이라는 전망도 나오고 있다.

06 입기일과 절

입춘(立春)이나 우수(雨水)를 살펴보면, 이들은 각각 보름 정도의 기간을 포함하고 있는 절기에 해당한다. 그러나 특별히 입춘절기가 시작하는 첫날을 '입춘 입기일(入氣日)'이라하고, 우수절기가 시작하는 첫날을 '우수 입기일'이라 한다. 그리고 실제적으로는 입기일이라는 말을 빼고 그냥 입춘 혹은 우수라고 부르고 있다.

또 어떤 절기의 입기일에서 다음에 오는 절기의 입기일에 이를 때까지의 기간은 해당 입기일의 명칭에 절(節) 자를 붙여 '입춘절(立春節)' 혹은 '우수절(雨水節)'이라고 부른다. 다시 말하면 우수입기일은 2월 19일 하루지만, 우수절(雨水節)은 우리가 쉽게 말하는 우수인 2월 19일부터 다음 절기인 경칩이 되기 전 날 즉 3월 5일까지의 기간을 이른다. 그래서 우수는 하루지만, 우수절은 15일간이 되는 것이다. 이러한 명명법(命名法)은 다른 절기에서도 마찬가지다.

07 24절기

　우리나라를 비롯하여 중국과 일본, 베트남처럼 주로 벼농사를 짓는 국가에서 사용하고 있는 24절기는 시간의 흐름 속에서 계속 순환하는 것이다. 다시 말하면 봄에는 입춘부터 우수, 경칩, 춘분, 청명, 곡우의 여섯 개를 풀어놓고, 여름을 나타내는 입하, 소만, 망종, 하지, 소서, 대서로 이어지는 여섯 개와, 가을에 해당하는 입추, 처서, 백로, 추분, 한로, 상강에 이르는 여섯 개, 그리고 겨울에 해당하는 입동, 소설, 대설, 동지, 소한, 대한으로 이어지는 여섯 개를 각기 하나의 절기로 나누어 부른다. 그리고는 다시 봄으로 돌아오는 것이다.

　이때 다시 돌아오는 각 절기마다 벌어지는 현상들은 매년 같은 시기에 반복되어 거의 대동소이(大同小異)하다. 이것은 현실에서 가장 크게 영향을 미치는 태양의 변화를 기준으로 나누었기 때문이라는 증거다.

　따라서 매년 같은 시기에 반복되는 행사를 세시풍속이라고 한다면, 이런 24절기 역시 하나의 세시풍속이라 할 수도 있다. 그러나 이 24

절기에는 정해진 행사나 특별한 형식에 따라 반복되는 일은 없었기에 명확한 세시풍속이라고 말할 정도는 아닌 것이다. 따라서 전편의 세시풍속과 본편의 24절기는 서로 다른 차원에서 다루어져야 한다고 생각한다.

7.1 입춘

입춘에서 곡우까지는 봄의 절기이며, 태양이 황경 315°에 와있는 입춘(立春)은 양력으로 2월 4일이나 5일에 든다. 입춘은 봄에 들었다는 뜻으로, 음력으로는 대체로 정월에 해당되어 새해를 상징하기도 한다.

그래서 예전에는 대문이나 현관에 '입춘' 또는 '입춘대길'과 같이 상서로운 글귀를 붙여 놓았다. 심지어 기둥, 대들보, 천정에까지 붙여놓았고, 농가에서는 곡식창고에도 예외가 아니었다. 『경도잡지(京都雜誌)』에 의하면 대문에 '의춘(宜春)'이라는 글귀를 써서 붙인다고 하였다. 또 이날 보리 뿌리를 뽑아 그 해 농사가 잘될지 어떨지를 점친다고 하였다.

입춘이 되면 동풍이 불어 언 땅을 녹이며, 동면하던 벌레가 움직이기 시작하고, 물고기가 얼음 밑을 돌아다닌다고 하였다. 이제 곧 봄이 온다는 징조다.

7.2 우수

입춘에서 곡우까지는 봄의 절기이며, 태양이 황경 330°에 와있는 우수(雨水)는 양력으로 2월 19일이나 2월 20일에 든다. 날씨가 많이 풀려 봄기운이 묻어나고 초목이 싹트기 시작하는 절기다. 전하는 말로는 '입춘이 지나면 동해 동풍에 차가운 북풍이 걷히고, 동풍이 불면서 얼었던 강물이 녹기 시작한다.' 고 하였다. 이와 더불어 '우수 · 경칩에는 대동강 물이 풀린다.'고도 하였다.

이처럼 우수에는 눈이 비로 바뀌면서 얼었던 땅이 녹고, 따뜻한 봄비가 내린다는 말이다.

7.3 경칩

입춘에서 곡우까지는 봄의 절기이며, 태양이 황경 345°에 와있는 경칩(驚蟄)은 양력으로 3월 5일이나 6일에 든다. 경칩은 땅속에 들어가 잠을 자던 동물들이 겨울잠에서 깨어나 꿈틀거리기 시작하는 무렵이다. 개구리와 두꺼비 등 양서류는 봄에 산란을 하는데, 이런 알을 먹으면 허리 아픈 데 좋을 뿐만 아니라 몸을 보한다고 하여 경칩에 개구리 알을 먹는 풍습이 전한다. 어떤 사람들은 개구리가 알을 낳기도 전에 개구리를 잡아 통째로 삶아먹는 경우도 있었다. 그러나 이것은 어디까지나 예전의 풍습일 뿐 현재로서는 금해야할 일이다. 지금이야 이보다 더 좋은 보약재가 많이 있으니 이런 방법들을 택할 이유도 없다.

또 경칩에 흙일을 하면 탈이 없다고 하여, 구멍 난 벽에 흙을 바르거나 담을 고치기도 한다. 지역에 따라서는 흙벽을 바르면 빈대가 없어진다는 말도 있고, 타고 남은 잿물을 담아 방 귀퉁이에 놓으면 빈대가 물러간다는 말도 있다.

7.4 춘분

태양이 황경 0°에 와있는 춘분(春分)은 양력으로 3월 21일이나 22일에 든다. 태양은 적도 위에서 수직으로 똑바로 비추고, 지구상에서는 낮과 밤의 길이가 똑 같은 날이다. 음력으로는 2월에 해당하여 바람이 제법 불어서 '2월 바람에 김치독 깨진다.'는 말이나, '꽃샘에 설늙은이 얼어 죽는다.'는 말도 생겨났다. 이러한 말에서 알 수 있듯이 2월 바람은 섣달만은 못해도 동짓달 바람처럼 매섭고 차갑다는 것을 알려준다. 이것은 추운 겨울을 벗어나 이제 막 봄으로 가는 길목에서 바람신[風神]이 시샘을 하여 시간을 더디 가게 하는 것이라고 하였다. 이 바람을 꽃샘바람, 그리고 이런 추위를 꽃샘추위라고 한다.

7.5 청명

태양의 황경이 15°에 와있는 청명(淸明)은 양력으로 4월 5일이나 6일에 든다. 우리나라의 세시 풍속절인 한식과는 같은 날이거나 하루 전날에 든다. 계절적으로 나무를 심고 가꾸기에 아주 적합한 날이다.

요즘은 기후 변화로 인하여 나무의 움트는 시기가 조금씩 빨라지고 있다.

따라서 농가에서는 청명을 기하여 봄농사를 시작하는 의미를 부여하고, 산소에 가서 둘러보며 손질하는 등 효행(孝行)을 보였다. 한식과 더불어 이날은 찬밥을 먹으며 불 때는 일을 하지 않는 풍습이 있다.

7.6 곡우

태양의 황경이 30°에 와있는 곡우(穀雨)는 양력으로는 4월 20일이나 21일에 든다. 봄비가 내리고 백곡이 윤택하여진다고 하였으니, 만약 비가 안 오면 '곡우에 가물면 땅이 석 자가 마른다.'고 하여 흉년을 걱정하였다.

이때는 논에 못자리를 하기 전으로 볍씨를 담그고 준비하는 시기이다. 1년 농사를 시작하는 볍씨를 담그는 일은 매우 중요하여 볍씨통은 금줄로 쳐서 접근을 막기도 하였다. 혹시 밖에서 부정한 일을 당하거나 보았다면, 대문에 들어오기 전 집 앞에 불을 놓아 나쁜 귀신을 몰아냈다. 이것은 귀신이 따라 들어오지 못하도록 태워서 버리는 소지(燒紙) 기원이었다. 곡우를 전후하여 비가 오기 전에 따는 잎으로 만든 차를 우전차(雨前茶)라 하여 귀하게 여겼다. 비가 오면 이제부터는 쑥쑥 자라기 때문에 차로서는 효과가 떨어진다고 믿은 때문이다. 이런 찻잎은 마치 참새의 입과 같이 뾰족하고 작게 생겼다고 하여 세작(細雀)이라 부르기도 한다.

7.7 입하

　입하에서 대서까지는 여름의 절기이며, 태양의 황경이 45°에 와있는 입하(立夏)는 양력으로는 5월 5일이나 6일에 든다. 여름을 알리는 입하는 신록을 재촉하며, 곡우에 설치한 못자리에 모판을 만드는 아주 바쁜 시기이다.

　이때는 들에서 땀 흘려 일하는 계절로 농작물이 잘 자라지만, 이와 더불어 해충도 많아지고 잡초까지 자라서 이것들을 없애는 작업도 필요하다.

7.8 소만

　태양의 황경이 60°에 와있는 소만(小滿)은 양력으로는 5월 21일이나 22일에 든다. 이제 서서히 여름 기분이 나기 시작하면서 식물의 성장이 왕성해진다.

　농가에서는 모내기 준비와 보리 베기, 밭작물의 김매기 등이 줄을 이어 가장 바쁜 계절로 접어든다. 예전에는 망종에 모내기를 하였지만, 요즘은 농사기술의 발달과 기온의 상승으로 소만에도 모내기가 시작된다.

　봄철에 입맛을 돋우는 냉잇국과 씀바귀는 이 때 즐겨먹는 음식이기도 하다.

7.9 망종

태양의 황경이 75°에 와있는 망종(芒種)은 양력으로는 6월 6일이나 7일에 든다. 망종이란 벼나 보리 혹은 밀처럼 까끄라기가 있는 곡식의 파종이 적합한 때라는 뜻으로, 이때 모내기를 하고 보리를 베어야 한다. 따라서 '보리는 익어서 먹게 되고, 볏모는 자라서 심게 되니 망종이요.'라는 말이나, '보리는 망종 전에 베라.'는 말도 생겼다. 이러다보니 농가에서는 1년 중 가장 바쁜 때로 화장실에 갈 시간이 없어 '발등에 오줌 눈다.'는 말이 생겨났고, 어느 누구의 힘이라도 빌리고 싶다는 뜻으로 '망종에는 부엌의 부지깽이도 거든다.'는 말이 전해 오고 있다.

7.10 하지

태양의 황경이 90°에 와있는 하지(夏至)는 양력으로는 6월 21일이나 22일에 든다. 1년 중 낮의 길이가 가장 긴 절기다. 옛날에는 망종에 모내기를 하고 하지가 될 때까지 비가 오지 않으면 기우제를 지냈다. 기우제(祈雨祭)는 마을의 이장이나 원로가 제관이 되어 용소(龍沼)에 가서 지냈는데, 제물로는 개나 돼지 혹은 소를 잡아 피가 흐르는 머리를 물속에 넣었다. 그러면 용신(龍神)이 그 부정(不淨)함에 노(怒)하여 용소에 뻗친 나쁜 기운을 씻어 내기 위한 비를 내린다고 믿었다.

7.11 소서

태양의 황경이 105°에 와있는 소서(小暑)는 양력으로는 7월 7일이나 8일에 든다. 소서는 작은 더위라는 뜻으로 이제부터 본격적인 더위가 시작되는 때이다. 따라서 적당한 습도와 온도로 온갖 과일과 채소가 풍성해지고, 수확한 밀과 보리도 먹을 수 있게 된다.

특히 단오를 전후해서는 국수와 수제비 등의 밀가루 음식은 시절식(時節食)으로 등장한다.

7.12 대서

태양의 황경이 120°에 와있는 대서(大暑)는 양력으로는 7월 22일이나 23일에 든다. 대서는 장마의 끝자락에서 무덥고 후텁지근한 날씨를 보인다. 소서와 대서에는 논밭의 잡초를 뽑아주고 풀이나 짚 등을 섞어 거름을 만드는 때이다. 이때 들판에서 베어온 풀은 잘 발효시켜서 훌륭한 퇴비로 만들어둔다.

제철 과일로는 참외나 수박 등이 풍성하고 햇밀과 보리를 먹게 되는 시기다. 또한 채소 역시 풍족하며 과일 맛도 가장 좋은 때이다. 그러나 이때까지 장마가 계속된다면 물찬 과일은 제 맛을 낼 수가 없게 된다. 소나기가 내린 후에 많이 잡히는 미꾸라지도 별미에 속한다.

7.13 입추

태양의 황경이 135°에 와있는 입추(立秋)는 양력으로는 8월 7일이나 8일에 든다. 여름이 지나고 가을에 들어섰다는 입추는 서서히 가을 채비를 하여야 한다.

김장용 무와 배추를 심어야 하고, 논의 김매기도 끝나가는 시기다. 따라서 농촌이 잠시 한가해지는 때로 '어정 7월 건들 8월'이라는 말이 전한다. 이는 음력으로 7월 즉 칠석이나 유두, 그리고 대서에는 아주 바쁜 일은 없어 논밭에서 어정거린다는 말이다.

7.14 처서

태양의 황경이 150°에 와있는 처서(處暑)는 양력으로는 8월 23일이나 24일에 든다. 처서는 한참 더운 여름은 지나갔고 군데군데 곳에 따라서만 덥다는 뜻을 가진다.

이때는 따가운 햇볕이 누그러져서 풀이 더 자라지 않기 때문에 논두렁이나 묘소의 풀을 깎기에 적당하다. 따라서 부지런한 사람은 묘소에 벌초를 시행할 때이다. 그런가 하면 여름장마에 젖은 옷이나 책을 햇볕에 말리기도 하는데, 이를 포쇄(曝曬)라고 한다. 아침저녁으로는 선선한 기운을 느끼게 되는 계절로 '처서가 지나면 모기도 입이 비뚤어진다.'는 말처럼 여름벌레가 힘을 잃게 된다.

과일을 살펴보면 중복에는 참외, 말복에는 수박, 처서에는 복숭아, 백로에는 포도가 제철과일이라고 할 정도로 뚜렷한 특징을 보이고 있다. 그러나 요즘에는 비닐하우스의 보온효과로 생산되는 과일들이 계절을 가리지 않게 되었으니, 현실에 너무 집착하다보면 원래의 의미를 알지 못하고 지나기 십상이다.

`7.15` 백로

태양의 황경이 165°에 와있는 백로(白露)는 양력으로는 9월 7일이나 8일에 든다. 백로는 밤과 낮의 기온차로 인하여 하얀 이슬이 맺히는 것을 말하며, 열대야를 벗어나 완전한 가을에 들어왔음을 알 수 있다.

무덥고 고된 여름 농사를 잘 지었으니 추수할 때까지 잠시 일손을 쉬는 때다. 여자들은 이 틈을 이용하여 부모님을 뵈러 잠깐 친정에 다녀오기도 하였다. 만곡(萬穀)이 익어가니 백로(白露)에는 많은 새들이 기승을 부린다. 들판에는 이를 쫓으려는 아이들을 대신하여 허수아비가 수고하는 계절이다.

`7.16` 추분

태양의 황경이 180°에 와있는 추분(秋分)은 양력으로는 9월 23일이나 24일에 든다. 여름내 길게만 느껴졌던 낮의 길이가 밤의 길이와 같아지는 때로, 태양은 적도위에서 수직으로 비춘다. 이제부터는 밤의 길이가 길어지니 이제 가을 마무리를 준비하는 시기다.

잘 여문 곡식을 거두기에 하루해가 짧고 마음이 바빠지기 시작한다. 본격적인 벼베기는 시작되지 않았지만 목화와 고추를 따서 말리는 등 이런저런 가을걷이로 분주해진다.

7.17 한로

태양의 황경이 195°에 와있는 한로(寒露)는 양력으로는 10월 8일이나 9일에 든다. 한로는 찬 이슬이 맺힌다는 뜻으로, 점차 기온이 내려가고 있으니 추워지기 전에 수확을 끝내야 하는 부담을 느끼게 된다.

이때는 음력으로 9월 9일인 중양절(重陽節)과 비슷한 시기로, 국화전을 지지고 국화술을 담그는가 하면 각종 행사도 많은 계절이다. 단풍놀이로는 이때가 제격이며, 중양에서도 단풍놀이를 하나의 풍속으로 여기고 있을 정도다.

7.18 상강

태양의 황경이 210°에 와있는 상강(霜降)은 양력으로는 10월 23일이나 24일에 든다. 차가운 서리가 내린다는 의미의 상강에는 서리를 맞은 단풍이 더욱 빛을 더해가고 쾌청한 천고마비의 계절은 늦가을 단풍놀이를 제공한다. 이때는 겨울잠을 자는 동물들이 땅속으로 들어가서 자리를 잡는 시기이다. 따라서 입동 이후에는 지상에서 더 이상 찾아볼 수 없게 된다.

7.19 입동

입동에서 대한까지는 겨울의 절기이며, 태양의 황경이 225°에 와있는 입동(立冬)은 양력으로는 11월 7일이나 8일에 든다. 이제 겨울로 접어든다는 뜻을 가진 입동이니, 이날이 추우면 그 해 겨울이 몹시 춥다고 하였다.

조금만 더 지나면 물이 얼고 이어서 땅도 곧 얼게 됨으로 다른 일을 할 수가 없게 된다. 따라서 서둘러 월동준비를 하여야 하는데, 입동을 전후하여 김장을 한다. 이는 배추와 무 등 각종 채소도 얼어붙기 전에 수확하여야 한다는 것과 맞물린다.

예전에는 식구가 많은 것은 둘째 치고, 밥 외에 먹을거리가 제한되었던 관계로 김장이 아주 커다란 일과에 속했었다. 따라서 김장철이 되면 마을의 우물가나 냇가에는 무와 배추를 절이고 씻는 풍경이 장관을 이루었다. 하지만 요즘은 식구가 적은 핵가족에다 김치냉장고의 등장으로 김치의 본 계절을 잊고 산다는 게 맞을 지도 모르겠다.

7.20 소설

태양의 황경이 240°에 와있는 소설(小雪)은 양력으로는 11월 22일이나 23일에 든다. 소설은 작은 눈이라는 뜻으로 이제부터 눈이 온다는 말이며, 동시에 살얼음이 잡히고 땅이 얼기 시작하는 겨울인 것이다.

소설을 전후한 음력 10월 20일경에 바닷가에서는 심한 바람이 불고 날씨가 차가워진다. 이 날은 심한 풍랑으로 인하여 애꿎은 오해를 받은 손돌(孫乭)이 죽은 날이라서 그 바람이 다시 불어오므로, 이를 손돌바람이라 하고 이때의 추위를 손돌추위라고 부른다.

이때 불려지는 '손돌'이라는 이름은, 당시 고갓집이나 양반의 이름자에 사용된 글자가 아니었음으로 필시 뱃사공인 하인의 이름이었을 가능성이 크다. 따라서 한을 풀지 못한 '손돌'의 원혼이 나타나는 현상으로 풀이하고 있다.

7.21 대설

태양의 황경이 255°에 와있는 대설(大雪)은 양력으로는 12월 7일이나 8일에 든다. 대설은 눈이 많이 내린다는 뜻으로, 1년 중에 가장 많은 눈이 오는 절기다. 그러나 실제로 이날 반드시 눈이 오는 것은 아니며, 이 날 눈이 많이 오면 다음 해 풍년이 들고 푸근한 겨울을 난다는 말이 전하고 있다.

많은 눈이 내리면 보리밭이나 밀밭에 마치 이불을 덮은 듯한 형상을 이룬다. 이렇게 함으로써 또 다른 추위로부터 농작물을 보호하여 얼어 죽지 않게 되는 것이다. 따라서 겨울에 눈이 많이 오면 다음해에 풍년이 든다고 믿어왔다.

7.22 동지

태양의 황경이 270°에 와있는 동지(冬至)는 양력으로는 12월 21일이나 22일에 든다. 1년 중 밤이 가장 길고 낮이 가장 짧은 날이라서, 동지 다음 날부터는 밤이 점차 짧아지고 낮이 다시 길어지기 시작한다. 이 때문에 옛사람들은 이 날을 태양이 죽음으로부터 되살아나는 날이라 생각하여 태양신에게 제사를 올렸다.

따라서 태양의 소생으로만 보는 새 해는 동짓날이 설날이 되는 것이지만, 일반적인 설날과 비교하여 '작은 설'이라는 뜻으로 '아세(亞歲)'라 불렀다. 따라서 동지에 '동지팥죽을 먹어야 진짜 나이를 한 살 더 먹는다.'는 말이 생겨났고, 팥죽에 들어가는 새알 모양을 한 경단은 부화하는 새의 알을 비유한 것이다.

7.23 소한

태양의 황경이 285°에 와있는 소한(小寒)은 양력으로는 1월 5일이나 6일에 든다. 말로는 '작은 추위'라고 하는 소한이지만, 우리나라에서는 이때가 피부로 느끼기에 가장 추운 때에 속한다.

이 다음에 이어서 찾아오는 절기가 대한이지만, '소한추위는 꾸어서라도 한다.'는 말을 남길 정도로 이날은 반드시 춥다는 것을 강조하였다. 또 '대한이 소한집에 놀러왔다가 얼어죽었다.'는 말도 하여 이 역시 소한이 대한보다 더 춥다는 것을 표현하였다. 그러나 이것은 느끼는 감정이 그렇다는 것뿐이며, 실제적인 평균 기온은 역시 대한이 더

차가운 것이 사실이다.

7.24 대한

　태양의 황경이 300°에 와있는 대한(大寒)은 양력으로는 1월 20일
이나 21일에 든다. 대한은 24절기 중에서 가장 마지막에 드는 절후로
추위가 막바지에 이르렀음을 암시한다. 중국 화북지방을 기준으로 한
절기표에서는 대한이 가장 추우나, 우리나라에서 실제로 가장 추운
날은 소한이며, '춥지 않은 소한 없고, 포근하지 않은 대한 없다.'고 할
정도로 차이가 난다. 심지어 소한에 얼었던 얼음이 대한이 되면 녹는
다는 말도 생겨났을 정도다.

▲ 해맞이 기원

제2부

우리나라의 24절기

08 입춘

　먼저 입춘의 의미를 살펴보면 봄이 들어선다는 뜻이며, 24절기 중의 첫 번째 절기로 음력 1월에 해당하고 양력으로는 2월 4일경이 된다. 2011년과 2012년, 2013년의 경우 모두 2월 4일에 들었다. 이때는 태양의 황경이 315°에 있을 때이며, 대한(大寒)과 우수(雨水) 사이에 들어있는 절기다. 봄이 되었다고 하지만 아직까지는 많은 추위가 남아있다. 꽃샘추위는 그렇다 치더라도 아직 겨울이 채 가시지 않은 때문이다. 오죽하면 춘래불사춘(春來不似春), 즉 봄이 왔으나 봄 같지 않다는 말이 생겨났을까.

　드물기는 하지만 음력 윤달에 입춘이 들어있어 1년에 입춘이 두 번 들어있는 경우도 있는데, 이를 재봉춘(再逢春) 또는 쌍춘(雙春)이라 한다. 또 입춘 전날을 절분(節分)이라 하는데 이것은 작년과 올해의 계절을 나누어 주는 마지막 날이라는 뜻이다. 그러기에 이 날 밤을 해넘이라고도 부르고, 지난해에 설쳐댔던 귀신들이 모두 따라오지 못하도록 방이나 문에 콩을 뿌린 후 새해를 맞기도 한다. 이런 의미에서 입춘은 마치 연초(年初)처럼 느끼게 되며, 농경사회에서 한 해 농사의 시작을 알리는 시점이다.

이날의 환경은 농도(農道) 전라북도의 전주에서 2월 4일의 기후를 보면, 1971년부터 2000년까지의 평균 기온의 평균은 -0.5℃였으며, 최고 기온의 평균은 4.5℃로 아직 추운 날씨를 보였고, 최저

▲ 동백꽃

기온의 평균은 -4.6℃였다. 또 강수량은 0.5mm로 눈이 많이 오지 않았으며 바람의 평균 속도는 1.0m/s였다. 평균 습도는 71.7%였다. 소한과 대한이 들어있는 1월에 비해 0.5℃ 정도가 따뜻했다.

입춘 15일간을 5일씩 나누어 초후(初候)에는 동풍이 불어서 언 땅을 녹이고, 중후(中候)에는 동면하던 벌레들이 움직이기 시작하며, 말후(末候)에는 물고기가 얼음 밑을 돌아다닌다고 하였다. 간혹 음력으로 섣달에 들기도 하지만 대체로 정월에 든다.

언 땅이 녹으면 냉이가 먼저 아는 체를 한다. 겨우내 죽을 맛이던 풀들이 기지개를 켜고 눈을 두리번거리는 때이다. 하지만 입춘은 2월 초로 아직도 눈이 있고 빙판길도 남아있는 때이다. 이제 봄이 되었다고 하지만 아직은 시작일 뿐이라 낙엽이 쌓인 곳이나 그늘진 곳에서 방심하는 사이 발생할 낙상에 주의하여야 한다. 특히 뼈가 약한 어르신들은 고관절 골절을 예방하여야 한다.

입춘의 입(立)자는 대인(大人)이 위풍당당하게 서 있는 모습이며, 춘(春)자는 풀(艸)이 양기를 받아 기지개를 켜며 대지를 뚫고 뾰족하게 나오는 형상이다. 봄이 되자 행복이 오는 좋은 계절이니 이보다 더 좋을 수도 없을 것이다. 이렇게 좋은 시절에 여러 가지 풍속이 전하니, 입춘(立春)을 말할 때면 두말 할 것도 없이 입춘대길(立春大吉)이나, 건양다경(建陽多慶)이라는 단어를 떠올리게 된다.

입춘이 오면 농경문화 시대로 보아서는 새로운 한 해를 여는 시작을 알리는 것이니, 기꺼이 즐거운 마음으로 맞이하였던 것이다.

아직 추위가 다 가시기도 전에 벌써 봄을 노래하는 것은 물러서는 동장군(冬將軍)의 마지막 시샘을 살지도 모른다. 그러기에 선조들은 집집마다 입춘대길이라고 크게 써 붙여 그런 일을 미연에 방지하고자 하는 지혜도 가졌다. 이른바 복을 비는 기복(祈福)이다. 지금은 계절에 따른 직업의 변화는 없어졌지만, 그래도 아직 잠자고 있는 우리 몸을 깨우기 위하여 매운 맛을 보여주는 것도 필요한 때이다.

8.1 입춘의 풍속

입춘점

한 해가 시작되는 날을 입춘으로 본다면 입춘이 가지는 의미는 대단히 크다고 할 것이다. 따라서 이날의 일진을 보고 미리 점을 쳐보는 풍습이 있었다. 입춘날의 일진(日辰)에 갑(甲)이나 을(乙)이 들어있으면 그 해에 풍년이 들고, 병(丙)이나 정(丁)이면 큰 가뭄이 들고, 무(戊)나 기(己)이면 밭농사가 흉년이 되고, 경(庚)이나 신(申)이면 사람들의 생활이 안정되지 못하고, 임(壬)이나 계(癸)이면 큰물로 난리가 난다고 여겼다. 그리고 보면 대체로 안 좋은 일이 많으면서 무슨 일이든지 항상 끊임없이 일어난다는 것을 증명하는 점이기도 하다.

입춘첩

입춘은 새로운 해를 상징하는 절기로서, 이날 여러 가지 민속행사가 행해진다. 그 중 하나가 입춘첩(立春帖)을 써 붙이는 일이다. 이것을 춘축(春祝), 입춘축(立春祝), 춘방(春榜)이라고도 하며,

▲ 입춘대길

각 가정에서 대문기둥이나 대들보, 천장 등에 좋은 뜻의 글귀를 써서 붙이는 것을 말한다. 속담에 '흥부집 기둥에 입춘방(立春榜)'이란 말이 있는데, 이는 흥부네 집처럼 기둥도 없고 대문도 없어 입춘방을 붙이기에 어울리지 않는 경우에 써 붙인 것을 비유하는 말이다.

이때도 상중(喪中)인 집은 붙이지 않았는데, 이것은 아픈 사람이 설날 자손들로부터 세배를 받지 않으려 하는 것과 같은 풍습이라 할 것이다. 입춘문(立春文)은 대개 입춘대길(立春大吉), 건양다경(建陽多慶), 국태민안(國泰民安), 민국다경(民國多慶), 소지황금출(掃地黃金出), 가급인족(家給人足), 우순풍조(雨順風調), 시화세풍(時和歲豊), 개문만복래(開門萬福來), 부모천년수(父母千年壽), 자손만대영(子孫萬代榮), 문영춘하추동복(門迎春夏秋冬福), 시화연풍(時和年豊) 등이

전한다.

한번 붙인 입춘첩은 입춘이 지났어도 떼어내지 않고 복이 쌓이라는 의미로 계속하여 그대로 두었으며, 다음해 입춘에 덧붙이기도 하였다. 위와 같은 글씨처럼 복잡한 것 외에도 단순하게 '의춘(宜春)'이라고 써서 붙이는 경우도 있었다. 풀어보면 입춘은 마땅히 입춘다워야 한다는 뜻이다.

농사점

오곡의 씨앗을 솥에 넣고 볶아서 맨 먼저 솥 밖으로 튀어나오는 곡식이 그해 풍작이 된다고 믿었다. 또 보리 뿌리가 세 가닥이면 풍년이 들고, 두 가닥이면 평년작을 하며 한 가닥이면 흉년이 든다고 하였다. 물어보나 마나 뿌리가 튼튼하여 잘 자랐으면 얼어죽지 않고 나중에도 많은 수확을 얻을 수 있을 것이니 당연한 것이겠지만, 한 해의 농사를 걱정하는 마음에서 생긴 풍습이라 할 것이다.

또 입춘날의 날씨를 보고 그해 농사를 점치기도 한다. 입춘에 비가 내리면 오곡에 손해를 끼치고, 입춘에 청명하고 구름이 적으면 그 해에는 곡식이 잘 익는다고 하였다. 그런가하면 입춘이 흐리고 음습하면 그해는 벌레들이 극성하여 벼와 콩 등을 해친다고 하였다.

춘첩자

대궐에서는 문신들이 신년을 축하하기 위해 지은 연상시(延祥詩) 중에서 좋은 것으로 골라 설날에 내전(內殿) 기둥과 난간에다 써 붙였는데, 이것을 춘첩자(春帖子)라고 불렀다. 여기에 더하여 사대부집에서는 입춘첩을 새로 지어 붙이거나 옛날 사람들의 아름다운 글귀를 따다가 붙이기도 하였다.

입춘굿

제주도에서는 입춘에 큰 굿을 하는데 이를 '입춘굿'이라 불렀다. 입춘굿은 무당의 우두머리였던 수신방(首神房)이 맡아서 행하고 많은 사람들이 구경하였다. 이때에 농악대를 앞세우고 가가호호

▲ 입춘굿

를 방문하여 공동기금을 마련하는 걸립(乞粒)을 하며, 상주(上主), 옥황상제, 토신(土神), 오방신(五方神)을 제사하는 의식이 있었다. 지금도 중요 의례행사로 행하고 있다.

아홉 차례

지방에 따라 입춘(立春)날이나 대보름 전날에 행하는 '아홉 차례'가 있다. 이는 가난하지만 근면하며 끈기 있게 살아가라는 교훈을 전하는 풍속이다. 이날은 각자 소임에 따라 아홉 번씩 부지런하게 일을 되풀이하면 한 해 동안 많은 복(福)을 받고, 그렇지 않으면 화(禍)를 받을 줄로 알았다. 글방에 다니는 아이들은 천자문(天字文)을 아홉 번 읽고, 나무꾼은 아홉 짐의 나무를 하며, 노인들은 아홉 발의 새끼를 꼬아야 한다는 내용이다. 또 여자아이들은 아홉 바구니의 나물을 캐야 하고, 아낙들이 빨래를 하려면 아홉 가지를 하고, 길쌈을 하려면 아홉

바디를 삼아야 하고, 실꾸리를 감으려면 아홉 꾸리를 감아야 한다. 심지어는 밥을 먹어도 아홉 번, 매를 맞더라도 아홉 번이라는 말이 생겨날 정도였다. 여기서 말하는 아홉은 꽉 찬 완벽한 숫자이기에 열심히 그리고 많이 하라는 의미이며, 조상들이 보았던 최고의 양수(陽數)였던 것이다. 다른 말로 '아홉 차리'라고도 부른다.

적선공덕행

입춘날이나 대보름날 전야에는 많은 사람들에게 도움이 되는 착한 일을 꼭 해야 하는데, 그 중에 액(厄)을 면하기 위한 방법으로 적선공덕(積善功德)의 아름다운 풍속도 있다. 예를 들면 남몰래 냇물에 징검다리를 놓는다든지, 가파른 고갯길을 한 삽이라도 깎아 낸다든지, 굶주리고 있는 동냥움막에 밥 한 솥을 갖다 놓는다든지, 행려병자에게 약탕을 끓여 몰래 두고 가는 것들이 해당되었다. 요즘으로 말하면 얼굴 없는 천사에 해당하는데, 예전 우리 선조들은 이것을 의무적인 생활화에 포함시켜 권장하였던 지혜에 놀랄 뿐이다.

목우놀이

함경도 지방에서는 나무로 소를 만든 후 관아(官衙)로부터 민가(民家)까지 끌고 나와 거리를 돌아다녔다. 이는 옛날 중국에서 흙으로 소를 만들어 내보내던 풍속을 모방한 것이라고 하는데, 농사를 장려하고 풍년(豊年)을 기원하는 뜻에서 소[牛]를 등장시킨 것이다.

입춘수

입춘(立春) 전후에 받아 둔 빗물을 입춘수(立春水)라 한다. 이 물로

술을 빚어 마시면 아들을 낳고, 남편의 기운을 왕성하게 해준다고 믿었다. 반대로 가을 풀섶에 맺힌 이슬을 털어 모은 물은 추로수(秋露水)로, 이물로 엿을 고아 먹으면 백병(百病)을 예방한다고 믿었다. 위에 나온 남편 대신 서방님의 기운을 왕성하게 해 준다고 적은 책도 있다. 그러나 시집간 여인이 남편의 남동생을 서방님이라 부르는 별칭이 있으니, 자칫 오해하기 쉬워서 일부러 남편이라 고쳐 적었다.

선농제

서울 동대문 밖의 제기동(祭基洞)이나 전농동(典農洞)이라는 지명은 그곳에서 베풀어졌던 선농제(先農祭)에서 비롯되었다. 이는 농사를 다스리는 농신(農神)에게 풍년을 비는 제사로 신라 때부터 있었던 것으로 전한다. 입춘 후 첫 해일(亥日)에 선농제, 입하 후 첫 해일에 중농제(中農祭), 입추 후 첫 해일에 후농제(後農祭)를 드려 모두 세 차례의 제사를 지내던 것인데, 조선시대에 와서는 동대문 밖에 선농단을 짓고 선농제 하나만을 지내왔다. 가꾸고 수확하는 감사의 표현이 없이 농사를 시작할 즈음 한 번의 기원만 드렸다는 것은, 어떻게 보면 화장실에 갈 때의 마음과 화장실을 다녀와서의 마음이 달라서 그런 것인지 생각되는 대목이다.

그나마 선농단은 1909년 순종의 융희 3년 강점기 때 폐지되었다. 일제는 위패를 사직단으로 옮기면서 그 자리에 청량대(淸凉臺)라는 공원을 만들었고, 숭인보통학교를 세움으로써 그 흔적을 모두 없애버린 것이다. 이로써 1414년 태종 14년에 선농제를 위한 제단의 단과 유의를 설치한 이후, 1476년 성종 7년에 왕이 농사를 지을 친경대를 신축한 것, 1767년 영조 43년에 친경의궤를 편찬하고 권농과 옛 의례를

회복하고자 한 노력들이 일순간에 사라졌다.

8.2 입춘 농사

「농가월령가」에서도 입춘이나 우수가 되면, 1년 농사계획은 봄에
있으니 모든 일을 미리 준비하라고 하였다. 만약 봄에 시기를 놓치면
한 해의 농사가 패농(敗農)이라는 말이다. 그러나 입춘은 시기적으로
아직 겨울에 해당하여 이렇다 할 농사일은 행하는 것이 없다. 다만, 이
때부터 농사를 지을 준비를 하는 시기로 알려져 온다. 올해에 심을 씨
앗을 준비하는 것에서부터 시작한다. 같은 땅에서 반복하여 수확된
종자를 사용하면 갈수록 품질이 떨어지는 경향이 있다. 따라서 생명
력이 강한 품종, 수확량이 풍성한 품종으로 교체하는 그루갈이가 필
요하다.

입춘이 되면 얼었던 땅이 녹으면서 생기는 물이 잘 빠지도록 유의
하여야 한다. 한편, 월동 채소도 아직까지 안심할 단계가 아니니 보온
에 만전을 기한다. 서릿발에 들뜬 농작물은 뿌리가 잘 활착할 수 있도
록 손을 보는데, 거름을 뿌리면서 보리밟기나 밀밟기를 통하여 메마
른 봄바람에 말라 죽는 것을 방지할 수 있다. 익산시 농업기술센터가
전하는 익산지역의 보리밟기는 얼음이 녹으면 실시하는데 대략 2월
상순이 적당하다. 한편 봄보리는 땅이 녹는 2월 중순부터 하순사이에
파종하여야 제대로 자라서 알찬 수확을 할 수 있는 것이다.

이때 축사의 보온을 강조하다보면 환기가 미흡하여 각종 호흡기 질
병이나 면역력 저하로 이어질 수 있어 주의가 필요하다. 최근에는 조

류독감이 해마다 연초에 발생함으로 광역권에서 방역하는 등 미리미리 신경을 써야 한다.

8.3 입춘의 먹을거리

입춘에는 제철에 나는 과일이나 채소가 많지 않다. 아직 추운 기운이 남아있는 들판에 생명력이 강하여 맛도 강한 푸성귀가 돋아나는 정도에 그치고 있다. 이때 즐겨먹는 음식으로는 주로 나물무침이 되어 오신채, 탕평채, 승검초산적, 죽순나물, 쑥국, 죽순찜, 달래나물, 달래장, 냉이, 산갓김치 등이 있다.

오신채

봄이 오면 추운 겨울동안 웅크려있던 몸은 기지개를 켜고 신진대사가 활발해진다. 따라서 겨울잠을 자던 동식물들도 다시금 활동하기 시작한다. 그러기 위해서는 지금보다 몇 배나 많은 영양소가 필요하고, 겨울동안 부족했던 신선한 야채에 대한 결핍현상을 보충해주어야 한다. 이것은 제철에 나는 봄나물로 보충이 가능하지만 입춘이 오는 길목에서는 아직 이렇다 할 새 나물을 구하기가 쉽지 않다. 이때에 우리 선조들은 눈 밑에 숨어있는 오신채(五辛菜)를 구하여 입맛을 돋우고 떨어진 기력을 보충하였다고 한다.

오신채는 다섯 가지의 매운 맛을 내는 채소로 파, 마늘, 자총이, 달래, 평지, 부추, 그리고 미나리 등 향신성 채소를 말하는데, 대표적인 재료로는 하얀 파, 노란부추, 푸른 미나리, 승검초, 겨자를 꼽는다. 궁궐에서도 청색, 백색, 적색, 흑색의 음식을 동그랗게 둘러놓고 중앙에 노란색의 음식을 놓아 집중과 결속의 의미를 두었다고 한다. 다시 말하면 정치적인 단합을 염두에 둔 음식이라 할 것이다.

그러나 상하관계나 통치이념이 없는 민간에서는 인의예지신(仁義禮智信)에 의미를 두었으니 이것이 바로 인간의 도리였던 것이다. 그런가하면 간, 폐, 심장, 신장, 비장의 모든 장기들이 튼튼하여 건강해지기를 바라며, 이들에게 상응하는 음식을 먹음으로서 가능하다고 믿었다. 따라서 『선원청규(禪苑淸規)』에는 절간의 수도승은 오훈을 금한다 했는데, 이때의 오훈(五葷)은 신체를 자극하는 음식 바로 오신채였던 것이다.

어떤 연유로 오신채를 준비하지 못한 가정에서는, 새로 돋는 파의 노란 순을 잘라 초고추장에 찍어 대신하기도 하였다. 동면(冬眠)에서 깨어 활동을 하다보면 예전보다 월등히 많은 양의 비타민이 필요하게 된다. 이때 먹는 오신채는 비타민C를 비롯하여 각종 영양소를 포함하고 있다. 따라서 나른한 춘곤증을 이겨내는데 아주 좋은 음식이었다.

오신채로 반찬을 만들면 오신반(五辛盤)이 된다. 오신반은 이제 곧 봄이 되니 늘어진 몸을 추스르고, 힘든 농사일을 위하여 미리미리 힘을 비축하라는 의미다. 그러나 이러한 오신채는 신맛과 쓴맛, 단맛, 매운맛, 짠맛을 동시에 먹는 것이니 올 해에 닥칠 인생의 즐거움과 슬픔을 미리 맛보고 참아 내라는 것과도 같다. 그러고 보니 오신채는 그 이름만큼이나 신비한 의미를 가지고 있었던 것을 알 수 있다.

탕평채

탕평채는 궁중요리로써 채를 썬 청포묵과 쇠고기, 녹두새싹, 미나리, 물쑥 등을 큰 그릇에 담고, 간장, 참기름, 식초를 넣어 고루 버무린 후에 황백지단과 김, 고추를 가늘게 채 썰어 고명으로 얹어놓으면 된다. 탕평채는 대개 늦봄에서 여름 사이의 나물이 많이 나는 시기에 먹는 음식이다.

1849년에 편찬된 『동국세시기(東國歲時記)』에 의하면, 탕평채는 그 당시의 정치적 상황을 고려하여 만들어진 음식이었다. 조선 제 21대 왕인 영조(英祖)가 즉위하여 각 붕당(朋黨) 사이의 대립과 갈등을 해소하는 방안으로, 각 붕당의 인재를 고루 등용하는 탕평책(蕩平策)을 실시하였다. 그리고 그런 탕평책의 경륜(經綸)을 펼치는 자리에 등장시킨 음식이 바로 탕평채였다. 여기에 들어가는 재료의 색은 각 붕당(朋黨)을 상징했는데, 청포묵의 흰색은 서인(西人)을, 쇠고기의 붉은색은 남인(南人)을, 미나리의 푸른색은 동인(東人)을, 김의 검은색은 북인(北人)을 상징한 것이다. 각각 다른 색깔과 고유의 향을 가진 재료들이 섞여 조화로운 맛을 이뤄내는 탕평채는 영조가 주창(主唱)한 탕평책의 상징이기도 하다.

8.4 입춘의 별자리

입춘은 봄에 해당하여, 봄에 나타나는 별자리를 보면 입춘의 별자리가 된다. 그러나 봄은 입춘과 우수, 경칩, 춘분, 청명, 곡우에까지 널리 해당함으로 이때 나타나는 봄철의 별자리에 속한다고 보면 된다. 절기가 바뀌면서 조금씩 별자리도 이동을 함으로, 입춘에 동쪽에서 보였던 별은 곡우에 서쪽하늘에서 보이는 등의 변화는 감안하여야 한다.

입춘날 밤 자정이 되면 북두칠성과 삼태성이 하늘의 중앙에 떠오른다. 북두칠성은 큰곰자리의 꼬리부분이며 삼태성은 큰곰자리의 심장부에 속한다. 따라서 입춘하늘은 큰곰자리가 주인이 되는 셈이다. 북두칠성은 탐랑성, 거문성, 녹존성, 문곡성,

▲ 2월의 별자리

염정성, 무곡성, 파군성으로 이루어졌고, 이 별은 사람의 생사와 화복 그리고 길흉을 좌우하다고 믿었으며 도교에서는 나라를 다스리는 권능도 여기에서 나온다고 하였다.

북두칠성이 있는 큰곰자리의 일부에서 국자부분을 연결하여 북극성을 찾아 나서면 작은곰자리에 닿는다. 작은곰자리 역시 7개의 별로 되어있는데, 작은 북두칠성모양을 하고 있다. 그러나 이 별은 큰곰자리와 구별하여 북두칠성이라고 부르지는 않으며, 북극성은 이 작은곰자리의 꼬리에 해당하는 것이다. 이 근처에는 임금의 친척과 신하들이 있는데, 이들은 큰곰자리를 비롯하여 작은곰자리, 용자리, 백조자리, 거문고자리 등에 속한다.

북두칠성은 고구려시대에 그려진 남포의 약수리고분벽화와 고려시대에 그려진 파주의 서곡리고분벽화에서도 나타나는데, 봄 하늘 초저녁에 북동쪽에서 가장 먼저 나타나는 별이다. 이 별자리의 손잡이 3개에 해당하는 별에서 남동쪽으로 내려가면 1등성 2개가 보이는데, 이

중의 첫 번째는 목동자리의 아르크투르스(Arcturus)이며 나머지 하나
는 처녀자리의 스피카이다.

아르크투루스는 오렌지색을 띠는 알파(α)별로 실시(實視) −0.0등
성이며, 태양에서의 거리가 30광년이나 되는 아주 큰 별〔巨星〕이다.
또 처녀자리의 스피카는 투명한 푸른빛으로 실시 1.0등성이다. 스피
카 동쪽에는 3등성인 다섯 개의 별들이 직각을 이루고 있다. 처녀자리
와 그 서쪽에 있는 천칭자리는 모두 황도상에 있다.

큰곰자리

큰곰자리는 모두 21개의 별로 이루어졌고, 그 중에서 7개의 별이
곧 북두칠성이다. 알파(α)와 베타(β)의 간격은 약 $5°4'$, 알파와 북극의
간격은 $28°1'$, 따라서 눈어림으로 알파와 베타의 간격에 약 5배를 곱
하면 북극이 된다. 일곱 개의 별 끝에서 두 번째에 있는 별은 미자르
(Mizar)라고도 불리는 2등성으로 쌍성이다. 바로 옆에 알골이라 불리
는 5등성이 붙어 있다. 이것은 겉보기 이중성(二重星)으로 잘 알려져
있다. 그러나 망원경으로 보면 미자르 옆에 녹색 4등성이 나란히 있
으며 더 나아가 스펙트럼을 조사하면 미자르 자체가 분광(分光) 연성
(連星)임을 알 수 있다.

이 중에서 국자의 물을 담는 그릇 부분이 큰 곰 몸체의 등뼈 뒷부분
이 되며, 손잡이가 긴 꼬리에 해당하나 끝은 무거워서 쳐진 모습이다.
국을 푸는 곳인 입구 쪽과 그 밑의 두 별을 연장하면 작은곰자리의 북
두칠성모양을 그대로 옮겨놓은 듯한 7개의 별을 볼 수 있다. 이 작은
곰자리의 손잡이도 꼬리에 해당하지만, 이번에는 가벼운 꼬리를 치켜
세운 끝이 바로 북극성(北極星)이 된다. 큰곰자리의 북두칠성에서 국

을 푸는 곳의 두 별은 북극성의 위치를 가리키는 별이라 하여 지극성(指地極)이라 한다.

북두칠성 즉 큰곰자리는 북극성을 중심으로 돌지만 지평선 밑으로 가라앉지는 않아 1년 내내 볼 수 있다. 이렇게 일주운동을 하면서도 지평선 밑으로 사라지지 않는 별을 주극성(周極星)이라고 하며, 이의 기준이 바로 작은곰자리이다. 점성가들은 10만년 후에는 큰곰자리에 있는 북두칠성의 국자깊이가 이보다 훨씬 더 낮게 될 것이라고 한다.

아름다움의 상징이던 아르카디아 왕국의 공주 칼리스토가 달의 여신 아르테미스와 사냥을 즐겼고, 칼리스토의 미모를 안 제우스는 칼리스토와 통하여 아이를 낳게 되었다. 그러자 제우스의 아내 헤라는 제우스의 정부(情婦)인 칼리스토를 큰 곰으로 만들어 숲속을 헤매게 하였고, 제우스는 자기가 칼리스토를 항상 바라볼 수 있도록 하늘의 별자리로 만들었다. 그래서 생긴 별자리가 바로 큰곰자리인 것이다.

이밖에도 북극별자리로는 용자리, 카시오페이아자리, 케페우스자리, 기린자리 등이 있다. 이 중에서 작은곰자리는 큰곰자리의 국자모양에서 좀 더 멀리 떨어진 곳에서 또 다른 국자모양을 하였으나, 다른 별은 동반하지 않은 채 오직 7개의 별로 이루어졌다. 용자리는 작은곰자리의 북두칠성 국자 밑 부분에 있는데, 5,000년 전 이집트에서는 용자리의 꼬리 끝별을 북극성으로 지표 삼았던 별이다. 현재도 지극성과 북두칠성의 중간에 이러한 용의 꼬리별이 위치하고 있다. 케페우스는 카시오페이아의 W자 위에 뾰족한 오각형 혹은 짧은 몽당연필로 비유된다. 또 연필심에 해당하는 끝인 감마(γ)별은 지극성과 용의 꼬리, 그리고 북극성의 일직선을 더 연장하면 발견할 수 있다.

처녀자리

황도 12궁의 여섯 번째 별자리로, 모두 15개의 별로 이루어졌고 하늘에서 두 번째로 큰 별자리이다. 처녀자리에는 맨눈으로도 관측할 수 있는 아리크(Arich) 쌍성이 있다. 처녀자리 부근에는 희미한 은하(銀河)가 많이 있으며, 태양은 9월 중순에서 11월 초까지 이 별자리를 지난다. 신화(神話)에서는 밀 이삭을 들고 있는 처녀로 묘사하는데, 이는 수확을 상징하는 것이다. 이 별자리에서 가장 밝은 별인 스피카가 밀 이삭에 해당한다.

목동자리

북두칠성의 손잡이 바로 뒤에 길게 늘어져 나타나는 별자리가 목동자리다. 마치 큰곰자리를 바라보며 곰을 잡으려는 듯한 인상을 주며, 손잡이를 길게 연장시키면 밝은 별과 만나는데 이것이 바로 아르그투루스로 알파별이며 밤하늘에서 네 번째로 밝다. 아르그투루스는 지구에서 36광년 떨어져 있고, 5km/sec로 지구를 향해 움직인다. 적색거성에 속하며, 지름은 태양의 28배, -0.06등성으로 태양보다 약 100배 정도 더 밝다. 그러나 태양에 비해 2/3정도인 약 4000℃로 온도가 훨씬 낮기 때문에 붉은빛을 띤 오렌지색으로 보인다.

사자자리와 사냥개자리

봄철의 새벽 밤하늘에서 처녀자리의 서쪽 중천을 보면 사자자리가 가로놓여 있다. 이 별자리는 사자를 연상시키며, 모두 17개의 별로 이루어졌는데 알파별 레굴루스가 앞다리의 무릎부분이다. 실시 1.3등성으로 푸른빛을 낸다.

또 사자자리의 서쪽 황도상에 사냥개자리가 있다. 모두 2개의 별로 이루어졌고 눈에 잘 띄지 않는 작은 별자리이지만, 그 안에 있는 산개 성단(星團) 프리세페는 육안으로도 희미하게 보인다. 사자자리 북쪽에 있는 작은사자자리도 그다지 눈에 띄지 않는 별자리이다. 목동자리는 서쪽에, 머리털자리가 남쪽, 사냥개자리가 북쪽에 있다. 모두 다 밝은 별이 없지만 주위 일대는 은하의 집이라고 불릴 정도로 많은 은하가 밀집해 있다.

바다뱀자리

사자자리 남쪽에는 동서로 100°이상이나 뻗쳐 있는 바다뱀자리가 있다. 모두 17개의 별로 되어있고, 하늘에서 가장 긴 별자리에 해당하며 주성(主星)은 2등성 알파르드다. 바다뱀자리외에도 살쾡이자리, 왕관자리, 목동자리, 머리털자리, 작은사자자리 그리고 처녀자리 사이에는 컵자리와 까마귀자리, 육분의자리와 같은 작은 별자리가 있다.

8.5 입춘과 현실

요즘의 입춘은 일반인들에게 특별한 날이 아니며, 내가 직접 무슨 일을 해야 하는 날도 아니다. 오래 전 기억을 더듬어보아도 대문간에서 '立春大吉'이나 '建陽多慶'이라고 쓰인 것을 본 정도다. 그것도 대체로 부유한 집에 국한된 일로 대문간에 지붕을 하여 비를 피할 수 있는 구조에 가능한 일이었다. 대문은 두꺼운 나무판자로 튼튼하게 만들어 멋지게 보이기도 하였지만, 거기에 쓰인 글씨가 집안의 가문이나 집의 규모를 가늠하는 잣대가 되어 지나는 객이 부러워하는 대상이었다.

나도 크면 멋있는 대문을 가진 집에서 커다랗게 써 놓고 싶다는 다짐을 해보기도 하였었다. 그러나 요즘에는 아파트 문화가 성행하면서 대문간의 개념이 약해졌으며, 그렇다고 공동으로 사용하는 현관에 그런 글귀를 써 붙이는 것이 또한 쉬운 일은 아니다. 게다가 농경사회가 변하여 입춘의 현실성이 떨어져 감각이 무디어진 참에, 다시 만나지 못할 풍습이 아닌가 하는 아쉬움도 든다.

그러나 돌려 생각해보면 남이 잘 보지 않는 아파트의 우리 집 출입문에 입춘대길을 써 붙인다고 해서 안 될 것도 없을 것이다. 요즘 세대가 한자(漢字)를 모른다면 한글로 써도 무방하다. 그 대신 우리말에 어울리는 말로 바꿔보면 더욱 좋을 듯하다. '새봄에 복 받으세요'라든지, '새봄에 새 복이'라든지, '온 세상에 온 복이'라는 글귀들도 좋을 것이다.

09 우수

　우수(雨水)는 24절기의 두 번째 절기로 입춘이 지난 15일 후에 들
며, 음력으로는 정월의 중간에 해당하고 양력으로는 2월 19일 또는
20일이 된다. 2011년과 2012년의 경우는 2월 19일에 들었으며 2013
년에는 2월 18일이었다. 태양이 황경 330°에 왔을 때이며 다음에 오는
절기는 경칩(驚蟄)이다.

　음력으로는 대개 정월에 들지만 우수라는 말은 눈이 녹아서 비가
된다는 말이니, 이제 추운 겨울이 가고 이른바 봄을 맞게 되었다는 것
이다. 또 눈이 녹아 물이 되니 농사에 도움이 될 것이라는 의미도 가지
고 있다.

9.1 　우수의 환경

　농도(農道)인 전라북도의 전주에서 우수(雨水)로 기준한 2월 19일

의 기후를 보면, 1971년부터 2000년까지의 평균 기온의 평균은 1.8℃
였으며, 최고 기온의 평균은 7.3℃로 추운 날씨를 보였고, 최저 기온의
평균은 -2.4℃였다. 또 강수량은 1.6mm로 눈이 조금 왔다고 할 수 있
으며, 평균 습도는 70.9%, 바람의 평균 속도는 1.3m/s였다. 초순의 입
춘에 비해 평균 기온이 영상으로 올라온 것을 알 수 있고, 봄바람이 살
살 불어오는 것도 느낄 수 있다.

옛사람들은 이 우수절 15일을 5일씩 쪼개어 삼후(三候)로 나누고,
그 첫 5일인 초후에는 수달이 물고기를 잡아다 늘어놓고, 다음 중후에
는 기러기가 북쪽으로 날아가며, 마지막 말후에는 초목에 싹이 튼다
고 하였다. 다시 말하면 얼었던 강물이 녹아 수달이 물고기를 잡기 시
작한다는 말이며, 겨울철새는 더워지는 날씨를 피해 북쪽으로 날아간
다는 뜻이다.

▲ 겨울철 강가

▲ 메마른 비상활주로

이 무렵에 꽃샘추위가 잠시 기승을 부리지만 '우수 경칩에 대동강
물이 풀린다.'는 속담처럼, 우수와 경칩을 지나면 아무리 춥던 북풍한
설의 날씨라도 누그러져 봄기운이 돌고 초목이 싹튼다. 우수 뒤의 얼
음 같다는 말도 있는데, 이는 우수가 되면 얼었던 얼음이 모두 녹으니
이제 곧 날씨가 풀리고 추위도 사라질 것이라는 표현이다.

우수절이 되면 겨우내 얼었던 땅이 낮 동안의 기온으로 녹아서 질척질척 해지고, 안개가 많이 끼는 날씨가 된다. 그래서 땅에는 습기가 많이 있으나 아직 증발하여 대기 중에 섞이는 정도는 아니다. 이러한 날씨와 분위기가 우수(雨水)라는 이름 그대로 절기에 묻어나고 있다.

우수가 들어있는 시기를 전후하여 설날이 있다. 이날은 가까운 이웃 친지가 만나는 날이기는 하지만, 현실적으로는 이를 준비하는 사람들에게 또 다른 부담이 되는 게 사실이다. 이때 겪는 정신적 고통과 육체적 피로로 우울증에 빠지기 쉬운 시기다. 따라서 온 가족이 미리미리 준비하여 갑작스런 일들이 닥치지 않도록 하는 것도 하나의 방법이다. 그런가 하면 곧 이어 대보름이 찾아온다. 이 역시 우리 민족에게는 빼놓을 수 없는 시절절기다.

9.2 우수의 농사

논농사를 짓기 위해서는 적당한 물이 필요한데, 우수에 비가 많이 오면 풍년이 든다고 할만큼 기다리는 것이 비였다. 비가 온다는 얘기는 대기의 온도가 올라가서 눈이 비로 변했다는 것이니 곧 겨울날씨가 풀렸다는 뜻도 된다.

그러나 이렇게 날이 풀린 줄만 알았다가 갑자기 추워지면 혹시 준비되지 않은 곳에서 동파(凍破)가 일어나는 예도 생긴다. 그래서 우수 경칩에 김장독 터진다는 말도 생겨났다. 24절기 중에 비(雨)가 들어있는 때는 우수와 곡우다. 예전의 농사에서 봄 작물에 생기를 넣어주는 물기는 곧 눈이 녹아서 나오거나 아니면 봄비가 내려야만 가능한 시절이었기에 농부들이 우수를 기다렸던 것이다. 또 곡우는 여름작물인 벼에게는 모내기 때 충분한 물을 주어야 한다는 의미에서 비가 내리기를 염원하였던 절기다. 대체적으로 이 시기를 지난 후 내리는 큰비는 농작물에게 도움이 되지 못한다.

우수가 되면 논에 객토를 하고 거름주기를 하는 것은 입춘과 다를게 없다. 그리고 입춘에 준비하였던 봄보리를 파종하는 때이다. 보리는 땅만 녹으면 바로 파종을 하는데, 아무래도 시절의 기후가 조금씩 빨라지고 있어 좀 더 일찍 심어도 상관없을 것이다. 가을보리는 이제 잠에서 깨어 성장을 하는 시기임으로 뿌리증식을 위한 비료를 주어야 한다. 마늘과 양파 등 월동 채소도 마찬가지다.

이즈음 논두렁태우기를 하여 논두렁에 있는 잡풀을 없애주기도 한다. 이때는 겨우내 얼어있던 풀이 다 녹았으므로 불에 쉽게 탈수 있는 환경이 되었다. 그리하여 해충도 죽이면서 재를 거름으로 사용하기도 하는 것이다. 그러나 이런 논두렁태우기는 얻는 것보다 잃는 것이 더 많아 요즘에는 권장하지 않게 되었다.

예전과 달리 기계로 모내기를 하는 경우 조금 빨리 서두르는 경향이 있는데, 이때가 못자리용 상토를 준비하고 소독하는 등 준비를 하는 시기다. 겨울동안 서릿발에 떠 있는 보리는 밟아주거나 흙 북주기를 하여 뿌리가 잘 자리 잡도록 한다.

9.3 우수의 풍속

우수에는 특정한 행사가 없어 전하는 전설이나 풍습도 없다. 그러기에 행사를 하면서 먹고 마시는 절기음식도 없다. 그러나 우수에는 비가 많이 와야 풍년이 든다거나, 우수에 대동강 물이 풀리고 경칩에 뱃사람 떠나간다는 말이 전한다. 예전에는 강에 얼음이 얼면 강을 가로질러가는 지름길은 되었어도, 어떤 어로활동이나 생활에 많은 제약을 주었던 것은 사실이다. 따라서 얼음이 풀리고 땅이 녹는 것은 아주 중요한 생활의 변화를 가져오는 것이었다.

9.4 우수의 먹을거리

우수는 음력으로 1월의 중순에 해당하는 예가 많아 정월대보름에 해먹는 음식은 모두 우수에도 먹을 수 있다. 어떤 때는 설날이 지난 뒤 얼마 되지 않아 닥치는 경우도 있었으니 설날음식이 모두 우수에 먹을 수 있는 음식이 되기도 한다.

그러나 특별히 우수라는 날에 맞춰서 해먹는 음식은 없어서 절기음식이 없다고 봐도 된다. 이렇게 정해진 절기음식이 없다는 얘기는, 그날에 행하는 행사가 없다는 말과 같다. 그러나 절기음식과는 다르지만 이시기에 먹을 수 있는 음식을 들라면 아주 많다.

떡국이나 오곡밥, 각종 나물과 견과류도 좋은 먹을거리가 된다. 오곡밥에는 찹쌀과 팥, 콩, 조, 멥쌀, 수수 등이 들어가며, 미리 삶아놓은 팥과 물에 불린 콩을 사용하면 좋다. 물론 찹쌀과 멥쌀도 30분전쯤에 물에 불렸다가 사용하면 더욱 좋다. 이들을 솥에 넣고 고루 섞은 후 소금으로 간을 하고, 한 번 끓인 후 중불로 줄였다가 쌀이 익은 후에는 약한 불로 뜸을 들이면 된다.

대보름에 먹는 나물류는 고사리나물, 호박오가리나물, 도라지나물, 콩나물무침, 고사리나물, 취나물, 토란줄기무침, 고구마줄기나물, 무나물 등이 있는데, 이들은 우수에 먹어도 좋을 음식에 속한다.

한 겨울이 되면 고구마밥을 해먹기도 하고, 무밥과 콩나물밥, 호박밥을 해먹기도 하였다. 물론 우수에만 그런 것은 아니었고, 별다른 일이 없는 겨울철에는 힘쓰는 일을 덜함으로, 먹을 것이라도 절약하여

▲ 대보름 줄다리기

야 한다는 논리에서 생겨난 밥이었다. 이 밥도 백미(白米)의 탄수화물 위주에서 다른 영양소를 섭취하는 하나의 수단(手段)에 속했다.

9.5 우수의 별자리

우수의 저녁 하늘에는 헌원(軒轅)과 태미원(太微垣)이 있는데, 자정이 되면 태미원이 중앙에 떠있다. 태미원은 상장, 차장, 차상 등 여러 신하를 거느리며, 오제좌(五帝座)라 하여 다섯 임금이 앉을 자리도 가지고 있다. 이는 청제(靑帝), 백제(白帝), 흑제(黑帝), 적제(赤帝),

황제(黃帝)가 앉을 자리이며, 옥황상제가 있는 자미원에 가서 보고를 하는 동안에 잠시 앉아 기다리는 별도의 자리다. 지금으로 말하면 부속실 혹은 대기실과 같은 곳이다. 이 태미원은 사자자리의 일부와 처녀자리의 일부에 해당한다.

초저녁 중앙에 나타나는 필수는 오리온자리로 오시리스별자리로 부르기도 하는데, 네모 안에 들어있는 세쌍둥이 형제별을 포함하며 28수 가운데 삼수에 해당한다. 이 별들을 서쪽방향으로 곧게 연결하여 늘어뜨리면 좀생이별 즉 묘수에 이른다. 삼수와 묘수사이에 있는 필수는 마치 하늘 한가운데서 승리의 V자를 그린 것처럼 떠 있다.

필수는 백호의 몸체인데 비를 주관하는 우사(雨師)라고도 한다. 단군설화에 보면 환웅이 풍백(風伯), 우사(雨師), 운사(雲師)를 거느리고 내려온다. 필수를 자세히 보면 코뚜레 모양인데, 견우와 직녀를 옥황상제가 강제로 떼어놓자 분을 못이긴 견우가 옆에 있던 소의 코뚜레를 집어던진 것이다. 이에 호응하여 직녀는 베틀 북을 집어 은하수 너머로 던졌다. 하지만 견우가 던진 코뚜레는 직녀를 지나쳐 하늘 반대쪽으로 날아갔고, 힘이 부족한 직녀가 던진 베틀 북은 은하수를 채 건너지도 못하고 중간에 떨어졌다. 이로써 코뚜레는 필수로 황소자리가 되었고, 베틀 북은 기수로 궁수자리가 되었다. 이때 직녀가 던진 것은 베를 짜는 도구가 아니라 머리를 빗는 빗이었다는 말도 있다.

삼수에서 밑으로 직선을 연장하면 밝은 별자리가 보이는데, 이 별을 큰개자리의 시리우스 혹은 이시스의 별이라 하며 동양에서는 전쟁과 관련된 천랑성(天狼星)이라고 한다. 이집트에서는 나일강이 범람하고 난 후 농사가 시작됨으로, 이시스가 해뜨기 전에 떠오르면 나일강이 범람하여 물이 풍부하다고 믿었다. 또 농사가 주업이었던 시절에는 이시스가 떠오르는 날을 새해의 첫날로 삼기도 하였다.

우수 하늘에서 초저녁에는 북두칠성의 손잡이가 안 보이다가 밤이 깊어지면 보이며, 자정이 가까우면 하늘높이 떠오른다. 이때 북두칠성은 시계의 반대방향으로 흐르는데, 우리가 즐겨하는 윷놀이의 말판이 반시계방향인 것이 여기에서 유래하였다고 한다. 또 황도상의 별자리는 동쪽에서 서쪽으로 이동하는데, 1시간에 15° 씩 움직인다.

9.6 우수와 현실

우수(雨水)가 지닌 뜻은 흔히 사용하는 우수(憂愁)와는 분명히 다르지만, 그냥 발음상으로는 어딘지 애처롭고 작은 느낌을 받는다. 더불어서 우수는 여리고 부드럽다는 인상을 준다. 따라서 작은 물방울이 연상되는데, 나에게는 가마솥에 밥을 하던 밥물이 떠오른다.

검정솥에 쌀을 넣고 물을 부은 후 짚불을 때면, 뚜껑 안쪽에 맺힌 수증기가 솥뚜껑 바깥의 찬 기운과 만나 물방울이 되어 방울방울 흘러내린다. 이 작은 물방울이야 우수와는 전혀 상관이 없지만 어딘지 애처롭다는 생각에서 자꾸만 연상이 되는 것이다.

하지만 입춘에서와 마찬가지로 전체 직업 중에 농사일의 비중이 줄어들었기에 이제는 일부러 만들지 않는 이상 특별한 행사를 만날 수 없게 되었다. 게다가 가마솥에 밥을 하는 사람마저 없어졌으니 작은 물방울이라는 개념마저 생각할 수 없게 되었다.

10 경칩

경칩은 24절기의 세 번째 절기로 우수(雨水)와 춘분(春分) 사이에 들어있다. 태양의 황경(黃經)이 345°에 달하는 때로, 동지 이후 74일째 되는 날이다. 음력으로는 2월에 들고 양력으로는 3월 5일이나 6일에 든다. 2011년의 경우에는 3월 6일에 들었고, 2012년과 2013년에는 3월 5일에 들었다.

날씨가 점차 따뜻해져 땅속에서 겨울잠을 자던 동물들이 놀라 깨어 몸을 움츠린다고 하여 경칩(驚蟄)이라고 한다. 다른 말로는 계칩(啓蟄)이라고도 하는데, 이는 땅속에 웅크리고 있던 동물들이 놀라서 문을 열고 나온다는 말이다. 이것은 얼었던 땅이 녹아있다는 증거이며, 우수 경칩에는 대동강 물도 풀린다는 말이 어울린다.

10.1 경칩의 환경

농도인 전라북도의 전주에서 경칩으로 기준한 3월 6일의 기후를 보면, 1971년부터 2000년까지의 평균 기온의 평균은 4.2℃였으며, 최고 기온의 평균은 10.2℃로 따뜻한 편이지만, 최저 기온의 평균은 -0.8℃로 아직도 영하의 날씨를 보이고 있다. 또 강수량은 2.3mm로 눈이 많이 오지 않았으며 바람의 평균 속도는 1.5m/s였다. 평균 습도는 66.6%였다. 2월 하순부터 평균 기온이 영상으로 올라오더니 이제는 최고 기온 평균이 10℃를 넘게 되었다. 가끔씩 비가 오니 강수량이 강설량(降雪量)에 비해 두 배로 늘어나는 것을 알 수 있다.

경칩(驚蟄)에는 만물이 겨울잠에서 깨어나는 시기이지만, 겨울철의 대륙성 고기압이 약화되면서 이동성 고기압과 어울려 주기적으로 기압골을 통과하여 따뜻하거나 추운 날씨가 반복되기도 한다. 그러는 도중에도 기온은 점차 상승하고 마침내 봄에 도달하는 것이다.

한서(漢書)에는 연다는 의미의 계(啓)자와 겨울잠을 자는 벌레 모양의 칩(蟄)자를 써서 계칩(啓蟄)이라고 기록되어있는데, 이후에 한(漢)나라 무제(武帝)의 살아생전의 본 이름 휘〔諱〕가 계(啓)인 것을 피하여 놀랠 경(驚)자로 고쳐 써서 경칩이라 하였다고 한다.

옛사람들은 이 무렵에 새해 들어 처음으로 천둥이 치는 것을 들을 수 있고, 그 소리를 들은 벌레들이 놀라서 땅위로 나온다고 믿었다. 『동의보감(東醫寶鑑)』「논일원십이회삼십운(論一元十二會三十運)」에는 '동면하던 동물은 음력 정월 즉 인월(寅月)에 활동하기 시작하는데 절기로는 경칩에 해당하며, 음력 9월 즉 무월(戌月)에는 동면을 시작하는데 절기로는 입동(立冬)에 해당한다.'라고 밝히고 있다.

이와 관련하여 『예기(禮記)』「월령(月令)」에도 '이월에는 식물의 싹을 보호하고 어린 동물을 기르며 고아들을 보살펴 기른다.'라고 되어 있다. 경칩은 만물이 생동하는 시기이므로 이를 보호하고 관리할 책임이 있는 것도 바로 이 시기임을 의미한다.

이때는 겨울에서 봄으로 이어지는 시기다. 낮에는 봄기운이 완연하지만 밤에는 아직도 차가운 기운이 여전한 때다. 따라서 노약자들은 환절기 감기에 걸리지 않도록 주의하여야 한다. 아직도 채 녹지 않은 눈 속에서 복수초(福壽草)가 봄을 재촉한다. 곧 이어 봄을 맞는 다는 뜻의 영춘화(迎春花)도 필 것이다.

10.2 경칩의 동식물

경칩은 뭐니뭐니해도 개구리를 생각하지 않을 수 없다. 개구리는 두꺼비와 함께 봄에 알을 낳아 물속에서 체외수정(體外受精)하는 동물이다. 경칩이면 아직 제법 쌀쌀한 날씨임에도 불구하고 웅

▲ 개구리

덩이에서 종종 개구리 알을 발견할 수 있다. 이는 겨울잠에서 깨어난 개구리들이 먹고사는 그 무엇보다도 종족번성을 우선으로 삼았다는 증거다. 그런데도 우리는 봄개구리 수컷들의 짝을 찾아 부르는 울음

소리를 들어본 적이 없다. 이것은 무슨 까닭일까. 그것은 아마도 여름철 먹을 만큼 먹고 난 뒤의 번식과 달리, 봄을 맞음과 동시에 펼쳐지는 종족보존의 본능에서 비롯된 행동이었을 거라는 추측을 해본다.

▲ 개구리알

▲ 올챙이

경칩에도 아직 꽃샘추위가 남아있다. 근래에 와서 삼월 들어 눈이 내린 날도 있고, 최저 기온의 평균이 아직 영하인 것을 보아도 그렇다. 이때 식물들도 봄이라는 환경에서 기지개를 켜다가 갑자기 찾아온 추위에 미처 대응하지 못하면 심한 고통을 받게 된다. 꽃잎이 타들어가기도 하고 심지어 새순이 동해(凍害)를 입어 죽는 일까지 생긴다. 부지런한 목련이 시커멓게 타들어 가는 것은 꽃샘추위의 대표적인 현상이다.

2011년의 겨울은 동장군이 위세를 떨쳐 꽃눈이 많이 죽은 관계로 과일은 흉작이 되며, 값이 비싸게 될 거라는 언론보도도 있었다. 식물도 마찬가지이지만 봄과 겨울 사이에 동물 중에서도 변온동물(變溫動物)들은 봄나들이를 나왔다가 미처 피하지 못하여 얼어 죽기까지 한다. 반대로 생각하여 꽃샘추위는 일찍 깨어난 해충들을 죽이는 아주 긴요한 자연 살충제였다는 것도 잊어서는 안 된다. 그러나 이것들도 지구온난화의 영향으로 점차 변해가고 있기는 하다.

겨울이 되어 기온이 내려가면, 나무와 변온동물들은 몸속의 포화지방이 점차 응고되어 세포막이 굳어지고 만다. 그러다가 결국은 혈액순환이 안 되고 체내수분이 얼어붙게 되면서 목숨을 잃게 되는 것이다. 우리 몸 역시 포화지방이 많으면 좋을 것이 없는 것은 마찬가지인 자연 이치다.

식물은 이것을 방지하기 위하여 체내 수분을 줄이며 불포화지방을 늘려 추위에 대비하는데, 이러한 시스템이 작동하지 않은 상태에서 갑작스런 꽃샘추위나 한파가 몰아치면 적은 온도변화에도 그만 동사(凍死)하는 것이다.

목련은 아직 꽃망울이 피지 않았지만, 쥐똥나무가 눈을 뜨고 모란과 함박꽃도 새싹이 나온다. 원추리도 고개를 내밀고 사방을 살펴본다. 경칩에는 이처럼 새싹이 나왔다고 하지만 아직은 이렇다 할 정도로 푸르른 것은 아니다. 그저 추위가 물러가고 동식물이 움직이기 시작한다는 정도가 더 적합할 듯하다.

어쩌다가 회양목처럼 겨울에 잎을 달고 사는 식물 중에서는 초봄에 꽃을 피우는 경우도 있다. 3월 초순의 기온은 초여름에 버금가는 경우도 있어, 계절이 책에서 정해준 대로만 변하는 것은 아니기 때문이다.

10.3 경칩풍속

경칩에도 이날만 기리는 특별한 행사가 없다. 다만 이날을 전후하여 함께 어우러지는 일들이 있을 뿐이다. 보리 싹의 성장상태로 보리

농사의 풍흉(風凶)을 점쳤으며, 단풍나무과의 일종인 고로쇠나무의
줄기에서 나오는 물을 마시면 성병(性病)이나 위장병(胃腸病)의 치료
에 효과가 있다고 믿었다.

조선시대 왕실에서는 경칩이 지난 돼지날[亥日]에 왕이 농사의 본
을 보이는 적전(籍田)행사를 행했다. 이때 선농제(先農祭)도 함께 지
내는 규정을 두었다. 또 경칩이 되어 땅속에서 올라온 벌레나 갓 자란
풀을 함부로 대하지 말라고 하였으며, 특히 논밭두렁에 불을 놓아 태
우지 말라는 금령(禁令)을 내리기도 하였다.

『성종실록(成宗實錄)』에는 우수에 삼밭[蔘田]을 갈고, 경칩에는 농
기구를 정비하며, 춘분에는 올벼를 심는다고 하였다. 이는 우수와 경
칩이 되면 자연의 새싹들이 돋는 것을 보면서 본격적인 농사를 준비
하는 절기임을 알리는 것이다. 이와 더불어 각종 벌레가 활개를 치고
다니니 노래기나 빈대 등 해충의 박멸에도 신경을 써야 한다.

고로쇠물 마시기

요즘 깊은 산속에서 자란 고로쇠나무의 수액을 받아먹는 것은 최근
에 일어난 일이 아니며, 예전 선조들이 다 경험으로 가꾸어놓은 하나
의 풍속이다. 고로쇠나무는 단풍나무과의 나무로, 그 수액(水液)을 마
시면 위장병이나 속병에 효과가 있다고 한다. 특히 지리산의 송광사
와 선암사 일대에서 채취한 고로쇠 수액을 상품(上品)으로 쳐주고 있
다.

고로쇠물은 뼈에 이로운 물이라는 골리수(骨利水)에서 비롯되었으
며, 이른 봄 물오름이 왕성한 때에 얻을 수 있는 것이다. 이는 단풍나
무의 일종으로 자작나무, 다래나무와 함께 봄철 기호식품으로 인기를

얻고 있다. 하지만 이것도 엄연한 물이라서 무분별하게 많이 마시는 것은 잘 생각해볼 일이다.

보통 나무들은 절기상 2월의 중기인 춘분(春分)이 되어야 물이 오르기 시작하지만, 남부지방에서 이른 봄 그 해의 첫 수액(水液)을 통해 한 해의 새 기운을 받고자 하는 의도의 표현이었다. 고로쇠 수액은 구름이 끼거나 바람이 불어 일기(日氣)가 불순하면 좋은 수액이 나오지 않는다. 이는 탄소동화작용과 수분의 증발작용에 비례해 많은 물을 뽑아 올리는 과정에서, 인간이 수액을 빼앗아가는 것으로 풀이하면 맞을 것이다. 경칩이 지나서는 수액을 많이 얻을 수 없으며, 혹시 수액이 나오더라도 그 효험이 떨어진다고 믿고 있다.

연인의 날

'청춘은 봄이요 봄은 꿈나라…'라는 노래가 있다. 우리가 느끼는 봄은 만물의 생기가 가득하고 약동이 넘치는 계절로 가히 피가 끓는 청춘의 계절이라 할 것이다. 고대 로마에서는 2월 보름께 '루페르카리아'라는 축제를 열었는데, 젊은 아가씨의 이름을 적은 종이쪽지를 상자에 넣고 그와 같은 수의 총각들로 하여금 제비를 뽑아 짝지어 주던 것이었다. 요즘에 사랑을 고백하는 날이라 하여 2월 14일을 발렌타인데이로 지정한 것도 다 그럴듯한 이유가 있는 것이다 .

은행씨앗 선물하기

선조들은 서로의 사랑을 확인하는 징표(徵表)로써 이날 은행씨앗을 선물로 주고받았다. 은행나무는 수나무와 암나무가 따로 있는데, 서로 마주보면서 풍매(風媒)로 열매를 맺어 순결한 사랑을 연상시킨다. 열매나 잎에 독성이 있지만 그것은 단지 자신을 보호하기 위한 수단이며, 그 나무가 천년을 사는 것처럼 사랑도 영원하기를 바라는 것이다.

『사시찬요(四時類要)』에 의하면 은행 알이 세모난 것은 숫씨이며, 네모난 것은 암씨라고 하였다. 어른들은 대보름에 은행을 구해놓았다가 경칩날에 지어미와 지아비가 마주 바라보며 은행을 먹었다. 그런가 하면 결혼을 하지 않은 처녀 총각들은 이날 어두워지기를 기다렸다가 동구 밖의 은행 수나무와 암나무를 도는 것으로 사랑을 표현하고 정을 다졌다.

은행잎 또한 하나인 듯하면서도 어찌 보면 둘로 갈라져있고, 둘인 듯하면서도 어찌 보면 하나인 것으로 보인다. 이것도 사랑하는 사이는 둘이 아닌 하나이며 하나가 둘인 것을 비유하는 말이다.

속신

우수와 경칩이 지나면 대동강물이 풀린다고 하였듯이 이제 완연한 봄기운을 느끼게 된다. 바야흐로 초목의 싹이 돋아나고 동면하던 벌레들도 땅속에서 나온다. 이날은 산이나 논에 고인 물을 찾아 개구리 알이나 도롱뇽 알 등을 건져다 먹는 풍습이 있다. 이 역시 겨울동안 부족했던 단백질을 손쉽게 섭취하는 방편에서 활용되었던 것으로 보인다.

또 경칩에 흙일을 하면 탈이 없다고 하여 벽을 바르거나 담을 쌓기도 한다. 특히 빈대가 없어진다고 믿어 일부러 새 흙을 이겨 벽을 바르기도 한다. 이것은 흙벽에 생긴 틈을 메워줌으로써 빈대가 서식할 환경을 없애주는 효과가 있었을 것이다. 또 빈대가 심한 집에서는 재를

탄 물그릇을 방 네 귀퉁이에 놓아두기도 한다. 이것은 재의 독한 성분이 빈대를 막아준다고 믿었던 때문이다. 이는 이제 곧 바쁜 농사철이 닥치니 그 전에 손볼 곳을 다 손질하라는 말로 풀이된다.

10.4 경칩의 농사

「농가월령가」를 보면 경칩과 춘분이 들어있는 2월은 농사를 시작하는 달이다. 따라서 '보장기 차려놓고 봄갈이 하오리라. 또는 울타리 새로하고... 개천도 쳐 올리세...' 등으로 농사의 시작을 알리고 있다. 경칩에 전하는 속담으로 경칩이 되면 삼라만상이 겨울잠에서 깨어난다거나, 우수경칩이 되면 봄이 문턱에 온다는 말이 있다. 이것은 경칩을 계기로 달라지는 것들이 많이 있다는 것을 짐작하게 한다.

경칩의 직전에 머슴날이 있는 것으로 보아 농사가 본격적으로 시작되는 절기가 확실하다. 머슴날은 앞으로 닥칠 1년 농사를 대비하여 몸과 마음의 준비를 하라는 의미로, 힘든 일을 하게 될 머슴들을 후하게 대접하였던 행사다.

밭작물이 들뜬 곳은 잘 밟아주어 뿌리의 활착을 도와야 한다. 이때 웃거름을 주어 성장을 촉진시킨다. 경칩이 오면 논이나 밭을 갈고 콩, 들깨, 수수 등을 파종하는 시기로, 봄감자는 아주 심기를 위한 눈내기 작업이 필요하다. 고구마순을 얻기 위한 묘상은 눈[目]이 많이 달린 부분이 위로 향하도록 한 후 흙으로 덮고 보습에 유의한다. 한편 월동에 들어갔던 우엉, 시금치, 마늘, 양파 등 채소류에 웃거름을 주는 시기이기도 하다. 보리, 밀 등의 농작물도 이제 본격적으로 생육을 시작하는 때이며, 보리가 자란 상태를 보고 한 해의 보리 풍흉(豊凶)을 점 쳤는데 이를 보리성장점이라 한다.

벼 못자리용 상토는 오염되지 않는 흙으로 골라야 하며, 여의치 않으면 미리 준비된 판매용 흙을 사용하는 것도 방법이다. 잘못하면 토양에 묻어있던 병충해가 다음 농사에까지 옮겨가는 기회를 제공하기 때문이다. 아울러 겨울을 난 농기계를 손질하고 미리미리 점검하여 확인하도록 한다.

과수농가는 나무껍질이나 가지사이의 겨울에서 깨어난 벌레를 찾아 소독하고 태우는 등의 작업이 필요한 때이다. 요즘에는 집단적으로 출현하는 외래종 꽃매미의 유충을 잡아 없애는 것도 잊어서는 안된다. 또 약용인 당귀, 강황, 더덕, 시호, 방풍, 황기 등은 종자와 함께 묘판을 준비하는 시기다. 축사는 일교차가 커지면서 질병에 취약한 시기임으로 보온과 환기에 신경써야한다. 아울러 전염성이 강한 구제역과 인플루엔자의 발생을 잘 살피고 철저한 소독이 필요하다. 이 밖의 질병으로는 돼지설사병이나 닭의 뉴캐슬병에도 신경을 써야한다.

▇▇▇ 경칩의 별자리

경칩에는 삼태성이 하늘 중앙에 떠오른다. 북두칠성의 바가지모양의 아래쪽으로 즉 북극성과 반대방향으로 내려가면 두 개의 별이 쌍을 이룬 것처럼 보이는 세 무리의 별을 볼 수 있다. 이는 큰곰자리의 앞다리와 뒷다리 두 개에 해당하는 부분이며, 허정(虛精), 곡생(曲生), 육순(六淳)이라는 신(神)의 별로 불린다. 삼태성(三台星)은 사람의 낳고 길러지는 신장(神將)에 관여한다고 여겼던 것이다.

삼태성은 고구려 약수리의 고분벽화에 그려져 있으며, 고려의 서곡리고분벽화에도 그려져 있다.

10.6 경칩과 현실

경칩은 뭐니뭐니 해도 개구리의 등장이 두드러진다. 그러나 개구리가 특별히 경칩날을 기하여 깨어 나오는 것은 아니니 그날만의 행사라고는 할 수 없다. 그럼에도 경칩의 개울가는 개구리들이 북적댄다. 아직은 추워서 옹기종기 모여 있는 정도지만 그래도 부지런한 놈들은 알을 낳고 종족보전에 힘을 쏟는다. 그뿐 아니라 비가 온 뒤에는 들이나 산을 가리지 않고 작은 웅덩이에서도 개구리 알을 만날 수 있다. 그러다가 햇볕이 강하면 금새 말라 죽고 만다. 조금만 세상을 넓게 볼 수 있었다면 그 좁은 물웅덩이에서의 부화는 생각하지 않았을 것이다. 이는 사람도 마찬가지가 아닐까 생각한다. 지금 당장 눈앞의 현실만 믿고 따르다보면 훗날 자손들에게 어떤 나라와 어떤 국가관을 전하게 될지 걱정이 앞서기도 한다.

이때 커다란 돌맹이를 뒤집어보면 돌 밑에 붙어있는 개구리들이 많이 있으며, 부화한 알들이 귀여운 뒷다리를 내밀고 물장구치는 모습도 보인다. 그러면 사람들은 이 개구리를 잡아먹는 풍습이 있다. 이른바 개구리를 통해 꿩 먹고 알 먹는 격이다.

꽁꽁 언 대지를 뚫고 나온 개구리가 넓은 안목을 가지지 못한 것에 누구를 탓할 것인가. 세상은 넓고 할 일은 많다고 하였는데, 사람들이 좁은 개울과 물웅덩이를 찾아 돌아다닌 것은 세상을 잘 못 본 것임에 틀림없다. 좀 더 넓은 세상에서 좀 더 효과적인 일을 할 수도 있었는데 굳이 제쳐두고 미물인 개구리를 잡아먹던 것은 무슨 까닭이 있었을까. 그거야 겨우내 웅크리고 있던 상태에서 영양 보충을 하기 위한 하나의 수단에 지나지 않는다. 하지만 지금은 영양이 넘쳐나고 먹을 것이 넘쳐나는 세상인 만큼 개구리를 잡아먹는 사람도 없어졌다. 이른바 자연도 보호하고 더불어 살아가는 세상을 실천하고 있는 중이다.

11 춘분

춘분은 24절기의 네 번째 절기로 경칩(驚蟄)과 청명(淸明)사이에 든다. 태양의 중심이 춘분점 위에 왔을 때를 말하며 음력으로는 2월에, 양력으로는 3월 20일 혹은 21일에 해당한다. 2011년의 경우에도 3월 21일에 들었고, 2012년과 2013년에는 3월 20일에 들었다. 춘분점은 태양이 남쪽에서 북쪽을 향하여 이동하다가 적도(赤道)를 통과하는 점이다. 이때는 태양이 적도 위에 있으므로 지구상에서는 낮과 밤의 길이가 같아진다. 이 날은 밤낮의 길이가 이론상으로 같지만, 실제로는 태양이 진 후에도 얼마간은 잔광(殘光)이 남아 있기 때문에 낮이 좀 더 길게 느껴지기도 한다.

11.1 춘분의 유래

춘분이란 말은 봄에 나눈다 혹은 봄으로 나눈다는 것과 같이 봄을 나눈다는 뜻으로 해석할 수 있다. 다시 말하면 24절기에서 밤이 가장 긴 동지와 낮이 가장 긴 하지를 기준으로 하여 나누었다는 것이다. 즉 하지에서 동지로 가는 기간을 절반으로 나누면 추분이 되는 것이고, 동지에서 하지로 가는 중간에 절반이 되도록 나누면 춘분이 되는 것이다. 따라서 춘분이나 추분은 하지나 동지에 비해 더 관심 있는 절기는 아니다.

서양의 월력기준으로는 북극점에서 수직으로 선을 그으면 지구의 중심축이 되고, 다시 이 축에서 수직으로 팔을 뻗으면 적도가 된다. 이 적도를 서로 이어주면 적도환(赤道環)이 되는데, 이 적도환에 서서보면 춘분과 추분날의 그림자가 적도환과 겹치게 된다. 따라서 북반구에서는 춘분을 1년의 시작으로, 남반구에서는 추분을 1년의 시작으로 삼아왔던 것이다.

그러나 지구가 자전(自轉) 하는 축(軸)은 이 북극점의 수직선이 아니라, 북극에서 보아 23.5°기운 점이다. 그래서 이론과 실제사이에 약간의 차이가 발생하는 것이다.

예전 우리나라에서는 태양의 위치변화에 따른 계절을 파악하기 위하여 땅에 수직으로 막대기를 세웠는데 이를 '표(表)'라 하였고, 표의 맨 아래에 땅과 맞닿도록 막대기를 눕히고 '규(圭)'라 하였다. 이들을 양지에 내어 놓으면 표의 그림자가 규에 나타나는데 이 때 그림자의 길이와 방향을 기준으로 하여 계절의 변화를 측정하였으니, 즉 '규표 (圭表) 방식'을 사용하였던 것이다.

기록에 의하면 조선 세종 때에는 경복궁 경회루 북쪽에 간의대(簡儀臺)를 쌓고 그 서쪽에 동표를 세웠다. 표의 높이가 8척의 5배였으니 풀어보면 40척으로, 중국 원(元)나라의 천문학자 곽수경이 세웠던 '동표'의 크기와 같았다고 한다. 규표에서는 규의 규모가 클수록 정확한 그림자를 얻어 올바른 계산을 하였을 것은 자명(自明)하다. 그러나 이 규표는 임진왜란때 없어져서 전하지 않는다.

그러므로 우리는 서양의 기준과 달라 그들이 행하던 습관대로 따르지 않았던 것은 물론이며, 춘분이 새로운 한 해의 시작이라는 개념 역시 사용하지 않았었다.

11.2 춘분의 환경

농도 전라북도의 전주에서 춘분으로 기준한 3월 21일의 기후를 보면, 1971년부터 2000년까지의 평균 기온의 평균은 7.0℃였으며, 최고 기온의 평균은 13.1℃로 따뜻한 날씨를 보였고, 최저 기온의 평균은 2.1℃였다. 또 강수량은 1.8mm로 비가 많이 오지 않았으며 바람의 평균 속도는 1.5m/s였다. 평균 습도는 68.0%였다. 양력 3월의 초순이던 경칩의 최고 기온 평균에 이어 최저 기온 평균도 영상(零上)으로 올라왔다.

옛날 선조들은 춘분기간을 5일씩 잘라 3후(三候)로 나누고 초후에는 제비가 남쪽에서 날아오고, 중후에는 우레 소리가 들려오며, 말후에는 그 해에 처음으로 번개가 친다고 하였다. 그러나 춘분은 3월 21일경이고, 제비가 날아온다는 삼월삼짇날은 양력으로 4월 초순에서 중순에 해당하니 사실은 이 두 날이 서로 중복되지 않고 있는 것이다. 하지만 모든 만물의 상황은 당시의 계절에 따라 다르고 제비의 신체적 특성에 따라 날아오는 날짜도 조금씩은 다르기 때문에 어느 것이

틀렸다고 단정지어 말할 수도 없다.

낮의 길이가 길어짐으로 활동량이 많아져서 몸의 피로를 느끼기 쉬운 계절이다. 게다가 환절기를 아직 적응하지 못한 신체리듬으로 인하여 춘곤증에 빠질 수 있다. 규칙적인 식사와 운동, 그리고 많은 활동을 위한 고른 영양소의 공급이 필요한 때이다. 산에서는 이미 산수유와 생강나무 등이 물을 올려 꽃을 만들어놓았다. 일부 들꽃은 꽃대를 올려 꽃봉오리를 흔드는 것들도 있다. 밭에서도 초록빛이 완연하다.

11.3 춘분의 종교적 의미

춘분은 우리가 모르는 사이 종교계에도 많은 영향을 미치고 있었다. 오랜 전통의 종교인 불교는 물론이며, 근래에 생긴 기독교에서도 춘분을 중요한 기준으로 삼고 있는 것이다. 춘분은 낮의 길이가 밤보다 길어진다는 점에서는 새로 시작하는 의미를 가지고 있는가하면, 무슨 일을 하기에 아주 적당한 때라는 점도 간과해서는 안 된다.

불교적 의미

불교에서는 춘분을 피안(彼岸)의 시기로 규정하고 있다. 춘분 전후의 7일간을 '봄의 피안'이라 하며, 극락왕생(極樂往生)의 시기로 본다. 이는 현재의 세상 즉 사바세계에서 멀리 떨어져 저쪽에 있는 깨달음의 세계를 말하며, 이승의 번뇌를 해탈하여 이르는 열반의 세계를 일컫기도 한다. 그러므로 봄의 피안이라 하면, 봄에 그런 경지에 이르도록 수행하는 시기라는 뜻이 담겨있다.

기독교적 의미

기독교에서 다른 종교와 달리 가장 중요하게 다루는 것은 부활(復活)이라 할 것이다. 이런 부활과 춘분은 아주 밀접한 관계가 있으며, 옛날 서양을 대표하던 로마에서는 춘분을 한해의 시작으로까지 보았다. 그리하여 로마 최초의 달력인 로물루스력에는 3월을 그들의 수호신인 마르스의 달 즉 마르티우스달이라고 하여 이를 정월(正月) 즉 초월(初月)로 정하고 있었다. 2월의 날 수가 가장 적은 것은 1년을 춘분부터 나누다보니 맨 마지막인 2월에 조금 남은 것을 그대로 사용하다가 굳어진 것이라고 한다.

그런가하면 지금의 기독교에서 행하는 부활절행사는 춘분을 기점으로 계산하고 있다는 사실이 새삼스럽다. 부활이 죽음에서 다시 살아나는 것이라면, 겨울 다시 말하면 동토(凍土)에서 벗어나 생기를 얻는 봄 즉 춘분이 갖는 의미와 유사하다고 할 수 있다. 그리고 지난해에서 새로운 해로 옮겨가는 일종의 탄생이 갖는 의미와 부활(復活)이 일맥상통한다는 풀이가 나온다.

이런 부활절을 정하는 기준은, 춘분이 있은 다음 보름달이 뜬 후에 처음 맞는 일요일로 정하는 것이다. 이것은 춘분이 음력으로 며칠에 해당하느냐에 따라 부활절의 위치가 조금씩 달라진다는 것으로, 예를 들어 춘분이 음력 초하루에 해당되었다면 보름달이 뜨려면 14일이 지난 후 일요일을 기다려야 한다는 것이다. 다시 말해 기독교에서는 춘분이라는 태양의 운행에다가 달의 움직임을 감안하여 가장 의미 있는 부활절을 만들어내고 있었다.

11.4 춘분의 풍습

고려시대나 조선시대에는 조정에서 빙실(氷室)의 얼음을 꺼내오기 전에 북방의 신(神)인 현명씨(玄冥氏)에게 사한제(司寒祭)라는 약식 제사〔小祀〕를 올렸다. 『고려사(高麗史)』 권63 지17 길례(吉禮) 소사 (小祀) 사한조(司寒條)편에 의하면, '고려 의종 때 상정(詳定)한 의식 으로 사한단(司寒壇)은 맹동과 입춘에 얼음을 저장하거나 춘분에 얼음을 꺼낼 때에 제사한다. 신위(神位)는 북쪽에 남향으로 설치하고 왕골로 자리를 마련하며 축판에는 '고려 국왕이 삼가 아무 벼슬아치 ○○○(某臣) ○○○(姓名)를 보내어 공경히 제사합니다.'라 일컫고, 희생 제물로는 돼지 한 마리를 쓴다. 제사하는 날에 상림령(上林令)이 복숭아나무로 된 활과 가시나무로 만든 화살을 빙실(氷室) 문 안 오른쪽에 마련해놓고 제사가 끝나도 그대로 둔다. 사관(祀官)이 재배(再拜)를 하고 삼헌(三獻)을 하며 축(祝)은 불에 태우고 음복(飮福)을 한다.'고 하였다.

조선시대에는 『증보문헌비고(增補文獻備考)』 제63권 예고(禮考)10 사한조편에 '사한단은 동교(東郊)의 빙실 북쪽에 있는데, 제도는 영성단(靈星壇)과 같고 현명씨를 제사한다. 오례의(五禮儀)에는 계동에 얼음을 저장하고 춘분에 얼음을 꺼낼 때에 제사를 지낸다. 음식과 그들을 담는 그릇[饌實], 술을 다루는 그릇[尊罍], 희생된 물건[牲牢], 헌관(獻官), 향의(享儀)는 명산대천의 의례와 같으나 다만 폐백이 없고, 축문에는 조선국왕감소고우현명지신(朝鮮國王敢昭告于玄冥之神)이라 일컫는다.'라고 하였다.

『고려사』 권84 지38 형법공식 관리급가조(官吏給暇條)편에 따르면 춘분이 되면 관리에게 하루 휴가를 주었다. 또 경주지방에서는 이날 박(朴), 석(昔), 김(金)의 3성(三姓)의 초대(初代) 왕에 대해서 무덤에 제사를 지내는 능향(陵享)이 있었던 것을 참고할 필요가 있다.

속신

춘분에는 여러 사람을 아우르는 종교뿐 아니라 고래의 민간에서 전하는 풍속도 있는데, 이날의 날씨를 보아 그 해 농사의 풍흉(豊凶)과 물의 많고 적음을 점치기도 하였다. 『증보산림경제(增補山林經濟)』권15 「증보사시찬요(增補四時纂要)」에서는 춘분에 비가 오면 병자(病者)가 드물다고 하였고, 이날은 어두워 해가 보이지 않는 것이 좋으며, 해가 뜰 때 정동쪽에 푸른 구름기운이 있으면 보리에 유익하여 보리 풍년이 들고, 만약 청명(淸明)하고 구름이 없으면 만물이 제대로 자라지 못하고 열병(熱病)이 많다고 하였다. 이날 운기(雲氣)를 보아 하늘이 맑〔淸〕으면 충해(蟲害)가 많고, 붉은 기운〔赤〕이면 가뭄이 들며, 검은 기운〔黑〕이면 수해(水害)가 들고, 누런 색〔黃〕이면 풍년이 든다고 점쳤다.

바람에 얽힌 내용으로는 동풍이 불면 보리풍년이 들어 보리가 풍성하고, 서풍이 불면 보리흉년이 들어 보리가 귀하다고 하였다. 또 남풍이 불면 5월 전에는 물이 많으나 5월이 지나면서 가물어지고, 북풍이 불면 벼가 흉년이 들어 쌀이 귀하다고 하였다.

관련속담

꽃샘추위는 삼사월의 이른 봄에도 꽤나 추운 날씨가 있을 때에 비유하는 말이다. 이때는 피던 꽃잎도 오르라들고 자칫하면 가지가 얼어 죽는 경우도 발생한다. 따라서 잎이 먼저 나는 식물은 새싹이 동상(凍傷)에 걸려 녹아내리므로 잎샘추위라고 부르기도 한다.

▲ 개나리

▲ 진달래

잎샘추위에 설늙은이 얼어 죽는다거나, 삼월 바람에 설늙은이 얼어 죽는다는 말도 생겨났다. 또 보리누름에 설늙은이 얼어 죽는다는 말도 하는데, 모두 한겨울 추위만은 못하지만 그래도 아직 면역력이 떨어진 상태에서 맞이하는 추위는 그만큼 춥게 느껴진다는 것을 빗댄 말들이다. 여기서 보리누름이란 보리가 누렇게 익었다는 뜻으로, 보리가 익는 시절에도 자칫 얼어 죽을 수 있다는 것을 말한다.

2월 바람에 검은 쇠뿔이 오그라진다고도 하였는데, 음력 2월의 바람이 그렇게 세고 차다는 것을 말한다. 제주도에서는 정이월에 검은 암소뿔이 오그라진다고 하였는데 같은 말이다.

음력으로 정월이나 이월이 되면 보통은 날씨가 풀리고 추위가 가신다고 알고 있다. 그런데 이렇게 방심하는 사이에 갑자기 추워지니 문제가 생기는 것이다. 그래서 정이월에 큰 독 터진다거나, 정이월 늦바람에는 바위 끝에서도 눈물 난다고 하는 말도 생겨났다.

이 모든 일은 꽃이 피는 봄이 오면 이제 자신의 위력이 줄어드는 데에 시샘을 한 풍신(風神)이 부리는 심술이라고 하였다. 그래서 이 바람을 '꽃샘바람'이라고 하며 추위를 '꽃샘추위'라고 부르는 것이다. 이런 때에는 멀리 나가는 고기잡이를 마다하였고, 멀리 가는 나룻배에도 나들이하는 사람조차 타지 않았다고 한다.

11.5 춘분의 농사

농부들은 밭을 갈거나 거친 흙을 다듬어 씨 뿌릴 준비를 하는 시기다. 그리고 춘분을 전후하여 절기가 빠른 식물들을 골라 파종한다. 따라서 춘분은 본격적인 농사준비를 하는 때에 속한다. 한 해의 농사를 시작하는 것은 매우 중요한 일이라서 조심하고 또 조심하여 일을 망치지 않도록 하려는 것이 사람의 심리일 것이다. 이러한 농사의 준비에 정확한 시기를 맞추고 준비하는 것도 오랜 관습이며 기술이라 할 것이다. 예를 들어 전처럼 논에 직접 모판을 만드는 경우는 보리배미에 논물이 스며들지 않도록 배수 관리에 신경을 써야 한다.

땅이 얼었다가 녹으면 먼저 땅을 갈아엎는데[初耕], 물이 나고 드는 시기를 아는 것이 농사의 첫 걸음이다. 일이 늦은 농가에서는 작년에 만든 퇴비를 손보아 마늘밭이나 보리밭에 거름을 주며, 논에는 객토를 하여 땅심을 높여주는 작업도 필요하다. 자칫 볍씨로 옮겨지기 쉬운 도열병, 키다리병, 벼잎마름병, 벼잎선충 등을 철저히 소독하여야 한다.

밭작물 중에서도 감자를 제일 먼저 심은 다음에 강낭콩, 완두콩을 심으며 얼갈이나 상추, 시금치, 아욱 등 채소를 심는다. 그러나 뒤늦게 찾아오는 서리 등의 한파로 파종한 씨앗이나 과수나무 가지가 자칫 냉해를 입지 않도록 하여야 한다.

현 방식대로 보아 남부지방에서 기계모를 내는 경우는 4월초가 적당함으로 일정에 차질이 없도록 한다. 고추의 역병을 예방하고자 접목을 하는 경우는 튼실한 대목(代木)을 고르며, 맑고 서늘한 날 실시하는 것이 좋다. 전라북도 익산(益山)지방의 경우 봄감자의 정식은 3월 하순부터 4월 상순까지가 적당하며, 일찍 심어야 하는 고추나 참외를 준비하거나 과수나무의 손질도 필요한 시기다.

종자로 쓸 고구마도 3월 하순부터 4월 상순사이에 일명 종박기를 하여 싹을 틔워야 하며, 고구마가 생명력이 강한 작물임을 감안하더라도 4월 20일까지는 늦지 않도록 씨고구마를 심어야 한다. 기장이나 조, 메밀, 목화 등을 파종하고, 닥나무를 심는다. 또 가을 보리밭에는 김을 매주며, 장을 담아 1년을 먹을 양념을 마련하는 때이다.

음력 2월 20일에 비가 오면 대풍(大豊)이 든다거나, 2월 밤은 추워야 보리가 풍년든다는 말이 있다. 또 춘분에 서풍이 불어오면 보리가 흉년이 든다고 하였다. 이것들은 갓 파종한 씨앗이 먹고 자라날 수분이 많거나 적은 정도를 가늠하는 것들이며, 앞으로 자라는 데에 따라 영향을 미치게 되므로 이를 두고 걱정하는 마음에서 생겨난 말들이다.

가축을 보면 축사의 실내온도와 환기에 신경을 쓰고, 차가운 바람을 막아주면서 일광욕을 시켜주는 것이 좋다. 한편 구제역, 결핵병, 부르셀라병, 광견병, 유행성설사, 조류인플루엔자 등 병원균의 침입을 차단하도록 철저한 방역이 필요하다. 월동 사료작물과 월동 채소의 웃거름을 주어야 하며, 시기도 너무 늦지 않도록 한다.

11.6 춘분의 절기음식

춘분은 봄이다. 그래서
봄에 볼 수 있는 제철음
식이 시절식(時節食)으
로 최고일 것이다. 추운
겨울동안 잘 견뎌온 봄나
물은 악조건인 환경 속에
서도 스스로 살아가기에
적합한 습성을 지녔다. 따

▲ 봄동

라서 달래와 냉이, 씀바귀, 돌나물, 부추, 마늘, 도라지, 고사리, 더덕,
시금치, 봄동처럼 들이나 산에서 쉽게 만날 수 있는 것들이면 족할 것
이다.

이때는 겨우내 추위와 싸우느라 지친 몸을 일깨우고, 늘어진 면역
력을 돋워주는 음식들이 제격이다. 그래야 몸의 상태가 약해져서 발
생하는 춘곤증으로부터 해방될 수 있을 것이다. 부족한 단백질과 무
기질을 섭취하기 위한 방법으로는 잡곡밥이 좋고, 기름진 음식은 피
하는 것이 좋다. 찐 대추나 삶은 미나리로 떡에 넣을 소(巢) 즉 떡소를
만들어 먹는다. 요즘에는 자연에서 얻는 수액(水液)을 귀중한 천연약
재로 혹은 건강식으로 여기는데, 춘분에는 입춘부터 받아왔던 고로쇠
나무 수액을 꼽을 수 있다.

춘분의 별자리

동방7사(東方七舍)는 동방7수(東方七宿)라고도 하는데, 적도 근처의 별자리 28수 중에서 춘분날 초저녁 동쪽 지평선 위로 각수(角宿)를 선두로 하여 차례로 떠오르는 항수(亢宿), 저수(氐宿), 방수(房宿), 심수(心宿), 미수(尾宿), 기수(箕宿)의 별자리를 말한다.

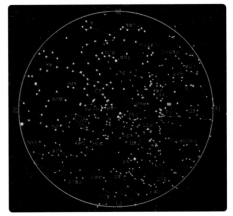

▲ 봄별자리

이들은 적도상에 위치하는 별자리로 초저녁부터 서서히 그리고 차례대로 떠오르는 별이다. 우리나라의 밤하늘에서는 각수와 항수는 처녀자리로 봄의 별자리, 저수는 천칭자리로 봄의 별자리, 방수와 심수 그리고 미수는 전갈자리로 여름별자리, 기수는 궁수자리로 여름 별자리에 해당한다.

28수는 달이 하늘을 운행하는 길인 백도(白道)를 따라 일주하는데, 이때 약 27.32일이 걸리기 때문에 28일을 기준으로 하여 28수가 되었으며, 이때 달이 머문다[宿]는 의미를 지닌다. 28수와 그 주변의 별자리를 동은 창룡(蒼龍), 북은 현무(玄武), 서는 함지(咸池) 또는 백호(白虎), 남은 주작(朱雀)의 4관으로 분배했다.

춘분의 저녁에 각성(角宿)이 떠오르며, 자정이 되면 정남쪽 하늘 중앙에 위치한다. 동방청룡의 뿔에 해당하는 각수 즉 각성은 처녀자리의 알파(α) 스피카로 봄을 대표하는 별에 속한다. 스피카는 보리이삭을 의미하며, 밝기가 1등성에 해당한다. 처녀자리는 북두칠성의 꼬리에서 구부러진 곡선을 연장하여 내려가면 북두칠성과 지평선의 중간 정도에서 만날 수 있다. 주위에는 밝은 별이 없어 쉽게 찾을 수 있는 별이다.

각수의 밑으로 항수, 저수, 방수, 심수, 미수가 있으나 각수와 항수는 처녀자리에, 저수는 천칭자리에, 방수와 심수 그리고 미수는 전갈자리의 일부에 속한다.

11.8 춘분과 현실

춘분이 밤과 낮의 길이가 같은 날이라고 하여 특별히 달라지는 것은 없다. 다만 특용작물을 한다든지 부지런한 사람들인 경우에는 조금씩 차이가 있겠지만, 보통의 농가에서는 이때를 즈음하여 밭갈이가 시작되는 때이다. 예전에는 화학비료대신 퇴비를 넣었기 때문에 숙성을 시키기 위하여 좀 더 일찍 갈아엎는 농가도 있기는 하였었다. 이때의 퇴비라는 것은 한여름 뙤약볕에서 베어다가 말린 풀인데, 풀의 종류를 가리지 않고 베어다가 말린 것이니 꿀로 말하면 잡꿀에 해당되며 영양이 풍부한 그런 풀이었다. 이런 퇴비를 잘못 보관하면 눈비에 썩어버려 악취를 풍기게 되는데, 발효가 잘 된 퇴비는 후끈 달아오르는 열기와 함께 싫지만은 않은 묘한 냄새가 나기도 한다. 그리고 퇴비를 들춰내면 으레 지렁이가 집을 짓고 사는 아주 친환경적인 비료였던 것이다. 그런데 이런 퇴비와 함께 빠지지 않는 거름은 재다. 재는 불을 때고 나면 남는 부산물인데, 주로 짚불을 땠을 때 나오는 것이 주종을 이룬다. 장작은 타고나면 숯이 되니 사용할 수가 없고, 솔잎은 타고나면 재가 사그라져 그 흔적을 찾을 수가 없다. 그러고 보면 짚은 우리 일상에서 아주 밀접한 관계를 맺어왔음을 알 수 있다. 어떤 때는 초가지붕을 걷어 낸 잔여물로 불을 때는 경우도 있었다. 이런 때는 화력(火力)이 약간 떨어지는 단점이 있으나, 실제적으로는 지붕재료와 땔감의 2중 효과를 보는 것이었다.

재는 비누의 원료가 되는 잿물을 만들 정도로 독한 성분이 있고, 상처가 난 곳에 재를 묻혀 고통을 주는 형벌이 있었을 정도로 강렬한 성분을 가지고 있다. 이런 재에 오줌이나 똥을 섞어 발효시키면 이 역시 훌륭한 거름이 되었으니, 막 타고난 재보다 2차 가공을 거친 재가 더 좋은 거름이 되었던 것이다.

최근보도에는 양잿물을 희석하여 수산물(水産物)의 부피를 늘리는 곳이 있다고 하였다. 그러면서 자신은 그런 수산물을 절대 먹지 않는다고 덧붙였다. 잿물은 그만큼 강한 독성을 가지고 있어 몸에 해롭다는 것이며, 따라서 취급 자체에도 주의해야 하는 거름에 속한다.

12 청명

청명은 24절기의 다섯 번째 절기로 춘분(春分)과 곡우(穀雨) 사이에 오며, 음력으로는 3월에 해당하고 양력으로는 4월 5일이나 6일경이 된다. 2011년의 경우 4월 5일에 들었고, 2012년에는 4월 4일에 들었으며 2013년에는 한식과 함께 4월 5일이었다. 태양의 황경(黃經)이 15°에 있을 때다.

동지로부터 105일째 되는 날을 한식(寒食)이라 하는데, 이날은 종묘와 능원에 제향(祭享)을 지내는 날로 절기와 관계없이 성묘를 하는 하나의 명절로 여겨왔다. 반면에 청명은 1년 24절기의 하나로, 동지에서부터 한 절기씩 나누어 가다보면 한식과 서로 겹치는 경우도 있지만 사실상 엄연히 다른 날이다.

옛사람들은 청명 15일 동안을 5일씩 3후로 나누어 초후에는 오동나무의 꽃이 피기 시작하고, 중후에는 들쥐 대신 종달새가 나타나며, 말후에는 무지개가 처음으로 보인다고 하였다.

그런가 하면 청명은 대부분 식목일과 겹치는 데 이것은 날이 풀리고 화창하여 일 년 중 나무심기에 가장 적당한 시기로 전해온 것이며, 한식(寒食)과 식목일을 포함하여 세 가지의 뜻이 겹치는 경우도 있다. 그래서 한식에 죽으나 청명에 죽으나 그게 그거라는 말도 생겨났다.

12.1 청명의 환경

농도 전라북도의 전주에서 청명으로 기준한 4월 5일의 기후를 보면, 1971년부터 2000년까지의 평균 기온의 평균은 10.7℃였으며, 최고 기온의 평균은 17.9℃로 따뜻한 날씨를 보였고, 최저 기온의 평균은 4.4℃였다. 또 강수량은 4.6mm로 제법 많은 비가 내렸으며, 평균 습도가 65%를 보이고 있다. 바람의 평균 속도는 1.6m/s였다.

이정도 메마른 날이면 산에서 일하는 때에 찬밥을 먹으며 주의하라고 하였지만, 말을 잘 듣지 않고 불을 함부로 사용하는 관계로 다음에 찾아오는 곡우보다도 더 많은 비가 내렸다고 보아야 할 것이다.

청명은 혼자 다니지 않고 한식을 달고 다닌다. 한식에 불을 사용하지 않는 풍습이 있는데, 이것은 주변이 온통 메말라서 불에 취약함을 알고 이를 방지하기 위한 목적도 있었을 것이다. 봄불은 불꽃이 보이지 않는 다는 말과 같이 이 시기의 불이 얼마나 무서운지 깨달아 화재 예방에 최선을 다하여야 한다.

청명(淸明)은 봄이다. 그래서 봄에 피어나는 싹이나 꽃들이 한창인 것을 알 수 있다. 진달래와 목련은 꽃을 떼어 낸지 벌써 오래고, 개나리도 꽃을 피운다. 앵두나무의 하얀 꽃과 조팝나무의 작은 꽃들은 일시에 피어나서 우리를 기쁘게 한다. 외래종 민들레와 토종 민들레도 순서를 다투며 피어나고, 제비꽃과 꽃다지꽃, 양지꽃, 할미꽃, 그런가 하면 이른 봄에 먹었던 달래는 지천(地天)으로 하얀 꽃을 피워내니 작은 메밀밭을 연상케 한다. 바야흐로 봄의 절정에 와있는 것이다.

또 은방울꽃이나 상사화, 그리고 억새처럼 강한 식물들도 성큼 새싹을 내밀어 감출 수 없는 봄이 왔음을 실감한다. 밭둑이나 들판에 삐삐 또는 삘기라 부르는 띠풀의 어린 순이 돋아 오르는데, 이것은 마침 좋은 군것질거리가 되어준다.

원래 찬밥을 먹는 날은 한식으로 알려져 있지만, 청명이나 한식 때에는 아직 잡풀이 자라지 않아 마른 바람이 불어오므로 불이나기 쉬운 계절이다. 따라서 나무를 심거나 묘를 손보는 사람들은 찬밥을 먹어 산불을 예방하는 때이기도 하다.

12.2 청명의 풍속

청명은 점차 하늘이 맑아진다는 뜻이며, 이는 겨울동안 눈이 와서 흐리고 어둡던 것에 비교하여 이제 봄이 되어 날씨가 화창하다는 것을 의미한다. 그러니 차갑고 답답한 땅속에서 겨울을 보냈을 조상을 돌아보는 것은 당연한 일이었을 것이다.

예전에 사람들은 한식(寒食)이 되면 겨우내 돌보지 못했던 산소를 찾아가서 살피는 즉 성묘(省墓)를 하며 조상의 음덕을 기렸다. 이런 한식날 전에 오는 청명 역시 손(損) 없는 날이었으니, 산소를 살피고 손보면서 제사하는 것도 무리는 아니었다. 그러나 예전의 전통에서 성묘는 한식에 하며, 단 하루 사이라하더라도 청명은 고유의 성묘날이 아니었던 것이다.

성묘의 유래

대체로 성묘는 설날과 한식, 추석, 동지에 지내기도 하였으며, 도교에서 중시하던 정월대보름의 상원(上元)과, 음력 7월 15일의 백중(百中)인 중원(中元), 그리고 음력 10월 15일의 하원(下元)에 지내기도 하였다. 어떤

▲ 성묘

곳에서는 설날과 한식, 단오, 추석에 지내거나, 또 한식과 대보름, 백중, 동지에 제사를 지내던 때도 있었다. 그러나 한식 대신 청명에 산소를 돌보고 제를 지내는 경우도 있었으니, 시대마다 처해진 환경과 바라는 목적에 따라 성묘를 하는 날짜도 조금씩 달리 전해왔다고 할 수 있다. 이런 행사는 한 해의 농사를 시작하면서 조상님의 은덕으로 잘 가꿀 수 있도록 도와달라는 기원의 표시라 할 것이다.

성묘와 제사

문헌에 의하면 고대 부족국가의 제천의식으로부터 부여의 정월 영고(迎鼓), 고구려의 시월 동맹(東盟), 예의 시월 무천(舞天) 및 마한의 오월 농공시필기(農功始畢期)와 시월의 제천(祭天) 의례 등이 행해졌었다.

삼국시대에도 설날과 대보름, 중추절, 수리, 유두 등에 시조제(始祖際), 농신제(農神祭), 산천제(山川祭)를 지냈다. 고려시대에도 산천제

와 조상제가 이어졌으며, 호국불교의 영향으로 정월대보름인 상원의 연등회(燃燈會)와 중동(仲冬)의 팔관회(八關會)가 있었다. 이때 팔관회와 설날, 상원(上元), 한식(寒食), 상사(上巳), 단오(端午), 추석(秋夕), 중구(重九), 동지(冬至)를 고려의 9대 명절이라 하였다.

조선에 와서는 국가적인 행사로 상고의 제천의식과 유사한 산천제, 기우제, 서낭제가 열렸으며, 그중에서 서낭제는 산신을 대상으로 하는 제사로 현재의 동제(洞祭)로 이어진다. 그리고 비교적 최근에 속하는 조선시대 후기에는 풍속을 여러 가지 기록으로 전하고 있다.

사초하기

청명날에 비석을 세우고 무덤을 고치거나 옮기는 일들을 한다. 이날은 좋은 날이라 별도로 고르지 않아도 아무런 해(害)가 없다고 하였다. 청명이 되면 땅에 있는 모든 신[諸神]들이 하늘에 올라가 조회(朝會)하는 날이었기 때문이다.

따라서 집을 고치거나 새로 짓기도 하며, 새로운 묘를 세우거나 구묘(舊墓)에 사초(莎草)를 입히거나 이장(移葬)하는 일들을 하였다. 이렇게 묘소의 잔디를 보완하는 것을 개사초(改莎草)라고도 하는데, 원래 사초는 부들이나 왕골 혹은 띠풀과 유사하여 습지나 소금기가 있는 곳에서도 잘 자라는 고유의 풀이름이다.

만약 이런 사초를 청명에 다 마치지 못하면 다음날인 한식 때까지는 마쳐야 한다. 이것은 한식날에도 청명과 같이 해(害)가 없는 날로 여겨졌기 때문이다. 이렇게 사초를 하면서 조상을 생각해보면 자신만 따뜻한 밥을 먹을 수가 없어 차가운 밥을 먹었다는 것은 아닌지 모르겠다.

불씨나누기

『동국세시기(東國歲時記)』청명조(清明條)에는 이날 버드나무와 느릅나무를 비벼 새 불을 일으킨 후 임금에게 바쳤다고 한다. 그러면 임금은 이 불을 정승과 판서를 비롯한 문무백관 그리고 360 고을의 수령에게 나누어주었다. 이렇게 나누어 주는 불을 '사화(賜火)'라 하는데, 수령들은 한식날에 다시 이 불을 백성에게 나누어주면서 묵은 불을 사용하지 말도록 하였다. 그래서 지형학적으로 어느 고을에 불이 늦게 도착하면 그날은 찬밥을 먹을 수밖에 없어 한식(寒食)이 생겨났다고도 한다.

사화(賜火)는 『열양세시기(洌陽歲時記)』한식조(寒食條)에서 한식날에 나누어주었다고 기록하고 있다. 그러나 한식과 청명은 대체로 같은 날에 드는 경우도 있어 둘을 구분하지 않고 사용하였을 수도 있다.

새 불을 맑고 화창한 날에 얻는 것과, 이를 나누어 주는 것도 그런 날을 택한 것은 새로운 불씨를 사용하는 동안 좋은 일이 있기를 바라는 마음이 담겨있다고 할 것이다. 이로써 전 국민이 불씨를 구심점(求心點)으로 단결하고 화합하는 계기가 되는 것이다. 신성한 새 불을 일으키는 날이 청명하니, 새 불을 온 백성이 나누어 가짐으로써 국민 모두가 하나의 끈으로 연결되는 충성심도 고취시키는 역할도 할 수 있었다.

불을 옮기다 보면 자칫 꺼지기 쉬워서 청명을 기하여 하루 만에 전국에 퍼트리기에는 어려움이 많았다. 새로운 불은 닭 껍질이나 뱀 껍질을 이용하여 질기면서도 가볍게 만든 불씨통[藏火筒]에 담아 날랐는데, 바람과 습기에 오래 견딜 수 있도록 고안한 특별 운반 겸 보관도

구였다. 또 그 속에는 은행이나 목화씨 같은 재료를 사용하여 불씨가 오랫동안 보존되도록 하였다.

그런데 장자(張子)가 『주례(周禮)』에서 사계절을 따라 불을 바꾸는데 오직 3월을 제일로 치는 이유는 큰 불을 일으키는 심성(心星)이 이때 제일 높게 뜨기 때문이라고 말하였다. 그런데 우리 국전(國典)에서도 『주례(周禮)』를 따라 한 해 다섯 번 개화(改化)를 하는데 이중 청명 때의 개화를 가장 중요하게 여긴다고 하였다. 그러니 사실은 일 년에 한 번 불씨를 받는 것이 아니라 아마도 각 계절마다 새로운 불씨를 받았을 것으로 추정할 수 있으며, 나중에는 중요하게 여기지 않는 여러 계절의 불을 생략하고 한 번만 받았을 것으로 보인다.

청명주

청명절이 든 때에 담근 술을 청명주(淸明酒)라 하고 봄에 담갔다고 하여 일명 춘주(春酒)라고도 한다. 찹쌀 3되로 죽을 쑤어 식힌 다음, 누룩 3홉과 밀가루 1홉을 넣어 술을 빚는다. 다음날 찹쌀 7되를 쪄서 식힌 다음, 물을 섞어 잘 으깬 후 독에 넣어 찬 곳에 둔다. 7일 후 위에 뜬 것을 버리고 맑은 술만 따르면 청명주가 탄생하게 된다.

나무 심기

어떤 지역에서는 어린 아이가 태어나면 청명에 나무를 심었는데, 여자아이가 커서 시집갈 때 장롱을 만들어 줄 오동나무를 심는 예가 많았다. 그러면 아이는 '내 나무'라는 자부심과 함께 나무를 잘 가꾸는 요인이 되기도 하였다. 이러한 일들은 한식(寒食) 풍속에서도 만날 수 있다.

내 나무 노래

'한식 날 심은 내 나무 금강수(金剛水) 물을 주어 육판서(六判書)로 뻗은 가지 각 읍 수령(守令) 꽃이 피고 삼정승(三政丞) 열매 맺어...' 하는 노래가 있다. 자기 몫으로 심어진 나무에게 자기 인

▲ 나무심기

생의 꿈을 실어 애지중지 길렀던 것이다. 혹시 연정(戀情)을 품은 아가씨가 있다면, 그 아가씨 나무에 거름을 주고 물도 주면서 애틋한 사랑을 표현하기도 했다.

나무타령

나무를 심거나 가꾸면서 부르는 타령이 있었으니 바로 나무타령이다. 이런 일들이 힘들고 귀찮았지만 적절한 가사를 붙임으로써 피로를 잊고 흥을 돋우는 방법이 되었던 것이다.

'청명(淸明) 한식(寒食) 나무 심자. 무슨 나무 심을래. 십리 절반 오리나무, 열의 갑절 스무나무, 대낮에도 밤나무, 방귀 뀌어 뽕나무, 오자마자 가래나무, 깔고 앉아 구기자나무, 거짓 없어 참나무, 그렇다고 치자나무, 칼로 베어 피나무, 네 편 내 편 양편나무, 입 맞추어 쪽나무, 양반골에 상나무, 너 하구 나 하구 살구나무, 아무 데나 아무 나무...'라는 타령이 회자되기도 하였다.

12.3 청명의 농사

음력 3월에는 한식(寒食)이 들어있다. 한식이 있고 사초가 있다는 것은 봄에 밖에 나가서 본격적인 활동을 한다는 뜻이다. 따라서 「농가월령가」에도 가래질을 하며, 물꼬를 깊이 치고 도랑을 만들고 모판을 만든다고 하였다. 또 먹을거리의 중요한 근본이 되는 장(醬)을 담근다고 하였다. 청명이란 말 그대로 날씨가 좋다는 뜻임과 동시에, 농사를 짓거나 고기잡이를 하려면 날씨가 좋아야 하기에 그 의미가 크다고 할 것이다.

청명이나 곡우가 되면 많은 농사를 짓는 집에서는 1년간 일을 해줄 일꾼을 고른다. 바로 이어지는 곡우에 못자리를 만들어야 하기에 자칫 시기를 놓치면 마음에 드는 일꾼을 고르지 못할까 걱정하는 마음에서 비롯된 일이다. 6월 1일을 기준으로 하여 모내기 30일 전에 싹이 트고, 그 10일 전에 볍씨를 소독하고 물에 담그는 것을 가정할 때, 4월 20일 경이 일꾼 정하기에 적당하다 할 것이다. 따라서 파종할 볍씨를 최종적으로 확인하며, 논밭의 흙을 고르는 가래질을 시작하는데 이것이 바로 논농사의 시작을 알리는 작업이다. 그래서 청명에는 농사에 대한 속신(俗神)도 많이 등장한다.

청명이나 한식에 날씨가 좋으면 그 해 농사가 잘 되고, 날씨가 좋지 않으면 농사가 잘 되지 않는다고 점쳤다. 바닷가에서는 청명과 한식에 날씨가 좋으면 어종(魚種)이 많아져서 어획량이 증가한다고 믿었으며, 바람이 불면 풍어(豊漁)를 이루지 못한다고 하였다. 또 파도가 세게 치면 물고기가 많이 잡힌다고 믿었거나, 날씨가 너무 밝으면 무덥고 뜨거운 여름이 되어 농사가 흉작이 든다고 믿는 지역도 있다.

청명이 되면 본격적인 밭갈이를 시작한다. 이때는 봄 가뭄이 닥칠 수 있는 시기로써 토양의 수분관리에 신경을 써야 한다. 그래서 천수답이나 일부 물이 부족한 논에서 모내기 때에 사용할 물을 미리 가두어 두는 사람들도 있었다. 그러나 그대로 방치하다보면 시간이 지남에 따라 대부분의 논물은 말라버리고 다시 가뭄을 겪게 되니 별 효용이 없다. 겨우내 바짝 마른 논은 한두 번의 받아놓은 물을 모두 빨아들여서 오히려 땅심만 소진하는 원인이 되기도 한다. 객토를 한 땅에는 볏짚이나 퇴비, 가축분 등 유기물을 보충하여 땅심을 높이고, 토양살충제를 살포함으로써 준비된 토양으로 만들어놓아야 한다.

반대로 잦은 봄비로 일조량이 부족하여 발아불량이나 수분과다, 착과불량이 생길 수 있으므로 대비책도 세워야 한다.

번식용 가축은 일교차가 심하여 스트레스를 받지 않도록 신경 쓸 필요가 있다. 또한 구제역, 돼지콜레라, 뉴캐슬병, 조류인플루엔자 등의 예방접종을 실시하는 때이기도 하다. 원하지 않는 황사가 불어오니 동식물을 구분하지 않고 이에 대한 대책을 강구하여야 한다.

4월 하순까지 옥수수 파종이 적기이며, 봄 감자는 아주심기를 하는 때이다. 과수원에 벌을 놓아 수분(受粉)을 도모하는 때임으로, 갑작스런 냉해와 가뭄 혹은 물에 녹아내리는 일이 없도록 신경을 써야 한다. 특히 시설에서 자란 식물은 갑작스런 환경변화로 생기는 피해를 줄여야 한다. 이는 이 시기에 어떻게 대처하느냐에 따라 1년 농사가 좌우되기 때문이다.

12.4 청명의 먹을거리

우리나라는 농경민족으로서 자연을 숭상하고 순응하면서 살아왔고, 음식 또한 그런 취지에 맞게 제철음식으로 준비하였다. 이 날은 불을 쓰지 않으므로 찬 음식을 먹고, 술과 포, 과일, 식혜, 떡, 국수, 탕, 적 등으로 제사를 지낸다. 찬 음식을 먹는 것은 중국 고사에 나오는 진나라의 개자추를 위로하는 것이라고 하지만, 최남선(崔南善)이 언급하였듯이 고대 종교적 의미로 보면 매년 봄에 신화(新火)를 만들어주면서 구화(舊火)를 금지하였던 것을 알 수 있다.

12.5 청명의 별자리

청룡의 목에 해당하는 항수(亢宿)는 청명의 대표별에 속한다. 항수는 각성, 대각성 등 여러 별을 거느리는데, 그 중에서 대각성 즉 목동자리의 아크투루스를 꼽을 수 있다. 이 별은 큰곰자리의 꼬리인 북두칠성의 끝에서 조금 더 내려오다가 만나는 목동자리에 있는 별들로, 초요성과 경하성을 지난 다음에 오는데 주위에서 가장 밝다. 대각성의 좌측에는 작은 별 세 개의 좌섭제가, 우측에는 작은 별 세 개의 우섭제가 있다.

12.6 청명과 현실

청명은 한식과 같은 날이거나 하루 빨리 들지만, 4월 5일의 식목일

에 비하면 거의 같은 시
기로 겹치게 된다. 따라서
일부 아이들은 청명에 산
소를 손보는 곳에 따라나
서기도 하였지만, 대부분
은 나무를 심는데 더 많
이 참석하였다고 생각된

▲ 들풀

다. 나 또한 식목일 행사
에는 빠지지 않았어도, 정작 묘소를 손보는 곳에는 따라가 본 기억이
없다. 내가 자랄 때만 해도 어른들은 청명에 묘소를 돌보기는 하였지
만 매년 실시하는 것도 아니고, 더구나 산(山) 제사를 지내는 경우는
극히 드물었기 때문이다.

식목일에 나무를 심는 일은 약 한달 전부터 준비를 하기 시작한다.
나무를 심을 곳을 골라 벌목을 하고 진입로를 손보는가 하면, 옮겨 심
을 나무를 선정하여 뽑아놓는 등 아주 많은 일들이 뒤따른다. 그러나
나무심기는 학생들과 많은 시민을 동원하였기에 하루 종일 걸리는 경
우는 없었다. 오히려 오랜 시간을 끌다보면 마음이 해이해지기 쉽고,
담배를 피우며 음식도 거하게 차려먹는 놀이로 변질되어 더 큰 부작
용을 초래할 뿐이다.

한편 근래에 들어서 청명제사를 지내지 않았다고 하여도, 오래전부
터 이어져온 전통이 그렇게 쉽게 없어지는 것은 아니다. 따라서 나무
심는 일을 마친 어른들은 각자의 산소를 찾아 묘소를 둘러보고 집으
로 돌아갔을 것은 불문가지(不問可知)다. 해마다 그리고 1년에 몇 차
례씩 둘러보는 산소에 매년 돌아오는 청명마다 사초(莎草)할 일이 기

다리는 것은 아니었기 때문이다.

식목일에 나무를 심다가 산불이 나는 것을 보면 어서 빨리 식목일이 없어져야한다는 생각도 하였었다. 정말 자연을 사랑하고 나무를 가꾸는 사람들은 나무를 심는 시기 역시 반드시 식목일을 골라 심는 것은 아니기 때문이다. 또 하나, 식목일이 계절적으로 너무 더워서 나무 심기에 조금은 부적절하다는 지적도 있다.

식목일은 글자 그대로 나무를 심는 날이고 나무를 심자는 애기는 나무를 잘 가꾸자는 것인데 어찌하여 나무를 죽이는 일이 더 많은지, 담배를 피우지 않는 나로서는 이해가 되지 않았다. 더구나 밥조차도 차갑게 먹으라는 한식과 청명이 붙어있는 시기에 그런 일이 생긴다는 달리 해석할 수 없는 일이다.

13 곡우

곡우(穀雨)는 24절기 중에서 여섯 번째에 해당하며, 봄의 마지막 절기에 속한다. 음력으로는 3월이며 양력으로 4월 20일이나 21일경으로 태양의 황경(黃經)이 30°에 다다른 때이다. 2011년과 2012년 그리고 2013년 모두 4월 20일에 들었다. 청명(淸明)과 입하(立夏) 사이에 들며, 곡식에 필요한 봄비가 내린다고 하여 곡우(穀雨)라는 이름이 붙었다.

13.1 곡우의 환경

농도 전라북도의 전주에서 곡우로 기준한 4월 20일의 기후를 보면, 1971년부터 2000년까지의 평균 기온의 평균은 13.8℃였으며, 최고 기온의 평균은 20.5℃로 덥다고 느낄 정도의 날씨를 보였고, 최저 기온의 평균은 7.5℃였다. 또 강수량은 2.3mm에 그쳐 평균 습도가

62.1%를 보이고 있다. 이는 곡우가 지난 절기의 청명보다도 비가 더 적게 내렸다는 증거다. 바람의 평균 속도도 1.4m/s로 청명보다 약하게 불었다. 이로써 청명이 원래 맑고 건조해야 하는 반면 이를

▲ 유채

다스리는 방편으로 다른 봄 절기에 비해 조금은 더 많은 비가 왔었다는 억지풀이를 할 수 있다. 물론 이것은 청명일과 곡우일의 당일을 비교한 수치로, 그 전후를 살펴보면 역간은 다른 자료를 얻을 수도 있다.

곡우에는 비가 자주 내리기 때문에 논밭에 생기를 주고, 모든 곡식들도 활력을 찾는 때이다. 겨우내 얼어 척박해진 토양에 모든 곡식[穀]을 이롭게 하는 봄비[雨]가 내리는 것이다. 따라서 겨울가뭄과 봄가뭄을 해갈하고 못자리도 할 수 있게 된다. 그러나 물이 꼭 필요한 시기인 곡우 때에 비가 내리지 않는다면 그 해의 농사는 필시 어려울 것이다. 이때 생겨난 말로 '곡우에 가물면 땅이 석 자나 마른다.'고 하였다. 겉 표면은 물론 땅속으로 석 자 즉 1m 가까이 마른다면 농사짓기에는 정말 어려운 환경일 것은 두말할 필요도 없다.

청명을 기점으로 돋아난 새싹들이 우수가 되면 제법 모양을 갖춘다. 또한 부지런한 식물들은 꽃을 피워 봄의 가치를 전해준다. 주변에 꽃이 아직 많지 않아 관심을 받기는 하지만, 이때 발생하는 꽃가루는 노약자에게 꽃가루알레르기를 유발함으로 주의하여야 한다. 봄철 꽃가루는 비염이나 결막염, 천식 등 기관지계 질병을 유발한다.

13.2 곡우의 상황

해마다 곡우를 전후하여 황사가 불어온다. 이 황사는 중국 내륙지방에서 발달한 한랭전선의 영향으로 높은 대기층까지 밀려 올라간 미세모래를 말한다. 이 모래가 편서풍(偏西風)을 타고 우리나라에 날아오는데, 우리는 이것을 흙비 즉 토우(土雨)라고 하며 색이 누렇다고 하여 황사(黃砂)라고도 한다. 황사가 비와 함께 내리면 누런 황우(黃雨)가 되며, 전국 어디를 가리지 않고 내리니 봄철의 불청객에 속한다.

황사가 먼 길까지 길게 뻗쳐 있다 하여 '황사만장(黃砂萬丈)'이라는 말을 사용하기도 한다. 이러한 황사는 가시거리(可視距離)가 짧아 교통의 흐름을 방해하며, 빨래를 널거나 창문을 열어 새로운 공기를 원하는 사람들에게 피해를 준다. 그런가 하면 햇볕을 가려 농작물의 성장을 막고, 각종 기관지염과 눈병의 원인이 되기도 한다. 또 식물의 잎에 달라붙어 탄소동화작용(炭素同化作用)을 방해한다. 더하여 우리 토양에 맞지 않는 여러 가지 중금속은 각종 질병의 원인이 되기도 한다.

그러나 황사 중에 칼슘이나 마그네슘 등 각종 무기물과 황토 성분은 이로운 면이 전혀 없는 것도 아니다. 10년에 0.1mm씩 쌓인다는 황사는 전 국토로 환산하면 적지 않은 양이 되며, 이들은 해수면의 적조(赤潮)현상을 해소하고 토양의 객토효과를 가져다주기도 한다. 우리가 논에 객토를 할 때 한 번도 사용하지 않은 황토를 넣는 것도 이런 성분을 활용하는 것이다. 그러나 객토로 사용하는 황토에 산성(酸性)이 포함되어 있었다면 오히려 토양의 피폐화(疲斃化)를 부추기기도 한다.

1819년 조선시대의 김매순이 쓴『열양세시기』는 한양의 행사에 대하여 적고 있다. '한강 물고기 중에 공지(貢指, 공미리)라는 것이 있는데, 큰 것은 한 자쯤이나 된다. 비늘이 잘고 살이 많아 회로 먹거나 국을 끓여도 좋다. 매년 음력 3월 초가 되면 한강을 거슬러 올라가 남양주시 와부면 미음리까지 가서야 멈춘다. 이런 현상은 곡우를 전후하여 가장 성(盛)하다. 강마을 사람들은 이로써 철의 이르고 늦음을 점친다. '공지'는 '곡우'가 왔다는 뜻의 '곡지(穀至)'라는 말이 잘못 전해진 것이라고 하는 사람도 있다.'는 것을 기록하였다.

13.3 곡우의 농사

농사를 짓는 사람으로서는 곡우가 아주 중요한 시기에 해당한다. 곡우가 되면 못자리를 필두로 1년 농사를 시작하기 때문이다. 나라에서도 농민들에게 곡우가 되었음을 알리고 볍씨를 내어주며 못

▲ 보리

자리를 권장하는 행사로 법석(法席)을 떨었다. 이는 농사 중에서 최고인 벼농사의 파종(播種)이 중요함을 인식한 것이며, 이때에는 죄인도 잡아가지 않는 다는 말이 통용될 정도였다.

곡우가 되면 농가에서는 못자리에 쓰일 볍씨를 담갔다. 우선 볍씨

를 소독한 다음 물에 불려 싹을 틔우는 것이다. 행여 겉씨에 묻어있을지 모를 병균을 없애며, 튼튼하게 자리기를 바라는 염원(念願)의 정성을 쏟는다. 싹이 트는 동안은 소나무 가지를 꺾어다가 새나 다른 짐승의 접근을 막았는데, 이를 금줄처럼 여겨 부정 타는 것을 예방하였던 것이다. 이 소나무 가지는 나중에 못자리에 뿌려진 볍씨위로 물을 뿌릴 때, 너무 많은 물로 볍씨가 흩어지지 말라는 물 분수 또는 물뿌리개 꼭지와 같은 대용품으로 사용하기도 한다.

볍씨를 틔우는 도중에는 다른 집의 초상에도 가지 않았으며, 혹시 다녀온 사람이 손님으로 찾아오면 볍씨통을 보여주지도 않았다. 어쩔 수없이 초상집에 다녀온 경우는 대문 밖에서 따라온 잡신을 불에 태워 날려 보내는 소지(燒紙)를 하고 대문간에 들어섰다. 이는 농사를 주관하는 농신이 노하여 1년 농사를 망칠까 염려한 데서 나온 풍습이다. 심지어 부부가 잠자리를 같이 하여도 토신(土神)이 질투하여 쭉정이 농사로 만든다고 믿었을 정도다.

물론 기술적으로는 들쥐나 야생조류에 의한 피해를 막아야 하며, 계절이 건조하여 발아율이 떨어지는 일이 없도록 유의하여야 한다. 익산시 농업기술센터가 전하는 바에 따르면 익산지역에서 벼의 일반적인 못자리 설치는 4월 27일부터 5월 15일 사이가 적당하다. 따라서 볍씨를 소독하는 것은 이보다 약간 빠른 4월 21일부터 30일 사이에 마쳐야 한다.

곡우는 농작물의 파종이 집중되어 있는 시절이다. 이때 고구마 싹 틔우기와 시금치, 배추, 열무, 땅콩 등 봄채소를 파종하는 때이기도 하다. 그루갈이를 하지 않은 밭에 고구마를 심을 경우는 곡우부터 순을 심고, 그루갈이로 수확시기가 늦어지면 6월 20일까지로 길어지게 된다. 그런가하면 호박과 고추, 옥수수, 조 등도 파종하여야 하며, 감자를 심고 마늘에 웃거름도 주어야 한다. 우리의 대표 조미료인 참깨는 4월 하순 즉 곡우부터 5월 중순 즉 소만까지는 파종을 하여 5월 상순부터 6월 중순까지는 아주심기를 마쳐야 한다. 또 들깨는 조금 늦은 5월 중순부터 하순에 파종을 하고, 6월 중순부터 하순에 아주심기를 하여야 한다.

지난해에 파종한 가을보리는 4월 하순부터 5월 상순사이에 이삭이 패므로 그 전에 초벌매기와 두벌매기를 해주어야 한다. 봄보리도 5월 상순이면 이삭이 패기 시작하므로 너무 늦지 않도록 일정관리를 하여야 한다.

아주심기를 하는 고추는 1주일 전부터 야생에 적응하는 훈련을 해주어야 하며, 고구마순은 채취 10일 전부터는 야생적응훈련을 시켜야 한다. 시설채소를 하는 경우 실내온도가 30℃를 넘지 않도록 주의하여야 한다. 이처럼 모든 작물에 대한 농사의 시작이 곡우를 전후하여 일어난다고 생각해도 무방할 것이다. 그러나 1년 중에서 가장 변덕스러운 날씨로 곤욕을 치르는 것도 이때이므로, 늦서리 등 이상기온의 피해를 당하지 않도록 신경을 써야 한다.

한편 마늘과 양파 등 겨울나기 채소는 씨알이 굵어지고 여무는 시기로써, 적절한 수분과 상당한 일조량의 조절에 신경을 써야한다. 과채류에서는 기상조건이나 농약살포로 인한 수분착상률 저하를 방지하고, 버섯 등 특용작물에서는 온도와 습도를 맞춰 생육을 고르게 하여야 한다.

가축 농가는 구제역과 조류독감 등의 발생에 대비하여 예방책을 강구하여야 한다.

까치가 높은 나무에 집을 지으면 그 해에는 바람이 적고, 낮은 나무에 집을 지으면 바람이 세다는 말이 있다. 미물(微物)이라 여기는 까치가 자연을 알아본다는 의미가 있는 말이며, 까치가 어디에 집을 짓는가를 두고도 한 해의 풍흉을 점치는 세심함이 있었던 것이다. 비가 올 것을 대비하여 개미가 집을 고치는 것이나, 지진이 일어날 것을 알아차린 동물들이 멀리 피신(避身) 한다는 것과 같은 이치다.

당시 농경사회에서는 자그마한 날씨의 변화라도 바로 농사와 연관되는 것이었기에, 흔한 새들의 집짓기조차도 간과할 수 없는 것들이었다.

우리나라는 농업국가로서 농사에 대한 의존도가 높았고, 농사를 잘 짓기 위한 노력이 대단하였었다. 그래서 농사를 시작하면서 선농제(先農祭)를 지냈고, 중간에 중농제, 나중에 후농제를 지내왔다. 이러한 선농신, 중농신, 후농신을 농사의 삼신(三神)으로 여기며, 각기 다른 제사를 지냈다는 것은 신라시대 기록에서도 알 수 있다.

이밖에도 곡우에 모든 곡물(穀物)들이 잠을 깬다거나 곡우가 넘어야 조기가 운다고 하였으며, 곡우에 비가 오면 농사에 좋지 않다는 말도 하였다. 그러나 비에 관한 해석은 지역에 따라서 조금씩 차이가 있으니, 앞에서 언급한 곡우에 비가 오지 않으면 땅이 석자나 마른다는 말과 같이 상반되는 경우도 있다. 물론 비가 아닌 다른 풍습도 지방에 따라 혹은 농촌과 어촌이 다른 경우가 많이 있음을 기억해야 한다.

곡우날에 볍씨를 뿌리되 사시(巳時)에 뿌리지 않는 곳도 있다. 이 시간은 볍씨가 뿌리를 내리지 못하고 뱀이 물위를 미끄러지듯 떠내려간다고 하여 금하였으며, 볍씨를 담근 항아리에 금줄을 쳐놓고 고사를 올리는 지역도 있다. 이는 개구리나 새가 와서 모판을 망치는 것을 막아달라는 기원(祈願)이었으며, 볍씨를 담근 날 밤에 고사를 지내는 것조차 마다하지 않았다.

또 곡우에 무명 옷을 갈거나 물을 맞으면 여름철에 더위를 모르고 지내며, 신경통이 낫는다고 하였다. 곡우가 지나면 나물이 뻣뻣하여져서 먹을 수 없으므로 이전에 캐먹는 다거나, 목화씨를 뿌리는 날에 종자가 오래오래 살아남으라고 찰밥을 해먹는 곳도 있었다. 실제로 찰밥은 메밥에 비하여 소화가 잘 되지 않는 음식에 속하며, 끈기가 있어 붙으면 잘 떨어지지 않는 습성이 있다. 이런 날에는 새가 씨앗을 먹지 못하도록 아이들은 새를 쫓으러 다니기 바쁜 날이다.

곡우물

곡우가 비를 의미하듯이 곡우가 되면 모든 식물은 자리에서 깨어나 물을 빨아올리기 시작한다. 따라서 곡우를 전후하여 나무에 오르는 물을 받아 모으면 곡우수 즉 곡수가 되는 것이다. 곡우 물은 주로 산다래, 자작나무, 박달나무 등에 상처 내어 흘러내리는 수액을 받은 것이다. 근래의 웰빙 열풍을 타고, 고로쇠 수액인 경칩물은 여자에게 좋고 자작나무 수액인 곡우물은 남자에게 좋다는 말에 따라 깊은 산을 마다하지 않고 찾는 사람들이 늘어나고 있다.

곡우가 되면 지리산 아래의 구례에서는 거자수라 불리는 자작나무 수액을 얻기 위하여 약수제를 지냈는데, 이는 통일신라 때부터 전해왔다고 한다. 당시의 제관은 조정에서 파견되었으며, 제관(祭官)은 왕을 대신하여 지리산의 신령에게 다례차를 올리며 태평성대와 그해의 풍년을 기원하였다. 곡우물은 경칩물과 마찬가지로 미네랄과 각종 무기물이 많이 함유되어있어, 위장병과 신경통 그리고 관절염에 효과가 좋다고 알려져 있다.

곡우사리

이때는 서해(西海)에서 조기가 많이 잡히는 시기다. 남해안의 흑산도 근해에서 겨울을 보낸 조기는 수온이 상승하면서 점차 북상하다가 곡우가 되면 서해안의 격렬비열도에 닿는다. 이때 잡힌 조기를 '곡우사리'라고 부르는데, 아직 다 크지는 않았지만 처음 잡히는 고기로 오랜만에 맛보는 미각에 연하기까지 하여 인기가 많다.

이 곡우사리 조기를 잡기 위하여 전국의 조기잡이 어선이 모였을 정도다. 엄격히 따지면 곡우날을 위시하여 곡우절에 해당하는 사리 때에 잡히는 조기를 말한다. 사리란 매달 음력 보름과 그믐날에 조수(潮水)가 가장 많이 밀려오는 것 혹은 그 시기를 말한다. 덧붙이면 하루 중 물이 많이 드는 만조 즉 밀물 중에서도 보름과 그믐에 맞는 밀물을 의미한다. 이때는 물이 많아 많은 고기들이 안심하고 해수를 따라 육지 가까이 까지 올 수 있는 여건이 되는 것이다.

해마다 이 시기를 잊지 않고 찾아오는 조기를 생각하면서 약속을 잘 지키지 않는 사람을 보고 '조기만도 못한 녀석'이라고 하였다. 사람은 그때그때 변하지만 자연은 계속하여 순리대로 돌아간다는 뜻도 포함되어 있다.

13.5 궁에서의 곡우

신라의 태조(太祖) 박혁거세는 서민들의 생활과 나라의 형편을 걱정하여 곡우가 되면 왕비와 함께 직접 나서서 농사와 누에치기를 장려하였다. 그 후 고려에 와서는 국가적 행사로서의 제사를 지냈는데, 농사의 신과 누에의 신을 모셨다. 이런 행사는 민가에서도 성행하여 농사를 중시하고 널리 보급하는 역할도 하였다.

선농제

조선시대에 들어서 국왕은 선농행사를 주관하였으며, 왕비는 선잠행사를 맡아 권장하였다. 이때 농사(農事)는 남자들이 하는 일의 대명사였고, 농잠(農蠶)은 여성들이 하는 일의 대명사였다. 왕은 서울 동대문밖에 '선농단'을 짓고 농사의 신에게 제사를 올렸으며, 농사를 시범적으로 짓는 '적전(籍田)'을 설치해 운영하였다. 물론 왕이 농사를 권장하는 것에는 선농제(先農祭)의 선농(先農)에 따른 시범뿐만 아니라 농사를 권장하는 선농(宣農)의 의미도 포함되었음은 당연한 일이다.

조선의 왕들은 곡우 전후의 정해진 날짜가 되면 특별히 만들어진 제단(祭壇) 즉 선농단과 선잠단에 나가서 백성들에게 농사짓는 방법을 가르치고, 신농씨(神農氏)와 후직씨(后稷氏)에게 제사를 지내며 풍년을 빌었다. 이때는 왕과 왕비, 그리고 영의정을 비롯한 조정의 관리들이 모두 참가할 정도로 중요한 행사로 여겼다.

제사를 지낸 후에는 '적전'에서 밭을 가는 시범을 보임으로써 백성들에게 농사의 소중함을 알리고 농사일을 장려하였다. 그리고 준비해

온 음식은 구경하던 사람들과 함께 나누며 위로하였고, 또한 민심을 살피는 기회로 삼기도 하였다. 이 행위는 선농(宣農)에 해당한다 할 것이다.

이때 먹었던 음식은 고기를 푹 고아서 만든 국물에 밥을 마는 것이었는데, 이를 선농탕이라 하였고 나중에 발음이 변하여 설렁탕이 되었다는 설(說)도 있다.

선잠제

현재의 서울 송파구 잠실은 조선시대에 뽕밭을 일구어 누에를 키우던 '잠실(蠶室)'에서 유래하였다. 옷감을 만드는 실의 원료를 얻을 수 있는 누에치기는 당시 없어서는 안 될 필수 권장사항이었다. 이런 농잠을 장려하는 목적으로 성북구 성북동에 누에의 신에게 제사를 지내는 '선잠단(先蠶壇)'을 설치하기도 하였는데, 이는 선농단에 준하는 행사장이다.

선잠단에서는 왕비가 행사를 주관하였으며, 선농제와 비슷한 시기에 처음 누에를 치기 시작하였다는 '서릉씨'에게 제사를 지냈다. 왕비 역시 제사를 지낸 다음에 선잠단 옆에 심은 뽕나무에서 뽕잎을 따는 시범을 보였으며, 누에고치에서 실을 뽑아내는 시범도 보였다.

강점기의 선농단

우리나라에서는 이처럼 왕실의 선농과 선잠을 바탕으로 모든 국민이 생업을 이어왔다. 그러다가 1897년 10월 설립된 대한제국이 1910년 8월 22일 강제로 병합되면서 이런 풍습이 사라졌다. 이보다 앞선 1909년 대한제국의 순종 3년에 선농단에서 제사를 지낸 후, 일제는 위패를 사직단으로 옮겨 선농단이 그 주인을 잃게 되었다.

그 후로 선농단 일대가 국유화되면서 제향이 폐지되었다. 선농단은 나중에 청량대(淸凉臺)라는 공원으로 바뀌었으며, 현재의 종암초등학교의 전신(前身)인 숭인보통학교를 세움으로써 선농제의 역사적 문화적 의미를 되돌릴 수 없게 하였다. 그래서 더 이상 권농(勸農)의 구심점도 없어지고 말았던 것이다.

선농단의 변천

최근에는 시대변화에 따른 권농의 일환으로 여러 차례의 연구 끝에 1971년 기적의 볍씨라 불리는 다수확 품종이 개발되었다. 이른바 '통일벼'라 불리는 이 볍씨는 1977년 이후 전국에 보급되어 쌀의 자급자족(自給自足)을 달성하게 하였으며, 종자개량의 신기원을 이룩하였다.

이는 농촌진흥청을 주체로 한 연구결과였는데, 이 기관을 예전의 선농단에 비교하면 맞을지 모르겠다. 지금은 식량 생산을 앞장서서 권장하는 사람도 없지만, 먹을거리의 변화로 쌀 소비량이 갈수록 급격하게 줄어들고 있는 실정이다. 현재 농촌진흥청은 각 도에 별도의 농업기술원을 두고, 해당지역에 맞는 식량 작물의 연구에 열중하고 있다.

13.6 곡우절식

곡우를 전후하여 인천 앞바다에서 잡는 조기가 맛이 좋다고 하였으며, 장안에서는 조깃국을 먹기 위하여 곡우를 기다리는 사람조차 생겨났다고 한다. 또한 봄에는 조개가 맛이 있고, 가을에는 낙지가 최고라는 말도 생겨났다. 이런 조기와 대합을 포함하여 도미도 제철생선에 속한다.

봄철 음식재료로는 더덕, 두릅, 당근, 쪽파, 버섯, 도라지, 냉이, 머위, 참나물, 비름, 쑥, 원추리, 죽순, 취, 가자미, 조기, 삼치, 숭어, 굴, 낙지, 바지락, 해삼, 방어, 전어, 임연수, 물미역, 톳 등이 있다. 4월의 절식으로는 증편, 개피떡, 화전, 어채(魚菜), 어만두(魚鰻頭), 복어국, 조깃국, 도미탕 등을 꼽는다.

곡우사릿국

곡우사릿국은 서해에서 곡우를 전후하여 사리 때 잡힌 곡우사리의 맛이 일품이라고 하여 붙여진 이름이다. 냄비에 무를 썰어 깔고 어린 조기를 썻어 얹는다. 미리 고추장과 된장을 풀어놓은 장국을 부은 다음, 펄펄 끓이다가 계란을 풀어낸다. 곡우사릿국은 역시 곡우에 잡은 조기로 국을 끓여야 제 맛을 느낄 수 있다.

조기 맑은 탕

곡우사리로 잡힌 조기를 맑은 장국으로 끓여내는 것이 조기맑은 탕이다. 맑은 장국에 청장으로 간을 맞추고, 싱싱한 조기를 큼직하게 토막 내어 끓인다. 다 익으면 쑥갓잎 등 야채를 넣는다. 조기의 고소한 맛과 채소의 시원하고 향긋한 맛이 어우러진 시절음식이 된다.

조기는 제사상에 빠지지 않는 고급 생선에 속한다. 양질의 단백질과 철분, 무기질 등이 풍부하여 아이들의 영양식이나 병후식(病後食)

으로도 훌륭하다. 특히 칼로리가 낮으면서도 비타민 A와 D가 풍부하여 야맹증을 비롯한 눈 질환의 치료에 효과가 있다. 조기찌개는 얼큰하면서도 시원한 맛으로, 또한 말린 굴비와 굴비 자반은 짭쪼롬하면서도 쫄깃한 것이 입맛을 돋우는 고급반찬에 속한다.

우전차

곡우를 전후하여 딴 잎으로 만든 차를 우전차라 한다. 이때의 잎은 아직 다 크지 않아 마치 참새의 부리처럼 두 갈레로 나누어진 때이다. 따라서 이를 세작(細雀)이라 부르기도 하는데 차(茶) 중

▲ 녹차밭

에서는 최상품으로 친다. 그러나 이는 중국의 기후를 기준한 것이며, 우리나라에서는 입하를 지나고 소만 전까지 따는 차는 모두 상품으로 쳐준다. 그만큼 계절의 기후 차이가 있다는 것이다.

소만이 되면 제법 강렬한 태양과 함께 매우 빠르게 자라기 때문에 시기를 놓치지 않는 주의가 필요하며, 어린잎을 딸수록 좋다고 말하는 녹차론(綠茶論)에서 보면 이제 막 눈을 뜨는 곡우에 따는 잎이 더 좋다고 하는 것도 무리는 아닐 것이다.

참고로 우전차는 찻물의 온도를 55~60℃로 하는 것이 적당하며, 곡우를 지나 입하 경에 따는 중작(中雀)은 60~70℃가 좋다. 또 곡우를 전후하여 비가 오고 난 다음에 따는 차는 우전차에 반하여 우후차(雨

後茶)라 부르기도 한다.

천렵

곡우는 물이 따뜻해져서 물고기가 활동할 때로, 낮은 물가에 나가 물고기를 직접 잡아서 현장에서 지져 먹는 맛은 일품이다. 산짐승을 잡는 수렵(狩獵)에 비유하여 이처럼 냇가에 나가 물고기를 잡는 것을 천렵(川獵)이라고 한다. 시래기를 넣고 끓여도 맛이 있고, 어죽을 끓여도 맛있는 음식이 된다. 우전차를 높이 쳐 주듯이 겨울을 나고 처음 잡는 천렵은 더욱 맛있게 느껴지는 것이다. 참조기는 알을 낳기 위해 서해안을 따라 올라오는데 알이 통통히 밴 조기로 만든 찌개는 일미다.

복어국

복어는 하돈(河豚)이라고도 하는데, 독이 많아 반드시 전문가가 조리를 해야 하는 음식이다. 특히 내장과 알에 독이 많이 들어있으며, 한 알만 먹어도 생명의 위험을 느끼는 독성은 매우 치명적이다. 복어 한 마리의 독성은 성인 30명 이상의 목숨을 빼앗아갈 정도이다. 잘 분리된 살을 참기름에 지지고 미나리로 중화를 시키면 복어 특유의 맛을 낼 수 있다. 복어에는 황복과 참복, 검복, 쥐복, 까치복, 밀복 등 헤아릴 수 없을 정도로 많은 종류가 있다.

복어는 한번 맛보면 그 독특함으로 인하여 다시 찾게 되는 음식이다. 알코올 분해 능력이 뛰어나서 해장국으로 제격이며, 당뇨치료와 간기능 회복에 좋은 음식으로도 알려져 있다. 복어는 산란 전인 곡우 때가 가장 맛있는 시절이지만, 이때를 지나 7월까지는 테트로도톡신이라는 맹독물질이 생성되므로 주의하여야 한다.

복어의 살은 맑은 탕이나 매운탕으로 먹기도 하는데, 껍질에는 많은 콜라겐이 들어있어 유용한 식품이다. 껍질을 삶아 놓으면 젤라틴을 굳혀 놓은 것 같은 꼬들꼬들한 맛이 별미다. 이는 탕이나 튀김으로 먹기도 하며, 냉채(冷菜)나 전채(前菜) 요리로 사용되기도 한다.

도미

옛날부터 귀한 손님을 접대할 때 내놓던 생선으로 도미가 있다. 도미는 술과 기생보다도 더 많은 즐거움을 준다고 하여 '승기악탕(勝妓樂湯)'이라 부르기도 한다.

우리나라에서 준치를 고급 어종으로 치듯이 특히 일본에서는 도미를 생선의 왕으로 여기며, 새해 음식상이나 잔치자리에도 빠지지 않는다. 흰 살 생선의 대표로 불리는 도미는 껍질에 비타민B$_2$가 많고 단백질과 무기질이 풍부한 반면, 지방함유량은 낮아 담백하고 소화가 잘되어 환자들의 보양식으로 적합하다.

싱싱한 도미는 회로 먹거나 채소를 넣어 물회를 만들어 먹을 수도 있고, 머리와 꼬리 그리고 뼈는 맑은 탕을 끓여도 좋다. 또 소금구이나 찜도 하나의 독립된 요리가 될 수 있다.

어채와 어만두

어채는 생선을 저민 후 녹말을 입혀 데치는데, 여기에 오이, 국화잎, 전복, 석이, 표고버섯 등을 넣으면 먹음직스런 음식으로 태어난다. 달걀지단과 익힌 채소를 함께 담아내어 초고추장에 비벼 먹으면 새로운 맛을 느낄 수도 있다. 불에 익힌 회를 숙회(熟鱠)라고 부르기도 하지만, 먹을 때는 차갑게 내는 것이 특징이다.

어만두는 민어의 흰 속살을 큰 조각으로 포를 뜬 후, 그 속에 고기로 만든 소를 넣고 만두 모양으로 만든 것을 말한다. 이것을 녹말에 묻힌 후 불로 쪄내어 초장에 찍어 먹으면 된다.

장미화전

찹쌀가루 반죽에 노란 장미 꽃잎을 얹어 기름을 두르고 지진다. 이 요리는 삼월 삼짇날에 먹었던 화전(花煎)과 같은 의미이며, 기름에 지졌다고 하여 유전(油煎)이라고도 한다.

대합구이

개펄에서 나는 대합을 살짝 익히면 모든 조개류가 그렇듯이 근육이 파괴되어 입이 벌어진다. 이때 조갯살을 꺼내어 다진 쇠고기와 섞어서 양념한다. 이것을 다시 조개껍질에 채워 담고, 밀가루와 달걀을 입힌 후 석쇠에 놓고 직접 불에 닿게 하여 구워내면 맛있는 대합구이가 된다.

조개 요리의 기본은 해감을 잘 시키는 것인데, 원래 자기가 살던 바닷물에 담그는 것이 가장 좋다. 그러나 내륙에서는 바닷물을 준비하기가 어려우므로 그에 상응하는 농도의 염수(鹽水)를 준비한 후, 못이나 철사와 같은 쇠붙이를 넣으면 화학반응을 하면서 발생하는 냄새와 가스로 인하여 쉽게 입을 열게 된다.

이러한 조개에는 단백질이 풍부하며 필수 아미노산도 많이 들어있다. 또 타우린 성분도 풍부하여 콜레스테롤의 흡수를 억제함으로써 다이어트효과와 빈혈치료에도 그만이다.

증편과 개피떡

증편(蒸䭏)은 열에 찐다는 의미로 증병(烝餠)이라고도 한다. 만드는 방법은 쌀가루를 술에 반죽하여 부풀어 오르게 해서 쪄내면 된다. 떡이 잘 부풀어 오르면 삶은 콩과 꿀로 반죽한 소를 한 수저씩 떠 넣고, 그 위에 대춧살을 얹어서 다시 쪄낸다.

증편은 찹쌀떡과 마찬가지로 떡장수들이 집집을 방문하여 팔러 다니던 떡이다. 하얀 찹쌀에 승검초를 넣어 청색으로 만든 증편도 있었다. 요즘도 자주 먹는 개피떡은 흰떡이나 쑥떡에 팥으로 만든 소(巢)를 넣고 반달형으로 만든 떡이다.

13.7 곡우의 별자리

청룡의 가슴에 해당하는 저수(氐宿)는 곡우의 동쪽하늘에서 뜨기 시작하여 자정쯤에 중앙을 조금 못 미친다. 저수는 밑바닥의 별이라는 뜻으로, 태양과 행성이 다니는 길목이며 임금님의 집무실인 방수(房宿)로 들어가는 길을 의미한다. 따라서 이 길을 침범하면 나라에 변고(變故)가 일어난다고 믿었다. 저수는 천칭자리를 의미하며, 조금 더 내려가면 기관(騎官) 별자리가 있는데 이는 이리자리에 해당한다.

또 천칭자리의 밑과 이리자리 위의 공간에 3개의 별이 있는데, 이는 진차(陣車)자리로 요즘 별자리로는 분류되지 않고 있다. 또 임금님이 타는 수레를 의미하는 천폭(天輻)자리도 있는데, 이는 천칭자리의 한쪽 손잡이에 해당한다.

13.8 곡우와 현실

곡우는 4월 하순에 속하여 제법 따가운 햇볕도 비춘다. 이런 때에 냇가로 나가 고기를 잡는 것은 새로운 활력을 주기에 안성맞춤이다. 아직 물이 차갑지만 웅크렸던 몸을 추스르고 일어나는 계기가 되기도 한다. 얕은 개울에 나가 바로 눈앞에서 움직이는 물고기를 보고 투망을 던지는 것은, 고기의 크기나 양보다도 우선 그 작업에서 벌써 어죽의 맛을 떠올리기에 충분하다. 강자갈을 잘못 밟아 미끄러지고 돌부리에 걸려 넘어져도 그저 재미있기만 한 그런 일들에 속한다. 그러나 너무 오랫동안 차가운 물속에 있다 보면 냉증과 같은 병을 얻을 수도 있으니 조심하여야 한다. 어죽이나 시래기매운탕을 먹자다가 감기몸살이라도 난다면 먹는 즐거움보다 손해가 크기 때문이다.

본래 투망질은 쉬운 동작이 아니다. 그러나 정작 본인의 행동이 어설프고 잘 잡지 못하더라도 다른 사람을 따라나서는 천렵 그 자체가 즐겁기는 마찬가지다. 잡아온 물고기의 내장을 따내고 미리 준비한 묵은 김치와 고추장을 풀어 끓여주면 다른 반찬이 필요 없는 명품요리가 된다. 그래도 어딘지 서운하다고 생각되면 마늘을 썰고 깻잎장 아찌를 얹어도 된다.

나무 그늘에 앉아 맑은 물소리를 들으며 어탕을 끓이는 것은 신선 노름에 부럽지 않고, 그를 위한 천렵은 또 하나의 즐거운 놀이에 속한다.

14 입하

입하는 24절기 중에서 일곱 번째 절기로 음력 4월에 해당하며, 양력 5월 5일이나 6일에 들고 곡우(穀雨)와 소만(小滿) 사이에 있다. 2011년의 경우 5월 6일에 들었으며, 2012년과 2013년에는 5월 5일로 어린이날과 겹쳤다. 태양의 황경(黃經)이 45°에 이른 때를 '여름에 든다.'는 뜻으로 입하라 하며, 이때부터 시작하여 입추 전까지를 여름이라고 부른다. 대체로 어린이날에 드는 입하는 한낮 동안 초여름날씨를 보이며, 따가운 햇볕에서 간혹 한여름을 느끼기도 한다. 하지만 우리의 입하는 전통적인 계절감각으로 보아 아직도 5월의 봄에 속한다.

14.1 입하의 환경

농도 전라북도의 전주에서 입하로 기준한 5월 5일의 기후를 보면, 1971년부터 2000년까지의 평균 기온의 평균은 16.2℃였으며, 최고 기온의 평균은 23.1℃로 이제 덥다고 느끼게 되는 시점이었다. 최저 기온의 평균도 10.3℃였으며, 강수량은 2.3mm에 평균 습도가 62.5%로 곡우와 비슷한 강우와 습도를 보였다. 바람의 평균 속도도 1.6m/s로 이제는 제법 바람다운 바람이 불어 나무그늘에서 바람을 기다리기도 한다. 이때부터는 농작물에게 닥칠 갑작스런 냉해걱정을 하지 않아도 된다.

옛사람들은 입하 15일간을 5일씩 세분하여 초후(初候)에는 청개구리가 울고, 중후에는 지렁이가 땅에서 나오며, 말후에는 왕과(王瓜: 쥐참외)가 나온다고 하였다. 이맘때면 곡우에 마련한 못자리도 자리를 잡아감으로 농사일이 좀 더 분망(奔忙)해진다. 여름이 다가온 것을 알리는 입하는 신록(新綠)을 재촉하는 절기다. 따라서 입하가 되면 귀중한 농작물도 자라지만, 아울러 해충도 많아지고 잡초까지 자라서 이것들을 없애는 작업들도 많은 일손을 필요로 한다.

입하가 되면 산에는 소나무에서 송홧가루가 날리게 된다. 우리나라의 대부분이 산으로 되어있고, 그 중에 소나무가 주종을 이루다보니 주변은 온통 노란색이다. 봄철 꽃가루 알레르기 중에 송홧가루에 의한 부분도 만만치 않으니 주의하여야 한다.

송홧가루가 날리는 이때까지도 중국의 황사(黃砂)가 가끔씩 찾아오곤 한다. 중국 서부 지역의 연평균 강수량이 400mm이하로 메마른 곳에서나, 혹은 겨우내 얼었던 대륙에서 날이 풀리면서 작은 먼지로 날아오르는 곳에서 발생하는 현상이다. 이 황사나 송홧가루나 둘 다 몸에 이상(異常)을 가져오기는 마찬가지다.

또 입하에 들면 산비둘기와 뻐꾸기가 울기 시작한다. 봄은 완전히 퇴색하고 산과 들에는 신록이 일기 시작하며 개구리 우는 소리도 들

린다. 마당에는 지렁이들
이 꿈틀거리고, 밭에는 참
외꽃이 피기 시작한다. 그
리고 모판에는 볍씨의 싹
이 터서 여린 모가 한창
자라고, 밭의 보리이삭들
이 패기 시작한다. 집안에

▲ 초록

서는 부인들이 누에치기
에 한창이고, 논밭에는 해충도 많아지고 잡초가 자라서 풀뽑기로 부
산해진다.

　은행나무에 꽃이 피지만 이는 일시에 그리고 순식간에 피며, 이팝
나무는 은행나무보다 좀 더 오랫동안 피어있다. 이팝나무 꽃은 입하
를 상징한다고 할 정도로 화려하게 피며, 다른 말로 밥때기나무 혹은
쌀밥나무라고도 부른다. 멀리서 보면 하얀 꽃잎이 마치 쌀밥을 연상
시켜 보리밥이나 잡곡밥을 먹던 시절에는 희망의 식물이었던 셈이다.
그래서 이팝나무 꽃이 한꺼번에 활짝 피면 쌀농사가 풍년이요, 이팝
나무 꽃이 서서히 옹기종기 피면 흉년이 들 거라고 점치던 나무다. 그
래서 그랬는지 어떤 사람들은 쌀농사를 잘되게 해달라고 이팝나무에
치성을 드리기도 하였다. 입하에 들어 이런 이팝나무가 꽃이 핀다는
것은 그 이름에서도 전혀 무관하지는 않을 것이다.

　들에 가면 보라색 꽃을 피우는 꿀풀도 있는데 이는 다른 이름으로
하고초(夏枯草)라고 부른다. 여기에는 그럴듯한 사연이 전한다. 옛
날 어느 마을에 늙은 홀어머니와 아들이 살고 있었는데, 어머니가 갑
자기 연주창에 걸려 멍울이 생기더니 급기야 화농(化膿)까지 생겼다.

그러던 어느 날 지나던 약장수에게 약초를 얻어 달여 드리니 그날부터 증세가 좋아졌다. 후한 보답을 받은 약장수가 연주창에 특효약인 풀을 알려주면서, 초여름에 잠깐 피었다 말라버리니 즉시 따야 된다고 하였다. 그 뒤 고을 사또의 모친께서 연주창에 걸려 명약(名藥)을 구하니 이 청년이 자신있게 나섰으나 정작 그 풀을 구하지도 못했다. 자초지종을 들은 약장수는 여름에 즉시 말라버리는 풀이라 하여 이때부터 하고초(夏枯草)로 명명하였다. 이후 꿀풀 즉 하고초는 입하에 바로 따게 되었고, 연주창치료와 이뇨제 그리고 소염제로도 쓰인다.

14.2 입하의 농사

4월의 절기에 입하와 소만이 있다. 「농가월령가」에서도 4월에 보리이삭 패니 농사도 한창이며 농잠도 한다고 하였고, 이른모를 내는 시기라 하였다. 농사력을 보면 입하에는 삼밭을 다시 갈고, 만

▲ 모판

약 비가 오지 않으면 천수답에서 건답직파를 한다. 즉 방법이 없어 비가 오기만을 기다리던 논이라 하더라도, 입하 때까지 비가 오지 않으면 더 이상 미룰 수가 없다는 말이다. 이때는 마른논에 파종을 하고 물을 뿌려가면서 키우는 수고를 해야 한다. 일교차가 커지고 온습도차

가 커지면 모마름병이나 뜸모가 발생하기 쉽고, 각종 전염병에 취약해진다.

예전에는 비가 오면 필요한 물을 일정한 곳에 가두어 두었고, 논에 모판을 만든 경우에는 새를 쫓고 잡초도 뽑아야 했다.

▲ 못자리

이때 주로 사용하는 농기구로는 살포기와 물팽이 그리고 태가 있다. '초파일 즉 음력 4월 8일에 비가 오면 벼농사가 잘되고 날이 맑으면 참깨농사가 잘 된다'고 하였다. 무슨 일이나 좋은 일이 있으면 궂은 일이 있기 마련이라, 초파일에 비가 와서 벼농사가 잘되는 대신 꽃이 핀 과수에는 해가 되니 세상에는 음양이 함께 펼쳐졌던 것이다.

손으로 모심기를 할 때는 입하에 모판을 만들었다. 이때 바람이 불면 씻나락이 물에 떠서 몰리게 되며 제대로 자라지 못하는데, 이를 두고 '입하 바람에 씻나락 몰린다.'고 하였다. 이와 동시에 논에 물을 대어두면 퇴비국물이 쓸려나가게 되어 손실(損失)을 초래한다. 익산시 농업기술센터에서 권장하는 익산지역의 벼농사 못자리 설치는 대략 5월 15일까지는 마쳐야 한다. 그래야 5월 27일부터 6월 15일 사이의 적당한 시기에 모내기를 끝낼 수 있는 것이다.

이때는 보리와 밀이 이삭을 내밀고 참나무 꽃도 한창이다. 가을보리는 4월 하순부터 이삭이 패기 시작하여 5월 상순이 되면 대체로 여물기 시작한다. 봄보리는 이보다 약간 늦은 5월 상순부터 중순사이에 이삭이 팬다. 이때를 전후한 초파일에 비가 오면 벼농사에는 좋겠지만 보리를 비롯하여 풍매하는 참나무에게도 안 좋다. 덕분에 벼농사가 풍년이면 도토리가 적어도 상관없지만, 벼가 흉년이 되면 도토리가 많이 나서 구황작물로 활용되었다. 이가 없으면 잇몸으로 먹는다는 말에 비유하면 맞을지 모르겠다. 결명자나 맥문동을 포함한 약용식물의 파종은 더 이상 늦춰서는 안 된다.

음력 4월은 비교적 일교차가 적고 평온한 기온을 이룬다. 그래서 4월에 이상기온이 오면 그해 논농사는 흉년이 든다고 한 말은 오랜 경험에 의해 터득한 생활 속의 진리였다. 입하절기가 시작되는 4월 하순이 바로 이런 때이다.

겨울에 눈이 많이 오는 해는 함박눈과 비슷한 목화가 풍년 든다고 하였던 것에 비유하여, '입하 일진운(日辰運)이 털 있는 짐승 날이면 그해 목화가 풍년 든다.'는 말도 하였다. 일진(日辰)에 해당하는 그 짐승의 털처럼 목화의 솜털이 많이 나올 것이라는 뜻에서 그랬던 것이다.

입하가 다가오면 모심기가 시작되므로 농가에서는 들로 써레를 싣고 나온다는 뜻으로 '입하 물에 써레 싣고 나온다.'고 하였다. 재래 방식으로 모를 심던 시절에는 입하 무렵에 물을 잡으면, 근 한 달 동안을 가두어 두게 된다. 그러기 때문에 비료의 양분 손실이 많아 농사가 잘 안 된다는 뜻으로 '입하에 물 잡으면 보습에 개똥을 발라 갈아도 안 된다.'라는 말도 있다. 한 번 땅심을 잃으면 거름기로는 최고인 개똥도 무효하다는 말이다. 참고로 요즘 방식을 따르더라도 유기질 퇴비를 넣고 로타리를 쳐서 흙을 잘게 부수면 토양의 생태계가 파괴된다. 따라서 이런 방법은 좋은 영양소를 만난 변종 잡벌레들만 살판나게 만드는 형국이 되는 것이다. 이런 문제의 해결 방법으로는 로타리를 친

후에 퇴비를 주어야 한다.

이때는 고추정식이 끝나는 시기로 습도가 높으면 역병에 신경을 써야 하며, 수확기가 다가온 마늘과 양파는 철저한 배수 관리가 요구된다. 마늘은 꽃이 피기 전에 꽃대를

▲ 고구마 심기

잘라주어 구근이 굵어지도록 하는 것도 요령이다. 분홍색 마늘꽃은 마치 대파처럼 둥근 봉오리를 하는데, 마늘은 구근을 수확하는 식물로서 미리 꽃대를 잘라주기 때문에 좀처럼 보기 드문 꽃에 속한다. 또 잎이 말라가면서 면역력이 떨어지면 잎마름병이나 흑색썩음균핵병, 노균병 등에도 신경을 써야 좋은 결구(結球)를 얻을 수 있다.

시설채소에서는 담배가루이병이 번지기 쉬우므로 방제에 차질이 없도록 하여야 한다. 가축 농가는 황사에 대비하고 구제역과 조류독감의 발생을 막기 위하여 방문객 등의 소독에 철저를 기하여야 한다. 특히 봄 행락철을 맞아 국내외여행이 잦은 시기로, 미리 감염경로를 차단하는 것도 하나의 방법이다. 가축을 방목할 경우에는 풍성한 초지를 골라 2,3일에 한 번씩 번갈아 풀어놓아야 한다. 또 호밀이나 귀리 등 사료용 작물은 익을 무렵에 수확함으로 품질 좋은 사료를 얻을 수 있다.

입하 먹을거리

봄의 전령사인 달래는 입하 전까지만 해도 그럭저럭 먹을 만하다. 한 움큼을 캐다가 된장국을 끓이면 아쉬운 대로 맛도 느낄 수 있다. 일부에서는 마지막 절식(節食)으로 쑥버무리를 준비하는 곳도 있다. 그것은 입하가 되면 쑥이나 냉이, 씀바귀, 민들레, 고사리 같은 나물도 쇠어서 그냥 먹기에는 고역스럽게 되기 때문이다. 이때는 연한 잎만 골라 뜯거나 강한 잎은 삶아서 독성을 우려낸 후 먹을 수 있다. 그 대신 명아나 질경이, 비름 등 여름 잡초가 나와 제철 별미로 등장한다. 채전에서는 시금치, 우엉, 얼갈이, 열무 등도 입맛을 돋우기 시작한다. 최근에는 채송화와 비슷하며 생명력도 강한 쇠비름이 뛰어난 약효를 가졌다고 하여 선호하는 풀로 거듭나고 있다.

중국의 차(茶)중에서는 우전차라 하여 곡우 전후(前後)에 이르러 비가 오기 전에 수확한 세작(細雀)을 최상품으로 여기지만, 조선의 다성(茶聖)인 초의선사(草衣禪師)는 '우리의 차(茶)는 곡우 전후보다는 입하(立夏) 전후가 가장 좋다.'고 하였다. 여기에서도 중국의 곡우는 우리의 입하와 비슷한 기후임을 알 수 있다.

예전에는 봄이 되면 시야를 가릴 정도로 날리던 송홧가루를 모아 여러 음식이나 약재로 사용하였다. 날리는 송홧가루를 모아 깨끗한 물에 침전시킨 후 송진과 특유의 성분을 제거하여 다식이나 면에 섞어 먹기도 한다. 이때 꿀을 섞어 반죽하면 더욱 맛이 강해지는데, 향긋하고 달짝지근한 솔향과 어우러져 입맛을 사로잡는다.

이런 송홧가루는 소나무의 꽃가루로 송화(松花), 혹은 색이 노랗다고 하여 송황(松黃)이라고 부르기도 한다. 이 송홧가루를 꿀이나 요구

르트에 타서 마시면 감기예방에 효과가 있으며 혈액순환에도 좋고 뇌졸중예방이나 노화방지에 좋다고 한다. 또 폐를 보강하고 신경통이나 두통 치료에도 좋으며 심장병을 예방하는 데도 탁월한 효과가 있다.

14.4 입하의 별자리

입하는 절기상 여름에 속하며, 여름철 즉 입하부터 대서 사이의 모든 절기에 나타나는 별자리와 같다. 다만 보이는 별이 동쪽하늘부터 서쪽하늘로 조금씩 이동하므로 점차 가을철 별자리쪽으로 옮겨간다고 보면 좋을 것이다. 따라서 이들 별자리

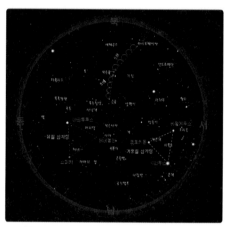

▲ 5월의 별자리

도 입하부터 대서에 이르기까지 서서히 서쪽으로 지기 때문에 시간을 가리지 않고 항상 모든 별자리가 보인다고는 할 수는 없다.

동방 청룡의 배에 해당하는 방수(房宿)는 저녁 늦게 동남쪽에서 떠오르고, 이어서 심수와 미수가 차례대로 떠오른다. 새벽 3시경이 되면 청룡의 몸통에 해당하는 방수와 심수, 저수 등이 정남쪽 하늘의 중앙에 닿는다. 방수는 임금님이 집무를 하는 곳으로 전갈자리의 머리에 속한다. 따라서 방수에 행성(行星)이 침범하면 병란(兵亂)이 나거나

가물고 흉년이 드는 등 여러 변고가 일어난다고 믿었다.

심수(心宿)의 처음에 자리하며 청룡의 심장을 의미하는 심대성은 전갈자리의 심장부분에 속하는 안타레스를 말한다. 한편 심수의 중앙에 있는 별을 대화천왕성이라 하고, 양옆에 있는 별을 태자와 서자라고 부른다. 따라서 화성이나 금성이 심수를 범하면 피〔血〕가 끊이지 않으며, 목성이나 토성이 범하면 좋다고 하였다. 심수와 유사한 이름의 삼수는 겨울철별자리로 여름하늘에서 볼 수 없는 별이다.

또 미수(尾宿)는 청룡의 꼬리에 해당하며 전갈자리에서도 꼬리에 해당한다. 여성의 별인 미수는 대화(大禍) 천왕(天王)의 왕후와 후궁을 말하며, 전갈꼬리의 맨 마지막별을 부열성(傅說星)이라 하는데, 여자들이 아들을 점지해달라고 빌었던 별이다. 미수 밑에는 제단(祭壇)자리도 보인다.

백조자리와 독수리자리

동쪽하늘의 낮은 곳에 백조자리와 독수리자리가 있다. 백조자리의 주별[主星] 데네브는 1.3등성으로 거리가 1,800광년이나 된다. 백조자리의 남쪽을 보면 작은여우자리와 화살자리, 돌고래자리를 사이에 두고 독수리자리가 있다. 남북으로 3등성을 둔 알파(a)별 알타이르(Altair)는 중국이나 우리나라에서는 견우성으로 알려져 있는 별로 0.8등성이다.

모두 12개로 이루어진 백조자리에서 가장 밝은 별은 데네브로 알파별이다. 이 별은 밤하늘에서 맨눈으로 볼 수 있는 밝은 별 가운데 하나로 1.26등성이다. 사실은 태양보다 6만 배나 더 밝지만, 지구에서 1,600광년이나 떨어져 있어 희미하게 보일 뿐이다. 대부분의 별들이 모두 그렇다. 표면온도는 10,000℃ 이상이기 때문에 청백색으로 보이는 데네브는 초거성으로, 지름이 태양의 약 70배에 달한다.

알타이르 즉 일명 견우성은 독수리자리의 알파별로 겉보기등급은 0.8등성이다. 이 별은 은하수 너머에 있는 거문고자리의 알파별인 직녀성 즉 베가별과 함께 놓여있어 흔히들 견우성으로 잘못 알고 있는데, 실제 견우성은 염소자리에 위치한다. 독수리자리는 모두 10개의 별로 이루어졌고, 가장 멀리 뻗어 나간 쪽과 가장 짧게 나간 쪽이 양 날개에 해당한다. 그리고 주(主) 별이 보이는 방향이 몸통과 머리 쪽이고, 하나의 별이 외로이 떠 있는 곳은 꼬리에 해당한다.

사실 견우 즉 알타이르는 지구에서 17광년이나 걸리는 거리에 있으며, 직녀 즉 베가와도 16광년의 거리에 떨어져있다. 먼 곳에 있는 두 별이 매년 칠석에 한 번 만나는 것은 불가능하며, 서로 다른 궤적을 가지면서도 우리 눈이 보기에 겹치게 되는 경우를 말한다.

천칭자리

천칭(天秤)자리는 선과 악을 저울질하는 천칭의 모양을 하고 있다. 처음에는 전갈자리의 앞쪽 집게발로 인식되어 있다가 천칭자리로 독립한 별자리이다. 그러기에 전갈자리를 보면 머리와 몸통 그리고 꼬리만 있을 뿐이며 더듬이와 집게가 없는 것을 알 수 있다. 황도 12궁의 일곱 번째 별자리로 남반구의 밤하늘에서 처녀자리와 전갈자리 사이에 있다. 황도를 지나는 다른 11개의 별자리는 모두 생물(生物)인데 반해, 유독 천칭자리만 무생물(無生物)로 존재한다. 이 별자리에서 가장 두드러진 별은 식쌍성 즉 이중성(二重星)인 천칭자리 델타별이다. 이 별은 2.33일을 주기로 밝기가 변한다.

천칭자리 알파별은 남쪽의 집게발이라고도 하는데, 이 별은 쌍안경으로 관측할 수 있는 청백색의 쌍성이다.

거문고자리

데네브, 알타이르와 함께 거대한 여름철 밤하늘에서 커다란 삼각형을 이루는 것이 거문고자리의 주별 베가다. 베가는 0.0등성으로 투명한 빛을 발하며 은하수의 서쪽 강가에 있고, 일명(一名) 견우로 불리는 알타이르별은 동쪽 강가에서 마주보고 있다. 데네브는 은하수 한가운데에 있는데, 데네브를 가운데 두고 은하수 양쪽의 견우와 직녀가 펼치는 이야기는 우리나라를 위시하여 동아시아에 전하는 슬픈 사연의 주인공으로 통한다.

직녀성(織女星) 즉 베가(Vega)는 북반구의 별자리인 거문고자리에서 가장 밝은 별이며, 모두 5개로 된 거문고자리의 알파별이다. 표면온도는 10,000℃ 정도로 매우 뜨겁기 때문에 청백색으로 보이며, 지구에서 26광년의 거리에 있다.

헤라클레스자리와 왕관자리

거문고자리의 서쪽 하늘에 헤라클레스자리가 있다. 모두 22개의 별로 되어있고, 대체로 3등성 혹은 4등성으로 이루어진 그다지 눈에 띄지 않는 별자리이며 유명한 구상(球狀) 성단이 희미하게 보인다. 헤라클레스자리의 서쪽에 있는 왕관자리는 일곱 개의 별이 반원형으로 늘어져 있으며, 마치 보석을 뿌려놓은 왕관을 연상케 하여 눈에 잘 띄는 별자리이다. 중앙의 네모난 부분은 헤라클레스의 배꼽에 해당하며, 이 네모의 아랫변에서 양쪽으로 비스듬하게 난 두 개의 짧은 별들은 두

다리를 의미한다. 삼각형으로 뾰족한 부분은 머리를 나타내고, 마름모 모양의 양쪽으로 뻗친 곳은 두 팔을 의미한다.

왕관자리는 헤라클레스의 뒷부분 허리정도에서 작은 반원을 이루는 별로, 모두 7개로 구성되어있다. U자 모양의 컵을 머리에 얹어 놓아, 밑 부분을 머리에 쓰는 것으로 해석하면 된다.

뱀주인자리와 뱀자리

헤라클레스자리의 남쪽에 뱀주인자리가 있다. 뱀주인자리 즉 땅꾼자리는 모두 14개의 별로 이루어졌고, 가장 북쪽에 있는 주별은 2.1등성, 그 밖에는 3등성 이하의 별에 속한다.

뱀자리는 뱀 주인이 조종하는 대로 움직이는 뱀으로, 머리 부분은 서쪽에 있고 꼬리부분은 동쪽에 있어 뱀주인자리에 의해 분리되어 있는 특이한 별자리이다. 머리 부분은 8개의 별로 삼각형을 이룬 곳이며, 꼬불꼬불한 곳은 몸통이다. 반면, 사람 즉 땅꾼의 몸 뒤에 있는 일직선상의 5개의 별은 뱀의 하반신으로 나타난다. 신화에서는 죽은 뱀을 동료 뱀이 신비(神秘)의 약초를 먹여 살리는 것이 묘사되고 있는데, 이 지혜의 뱀을 기리는 뜻에서 뱀자리가 만들어졌다고 한다. 그러나 이 뱀을 조종하는 것은 역시 인간이라서, 뱀주인자리가 등장한 것도 이상할 것이 없다.

전갈자리와 궁수자리

뱀주인자리 즉 땅꾼자리의 남쪽에 전갈자리가 낮고 길게 가로놓여 있다. 전갈자리는 독(毒)이 있는 발톱과 꼬리를 바짝 세워 든 모양을 하고 있어, T자 모양이 머리 쪽이며 많은 별이 모여 말린 곳이 꼬리에 해당한다. 모두 16개의 별 중에 주성(主星) 안타레스(Antares)는 그 심장부에 해당되는데, 진홍색 초거성(超巨星)이다. 또 지름은 태양의 약 7~800배이며 밝기는 약 10,000배나 되지만 지구에서 400광년 이상 떨어져 있다. 6월 말에서 7월 말까지가 가장 잘 보이는 시기다.

모두 21개의 별로 이루어진 궁수자리는 전갈자리의 서쪽에 있는 별자리로 활을 쏘는 사수라는 뜻으로 말과 사람 그리고 활의 모양을 나타내므로 아주 복잡하게 얽혀있다. 궁수자리는 독수리자리의 견우성 아래에 그리고 전갈자리의 안타레스 왼쪽에 놓이며, 그 일부가 북두칠성과 유사한 모양을 하고 있어서 금방 눈에 띈다.

북두칠성과 닮은 북두육성이 있는 부분이 바로 궁수의 어깨에 해당하고, 앞의 W자 모양은 활을, 그리고 툭 튀어나온 별 하나는 화살을 의미한다. 그렇다면 북두육성의 뒷부분은 말의 앞다리와 뒷다리의 허벅지 그리고 발굽이라 할 수 있다. 여기서 북두칠성은 죽음을 의미하며, 북두육성은 삶을 의미한다.

전갈자리와 궁수자리는 모두 황도상에 있으며, 태양계에서 본 경우 우리 은하계의 중심방향은 이 궁수자리의 서쪽 끝 부근에 해당한다. 그렇기 때문에 이 별자리에는 은하계에 속하는 가스성운이나 성단이 매우 풍부하다. 맨눈으로도 보이는 석호성운, 오리성운, 삼렬성운 등이 그것이다.

여름철의 은하수

이밖에도 방패자리, 화살자리, 작은여우자리, 돌고래자리 등이 있다. 북쪽하늘에서는 많은 은하수를 만날 수 있고, 견우와 직녀를 상상하다보면 어느새 새벽에 닿는다. 밤 10시가 넘으면 동남쪽에 1등성 3

개가 보이는데, 우리들이 별자리를 찾는데 기준을 삼는 안내별이다.

안내별 중 가장 밝은 것이 거문고자리의 직녀성, 남쪽은 독수리자리의 견우성, 나머지는 백조자리의 데네브다. 망원경을 통해 보면 셀 수 없을 정도로 많은 별들과 아름다운 성운 그리고 성단들의 모습을 볼 수 있다.

우주의 별들은 그 수를 헤아릴 수 없지만 수천억 개로 추정하며, 그 중 육안으로 식별이 가능한 것은 약 6,000개 정도이고, 또 그 중의 절반은 서로의 질량 차이에 의해 끌고 끌리는 별 즉 쌍성(雙星)으로 되어있다. 세계 천문학자들은 약 88개의 공식별자리를 구분하며, 산악지형인 우리나라에서는 약 60개의 별자리를 볼 수 있다.

14.5 입하와 현실

곡우에서 시작된 꽃가루알레르기는 입하가 되면 절정에 달한다. 꽃가루는 자신 만이 가지고 있는 향과 독특한 성분으로 자신을 보호하려는 성질이 있다. 한창 야외활동을 하기 좋은 때인 반면, 외출시에는 마스크를 준비하는 등 사전 예방이 필요하다. 또 5월은 행락철이라서 마음이 들뜨기 쉬운 계절이다. 1년 중 5월에 교통사고가 가장 많다는 통계처럼 차량을 운전하는 사람들의 주의가 요망된다.

송화는 우리가 예전에 먹었던 솔잎이나 소나무의 속껍질보다도 훨씬 약효가 좋다. 또 송홧가루에 함유된 칼슘, 비타민 C를 비롯하여, 이 E, B_1, B_2 등은 로열젤리보다 더 유효한 성분들이다. 위와 같은 항산화 비타민을 포함하여 각종 아미노산이 풍부하며, 지방간을 해소하는 특수물질이라고 알려진 콜린은 죽순의 함유량보다 무려 6,800배나 된다. 그러나 송화가 날리는 날은 입하를 전후로 한 10여일에 걸쳐 무자비하게 날리니 각별한 주의가 필요하다.

송홧가루가 날려 도저히 눈을 뜰 수 없는 봄소풍도 옛 추억에 속한다. 그런 때는 모두가 눈을 감고 바람을 등진채로 쭈그리고 앉아있는 것이 최선이다. 한바탕 꽃가루가 날리고 나면, 마시다만 음료수며 먹다만 김밥을 가리지 않고 내려앉은 송홧가루로 노랗게 덮여 있는 것이 일반 상식이다.

매년 입하 때가 되면 뻐꾸기소리를 들을 수 있다. 이렇게 뻐꾸기소리가 들린다는 것은 뻐꾸기가 자기 집이 아닌 붉은머리오목눈이와 같이 작은 새 둥지에 알을 낳았다는 것을 의미한다. 어미가 알을 품어 새끼를 부화시키지 못하는 뻐꾸기는 다른 새의 둥지에 알을 낳아 기르는데 이를 탁란(托卵)이라 하며, 새끼들이 행여 자기를 못 알아 볼까봐 알려주려고 계속하여 신호를 보내고 있는 것이다. 이때 '뻐꾹뻐꾹'하며 우는 새는 수컷이고, 암컷은 '삐비비비 삐비비비' 하며 울어 구분하기가 쉽다. 또한 보리밭이 누렇게 익어가며 산에서는 부엉이도 울어댄다.

그런데 뻐꾸기는 이름에서 풍기는 것처럼 몸집이 크고 뚱뚱한 새가 아니라 날씬하고 부리가 긴 마치 싸움새처럼 보인다. 어느 날 집근처에서 울던 뻐꾸기를 보고 그 생김새에 의아심이 들어 조류도감을 펴고 확인하던 기억이 난다. 그리고 보니 윤사월의 눈먼 처녀가 문설주에 기대어 뻐꾸기 소리를 듣는 모습이 그려지기도 한다.

15 소만

소만은 여름 절기에 속하며 입하(立夏), 소만(小滿), 망종(芒種), 하지(夏至), 소서(小暑), 대서(大暑)로 이어진다. 24절기 중 여덟 번째 절기에 해당하며 음력으로는 4월이고 양력으로는 5월 21일 혹은 22일에 찾아온다. 2011년과 2012년 그리고 2013년의 경우 모두 5월 21일에 들었다. 이때는 태양이 황경 60°의 위치에 오므로 만물이 점차 생장(生長)하여 조금씩 가득 찬다〔滿〕는 의미의 소만(小滿)이 되었다.

15.1 소만의 환경

농도 전라북도 전주에서 소만으로 기준한 5월 21일의 기후를 보면, 1971년부터 2000년까지의 평균 기온의 평균은 18.7℃였으며, 최고 기온의 평균은 25.2℃로 덥고, 최저 기온의 평균도 12.9℃를 나타냈다. 강수량은 1.1mm에 평균 습도가 66.9%로 입하에 비해 비는 적게 왔는데 습도는 오히려 높은 현상을 보였다. 바람의 평균 속도는 1.4m/s로 나타났다.

소만이 들어서는 날로부터 망종까지의 15일간을 5일씩 나누어 삼후(三候)라 불렀는데, 초후에는 씀바귀가 뻗어 오르고, 중후에는 냉이가 꽃이 피어 누렇게 죽어가며, 말후에는 보리가 익는다고 하였다. 씀바귀는 꽃상추과에 속하는 다년생 풀이다. 씀바귀는 고들빼기와 유사한 종이지만 꽃잎이 7개 이하이면서 잎이 시금치와 비슷한 반면, 고들빼기는 20개 이상의 꽃잎을 가지며 잎은 커다란 톱니모양으로 갈라져 있다. 둘 다 식용이나 약용으로 사용한다.

입하가 지나고 소만이 되면 이때부터 여름 기운이 짙어지며 식물이 무성하여진다. 농사일로는 소만 무렵에 보리를 베기 시작하며, 이어서 모내기 준비에 바빠진다. 예전에는 모판을 만들어 모를 키우는 데도 45일 이상이 걸렸지만, 요즘에는 40일 정도에서도 튼튼한 모를 키워내기 때문에 농부가 날짜를 조절하여 모내기를 할 수도 있다. 따라서 이때가 일 년 중에 가장 바쁜 농번기가 된다. 따라서 예전의 봄철 농번기 방학은 항상 소만이 되면 실시하였었다.

한편 모든 산야가 푸른데, 유독 대나무만큼은 푸른빛을 잃고 누렇게 변해간다. 이것은 대나무가 온 정성으로 새롭게 탄생하는 죽순에게 자기의 영양분을 공급해주고 쇠진(衰盡)한 때문이다. 마치 어미가 자기 몸을 돌보지 않고 어린 자식에게 정성을 다하여 키우는 모습을 보는 듯하다. 그래서 잎이 누렇게 된 대나무를 가리켜 마치 단풍이 든 듯하고, 보리와 같은 색이라 하여 죽맥(竹麥) 혹은 죽추(竹秋)라고도 부른다.

15.2 소만의 농사

3월부터 시작한 논갈이와 모판 만들기 그리고 볍씨뿌리기, 올콩심기, 목화와 깻씨뿌리기, 봄누에 치기 등이 따른다. 이어서 음력 4월이 되면 그동안 자라난 채소류 관리와 모심기, 김매기 등이 기다리

▲ 보리밭

는 때이다. 특히 소만을 전후하여 모내기철이 되면 '농자천하지대본(農者天下之大本)'이라 쓴 깃발을 앞세우며, 생명의 근원을 다루는 일이라 하여 중히 여겼다. 그러나 현재는 농업이 산업화와 도시화에 밀리더니 차츰 그 중요성을 잃어가고 있다. 그래도 인간에게 있어 최후의 보루(堡壘)는 역시 식량이라 할 것이다. 문명이 발달하면 발달할수록 마지막 승자는 식량을 가진 자일 것이라는 말도 있다.

예전에는 지난 가을에 수확한 양식이 다 떨어져서, 보리를 베기 전까지는 가난하고 힘겹게 연명하던 시기도 있었다. 따라서 이 시기는 누구라도 힘들게 넘긴다는 것을 가리켜 '보릿고개'라 불렀다. 아무리 힘이 들더라도 반드시 넘어야 할 산등성이 고개에 비유한 것이다. 수확하는 시기는 같더라도 가을에 심은 보리를 추맥(秋麥)이라하고 봄에 심은 보리를 춘맥(春麥)이라 하는데, 추운 겨울을 보낸 추맥이 먼저 익기 시작한다. 또 다른 말로는 보리가 마치 가을바람에 벼가 익듯

이 누렇게 익었다고 하여 가을보리와 봄보리를 합하여 모두 '추맥(秋麥)'이라고 표현하기도 한다. 지난 가을에 심은 진짜 추맥은 이 시기는 벌써 이삭이 패고 여물어가기 시작하는 때이다.

우리나라에서는 소만이 된 후 망종이 오기 전까지의 보리수확기에 가뭄이 들면 밭에서는 푸석푸석한 먼지가 인다. 지난 곡우에 내린 빗물은 모두 땅에서 식물로 빨려 올라갔고, 이제는 물기가 받아버린 상태가 된 것이다. 어쩌면 조금 있으면 하지가 지나 장마가 들 것이니 자기 몸을 미리 말려놓으려는 자연의 순환 이치인지도 모른다. 이때 김매기로 땅을 긁어놓으면 수분을 빨아올리던 통로가 차단되어 수분 증발을 줄일 수 있는 효과도 있다. 그래서 풀매기와 북주기는 같이 따라다니는 친구가 되는 것이다. 그러나 소만 때에 너무 가물면 감자와 양파, 마늘과 같은 밭작물에게 좋지 않다.

우리의 대표 양념인 마늘과 양파를 보면 5월 하순 즉 소만부터 6월 상순 즉 망종 때까지가 수확의 적기(適期)다. 그러기 위해서는 지난해 10월 중순부터 겨울작물 심기를 하여 10월 하순까지는 모두 마쳤어야 한다. 그래야 추운 겨울을 견뎌내기 위한 건강한 작물로 성장할 수 있는 기간을 확보하게 되는 것이다. 한편 대표 조미료 중의 하나인 들깨는 5월 중순부터 하순사이에 파종을 하고, 6월 중순부터 하순사이에 아주심기를 하여야 한다. 참깨는 이보다 약 한 달에서 적어도 보름정도를 빨리 심어야 한다.

논에서는 모내기가 시작되며, 벼물바구미와 줄무늬잎마름병을 방제하고, 키다리병은 없는지 살펴보아야 한다. 옥수수와 단수수는 잎이 나고 사람 키만큼 자랐을 때 웃거름을 준다. 단수수는 벼과의 일종으로 사탕수수의 변종이다. 고추는 지주를 세우는 마지막 시기이며, 마늘과 양파는 겉으로 보이는 대가 말랐어도 구근의 숙성을 위하여 적절한 습도유지가 필요하다. 과수농가는 곤충수분(昆蟲受粉)이 아닌 인공수분의 경우 개화 후 바로 시작하는 것이 좋다. 수분이 이루어지는 동안은 충분한 보습이 필요하지만, 수분한 꽃에 물이 닿으면 성공률이 낮아지므로 주의하여야 한다.

익산시 농업기술센터에서 전하는 익산지역의 벼농사 중 모내기는 5월 27일부터 6월 15일 사이가 적당하다. 이때는 소만이 막 지난 시기로, 들판의 잔디도 열매를 맺어 자신을 보전하며 망종에 걸쳐 씨앗이 여문다. 그런가 하면 마늘도 수확을 위하여 누렇게 잎이 말라가기 시작한다.

소만 찬바람에 설늙은이 얼어 죽는다는 속담처럼 예전에는 소만 무렵에 부는 바람이 몹시 차고 쌀쌀하다고 했지만, 요즘은 더위가 일찍 찾아오고 태양 볕도 뜨거워져 아침저녁이라 하더라도 반팔이나 민소매 차림의 사람들을 쉽게 만날 수 있다.

소만을 시간에 비유하면 오전 10시 즉 날씨가 더워지기 시작하는 여름의 문턱으로, 맑고 활기가 왕성한 때이다. 「농가월령가」4월에서는 '사월이라 한여름이니 입하 소만 절기로다. 비온 끝에 볕이나니 날씨도 좋구나. 농사도 한창이요 누에치기 바쁘구나. 남녀노소 일이 바빠 집에 있을 틈이 없다.'고 노래하였다.

따뜻한 남부지방에서는 하지감자가 꽃을 피기 시작한다. 익산지역에서는 3월 하순부터 4월 상순에 모종을 심은 감자가 5월 하순부터 6월 상순사이에 꽃을 피운다. 또 찔레꽃도 피어 진한 향기를 내뿜는 계절이다. 따라서 '찔레꽃 필 때 모심으면 풍년든다.' 혹은 '밤꽃 필 때 심은 모는 풍년 든다.'는 말이 생겨났다. 그러나 이런 일련의 농사들도 현재의 시절로 보면 약간 빨리 진행되는 편이다. 양지바른 곳에서는 버찌가 농익어 떨어지기 시작한다.

보리는 망종에 베지만 소만부터 익어가기 시작한다. 따라서 붉은 곰팡이병, 흰가루병, 녹병, 깜부기 등에 유의하여야 한다. 또 소만은 콩을 심는 시기로 남부지방에서는 5월 하순부터 6월 상순사이에 이루어지면 정상적이라고 하였다. 그래야 8월 중순에 꽃이 피고 10월 중순에 수확이 가능한 때문이다.

콩은 모내기가 끝난 후 미리 정해진 밭은 물론이며 경계(境界)를 짓는 논둑에도 심어서 수확을 늘리던 시대도 있었다. 지금도 논둑에 심은 콩이 일반 밭에 심은 콩보다 수확이 많은데, 이는 경사진 언덕에 심었기에 통풍이 잘되고 햇볕도 잘 들어 생육에 좋은 환경의 영향일 것이다. 게다가 논에서 불어오는 습한 바람도 생육의 필수조건을 충족시켰을 것이다.

이때는 보릿고개로, 없는 집에서는 입을 더는 일이 아주 긴요한 과제였다. 따라서 '삼사월에 찾아오는 손님 중에는 반가운 사람 하나도 없다.'는 말이나, '삼사월 손님은 꿈에 볼까 무섭다.'는 말들이 생겨났다.

15.3 소만 풍속

소만이 되면 이팝나무 꽃이 한창이며 드디어 6월을 대표하는 아카시아 꽃도 피기 시작한다. 조금 있으면 쥐똥나무에도 꽃이 피기 시작할 것이다. 또한 이때는 해당화 꽃이 피어난다. 해당화는 바닷바람을 맞으며 자라는데, 여러 가지 용도로 쓰이며, 그중에서 대표적인 것은 향수의 원료로 사용되는 것이다. 그러나 꽃을 가공하여 향수를 만드는 것이 번거롭다면, 그냥 일반 주머니 속에 넣고 향기를 피우는 도구로 사용하면 된다. 꽃잎은 술이나 차를 담그며, 뿌리는 한방에서 치통과 관절염 치료로 사용하였다. 꽃은 지혈제나 지사제 또는 진통을 멈추는데 사용하기도 한다. 최근에는 신경통에 좋다는 소문이 있어 겨우 명맥을 유지하던 해당화마저 뿌리째 뽑혀나가는 상황이다.

해당화를 수화(睡花)라고도 하는데 여기에는 다음과 같은 전설이 있다. 중국의 당나라 현종이 심향정에서 산천경개를 감상하다가, 너무나도 좋은 풍광이 혼자 보기에 아까워 양귀비를 불러 함께 감상하기로 하였다. 마침 술에 취해 춘잠에 떨어진 양귀비는 제 정신이 아니었다. 현종은 시녀의 부축을 받고도 비틀거리는 양귀비를 보며 잠에서 덜 깨었느냐고 물었고, 양귀비는 붉은 낯으로 해당화가 아직 잠에서 깨지 않았다고 하였다. 이에 현종은 해당화를 좋아하던 양귀비가 자신을 해당화에 비유한 재치에 감탄하여 벌하지 않았는데, 이때부터 해당화를 잠자는 꽃 즉 수화라 부르게 되었다.

우리가 말하는 감자에는 보통 쪄먹는 하지감자가 있고, 약성(藥性)이 강하여 그냥 먹기가 힘들다고 붙여진 돼지감자가 있다. 이때도 먹을거리가 부족하니 어쩔 수 없이 돼지감자라도 우려내어 먹었던 분이 계셨으니 바로 우리네 어머니셨다. 여기서 말하는 감자는 하얀 꽃을 피우는 주식 혹은 간식용이며, 토종 보라꽃 돼지감자는 해바라기와 같은 줄기를 하며 당뇨치료에 좋다는 약용식물이다.

15.4 소만의 먹을거리

전해오는 말에 의하면 소만이 되면 벌써 냉이는 꽃을 피워 생명을 갈무리 하기 시작한다고 하였다. 그러나 요사이는 더 일찍 부터 꽃을 피우기 시작하 여 양력 4월이면 냉이 밭 이 온통 하얀 꽃으로 덮

▲ 냉이

이곤 한다. 이때는 달래, 쑥, 봄동과 함께 입맛을 돋우는 봄맞이 채소 로 각광을 받던 냉이가 마지막 먹을거리를 제공하는 시기이다.

활짝 뻗어나는 씀바귀와 죽순도 대표음식으로 꼽을 수 있다. 옛말 에 봄에 씀바귀를 먹으면 그 해 여름내내 더위를 타지 않는다는 말이 있을 정도로 효능을 인정받았었다. 씀바귀는 줄기, 잎, 뿌리까지 모두 먹을 수 있는데, 특히 땅을 뚫고 나오는 뿌리에 영양분이 많다고 믿었 다.

여름철에는 몸 속 기운과 혈액이 피부로 집중되면서 반대로 몸 안 은 양기(陽氣)가 허해진다. 결국 위장의 기력이 떨어지고 입맛이 줄면 서 소화불량이 나타나는 계절이다. 이런 때에 씀바귀가 입맛을 되살 아나게 하며 위장을 튼튼하게 해 준다. 씀바귀 뿌리의 쓴맛이 너무 강 하게 느껴지면 살짝 데친 다음 찬물에 담갔다가 먹어도 좋다. 김치나 장아찌로 담가두면 오랫동안 먹을 수 있다. 더불어 여름철에 찬물을 많이 먹으면 배탈이 나는 것도, 차가운 뱃속에 차가운 음식이 들어가

서 생기는 부작용에 속한다.

죽순은 땅을 뚫고 나오는 스태미나식품으로 유명하다. 고온다습해지는 여름 날씨에 스트레스를 받았다면 이를 죽순으로 풀 수도 있다. 스트레스를 받는다는 것은 비정상적으로 발생한 열을 받는다는 뜻이므로, 죽순의 차가운 성질을 이용하여 몸의 열을 내려주는 작용을 이용하는 것이다.

동의보감에 죽순(竹筍)은 맛이 달고 찬 성질을 가지고 있으며 갈증을 해소하고 원기를 회복시킨다고 했다. 그러니 몸이 차가운 음인(陰人)은 주의하여야 한다. 죽순은 요리 전에 쌀뜨물에 삶으면 아린 맛 혹은 좋지 않은 맛이 제거되는 효과를 얻을 수 있다. 살짝 데친 죽순은 반찬 외에 잘게 썰어 죽순밥을 해도 좋다. 이때 죽순을 따다 고추장이나 양념에 묻혀 먹는 것도 빼놓을 수 없는 별미다.

초후를 마지막으로 즐겨 먹던 냉잇국도, 늦봄 혹은 초여름의 계절음식으로 유명하다. 보리는 말후를 중심으로 익어가며 밀과 더불어 여름철 먹을거리를 대표한다.

5.5 소만의 별자리

소만은 천시원이 가장 잘 보이는 시기다. 이런 천시원은 저녁 9시경 동쪽에 떠올랐다가 자정에는 동남쪽 하늘에 나타난다. 그리고 새벽 3시가 되면 정남쪽 하늘 중앙에 자리한다.

천시원(天市垣)은 글자 그대로 하늘나라의 시장(市場)을 둘러 싼 담장을 의미한다. 중심부에 임금자리별 즉 제좌성(帝座星)이 있는데,

이는 헤라클레스자리의 라스알게티에 속한다. 바로 옆에는 측후관별〔側候官星〕이 있는데, 이는 땅꾼자리의 주별인 라스알하게에 속한다. 이때 측후관별에 달이 침범을 하면 신하에게 근심이 생기며, 객성이나 혜성이 범하면 신하가 바뀌고, 패성이 범하면 신하가 모반을 한다고 하였다. 또 주변에는 위, 조, 구하, 중산 등 여러 개의 별이 존재하는데, 이들은 푸줏간, 마차 수리소, 보석상, 도량형 판매점 등을 의미한다.

이러한 천시원은 뱀자리와 땅꾼자리의 일부를 포함하며 거문고자리 바로 밑까지 이르러 거의 원형(圓形)에 가까운 구역을 만들어놓았다. 천시원의 위로는 거문고자리가 있고, 좌측에는 독수리자리와 화살자리가 있으며, 아래로는 물뱀자리와 땅꾼자리도 보인다. 또한 익수(翼宿)와 진수(軫宿)도 잘 보이는데, 이는 주작의 날개와 꼬리에 해당하며 컵자리의 알파(α)별과 까마귀자리의 감마(γ)별에 속한다.

익수는 태미원의 오른쪽 담장 첫째와, 둘째별자리를 직선으로 그어 4배 정도 연장하면 찾을 수 있다. 서양별자리에서 사자 엉덩이에 있는 별 두 개를 연결하는 방법과 같다. 익수는 주작의 날개에 해당하는데 하늘나라에서 악부(樂府) 즉 음악이나 연극 등의 예술을 주관하는 관청이다. 익수가 밝고 커지면 이민족들이 중국에 조공을 바치고, 별이 움직이면 사신을 보내오고, 일식(日蝕)이 있으면 신하 중에 임금을 범하거나 여러 가지 재앙이 생긴다고 믿었다. 또 월식(月蝕)이 있으면 날개달린 벌레들이 많이 죽고, 북쪽에서 전쟁이 일어나며 황후(皇后)가 패악(悖惡)을 저지른다고 보았다.

서양에서는 익수를 컵자리로 여긴다. 자세히 관찰하면 포도주를 담는 유리잔처럼 보이는데, 이를 디오니소스 혹은 아폴로의 술잔이라고도 하고, 유태인들은 노아의 포도주잔이라고 한다. 지중해일대의 신화나 전설에 나오는 술잔은 모두 이 컵자리와 연관이 있다.

이 컵자리와 까마귀자리에는 담긴 이야기가 있다. 음악의 신 아폴로는 인간의 말을 하는 애완조(愛玩鳥) 즉 하얀 색 까마귀를 가지고 있었다. 이 까마귀는 엄청난 수다쟁이에 극심한 거짓말쟁이였다. 어느 날 아폴로는 연인 코로니스가 바람을 피운다는 까마귀의 거짓보고만 믿고 코로니스를 죽였다. 후일에야 까마귀의 거짓정보였다는 것을 알게 된 아폴로는 까마귀를 새까맣게 태워버리고 인간의 말도 못하게 만들었다. 그리고 더 이상 나쁜 짓을 못하도록 하늘에 매달아두니 이것이 바로 까마귀자리가 되었다. 이 후로 까마귀는 온통 검정색을 하며, 어쩌다 생기는 하얀 까마귀는 재앙(災殃)을 면한 길조(吉鳥)로 여기고 있다.

하지만 다른 이야기를 보면, 목이 마른 아폴로가 까마귀의 다리에 컵을 메달아주고 멀리 있는 샘물에 가서 물을 떠오도록 하였다. 컵을 매단 까마귀는 가는 도중에 무화과나무를 보자 가던 길을 멈추고 탐스러운 열매가 익기를 기다렸다. 며칠 뒤 까마귀는 다 익은 무화과를 따먹은 후 늦었다는 핑계 댈 요량으로 우물 근처에서 물뱀을 잡아 물컵과 함께 가져왔고, 화가 난 아폴로는 컵과 물뱀 그리고 까마귀 모두를 하늘로 던져버렸다. 그러자 물뱀은 하늘에서 물 컵을 보호하는 형태를 이루며, 반면에 까마귀는 물 컵을 옆에 두고 왜 그랬을까 후회하며 처량하게 바라보는 신세가 되었다.

15.6 소만과 현실

입하부터 울기 시작한 뻐꾸기는 소만을 포함하여 새끼가 다 자라는 8월까지 울어대며, 아침 5시가 되면 벌써 자신을 알리기 시작하여 어둑해져서야 멈춘다. 생긴 것이 날씬하고 입이 뾰족한 게 날렵해 보이는 새다. 마치 덩치 큰 제비와도 같고, 사람 손에 길들여져 멀리 응시하고 있는 수지니(手陳)와도 같다. 뻐꾸기가 탁란(托卵)을 하여 미움을 받는 새인 것은 분명한데, 깃털은 부엉이를 닮았으며 가냘픈 몸매는 어딘지 처량하기까지 하다.

소만에는 꽃가루알레르기가 거의 진정되어가지만 봄철 안전운전에 대한 주의는 여전히 필요한 시기다. 또 이때 홍역이나 수두가 유행함으로 어린아이들은 각별히 주의하여야 한다. 겨울잠을 잤던 동물들이 깨어나는 시기는 경칩이라 하여도 본격적인 활동을 하는 시기는 입하다. 따라서 이때 뱀이나 독충에 물리지 않도록 주의하여야 한다.

한편, 감자 꽃을 말하면 떠오르는 동시(童詩)가 있다. 당시는 강점기로, 조용하지만 자신의 방식대로 살아가던 시절이었다. 이때 어거지로 주인 행세를 하던 일본인에 대한 거부를 표현하는 시가 권태응의 '감자 꽃'이다. 감자는 하얀 감자와 자주색 감자가 있으며, 이들은 각기 하얀 꽃과 자주색 꽃을 피운다는 데서 착안한 싯구다.

'자주 꽃 핀 건 자주 감자 파 보나마나 자주감자 하얀 꽃 핀 건 하얀 감자 파 보나마나 하얀 감자'

땅위에 있는 줄기의 꽃을 보면, 땅 속에 있어 안 보이는 감자를 알

수 있다는 내용이다. 이
시는 간결하고 쉬운 단어
로 되어있으면서도 당시
순수한 우리 국민들과 일
제의 간악함이 잘 비교되
어 시대적 아픔을 대변
(代辯)하고 있다. 따라서
아이들은 아래 댓구와 같
은 후렴도 이어서 불렀다.

▲ 감자

　'조선 꽃 핀 건 조선 감자 파 보나마나 조선 감자 왜놈 꽃 핀 건 왜놈
　감자 파 보나마나 왜놈 감자'

　충주출신의 동천(洞泉) 권태응(權泰應, 1918~1951)은 민족운동가
로 1948년 30여 편의 시를 모아 자신의 시집 '감자 꽃'을 내었으며, 탄
금대에 그의 노래비가 있다. 이 시는 간결하면서도 전달하는 메시지
가 강하여 어린 아이들은 물론 어른 사이에서도 계몽용으로 즐겨 불
렸던 노래다.

16 망종

망종은 24절기 중에서 아홉 번째로 음력 4월이나 5월에 속하며, 양력으로는 6월 6일 혹은 7일에 든다. 2011년의 경우 6월 6일에 들었고 2012년과 2013년의 경우는 6월 5일에 들었다. 바로 앞의 절기가 소만(小滿)이며 뒤에 오는 절기는 하지(夏至)인데, 이날의 태양은 황경(黃經) 75°가 된다. 망종은 벼 또는 보리, 밀, 기장, 옥수수, 콩처럼 까끄라기가 있는 식물의 종자를 거두거나 심는 다는 뜻이다. 그러나 망종이 되면 벼는 모내기를 하며 보리나 밀은 수확하는 시기로 이를 한꺼번에 이르는 말로 해석하여야 할 것이다.

16.1 망종의 환경

농도인 전라북도의 전주에서 망종으로 기준한 6월 6일의 기후를 보면, 1971년부터 2000년까지의 평균 기온의 평균은 21.2℃였으며, 최고 기온의 평균은 27.3℃로 더웠고, 최저 기온의 평균도 15.5℃를 나타내 일교차가 10℃를 넘었다. 강수량은 1.9mm에 평균 습도가 69.6%로 적당한 온도에 적당한 습도로 식물이 자라기에 아주 좋은 날씨에 속한다. 바람의 평균 속도는 1.3m/s로 나타났다.

망종이후 15일을 각 5일씩 나누어 처음 5일을 초후(初候)라 하는데 이때 사마귀가 나타나고, 다음 중후에는 왜가리가 울기 시작하며, 마지막 말후에는 개똥지빠귀가 울음을 멈춘다고 하였다.

봄에 지천으로 깔려 밥상을 풍성하게 하였던 식물들도 이제는 머리가 굵어졌다고 독자의 목소리를 낸다. 따라서 이때는 명아주, 쇠비름, 질경이, 고들빼기, 쑥, 고사리, 달래, 냉이 등을 먹을 수 없게 된다. 물론 억지로 먹기로 말하면 먹을 수야 있겠지만, 독성이 강하고 줄기가 뻣뻣해져서 조심하여야 한다. 따라서 이때는 모든 논밭의 잡초를 매주어야 하는 시기다.

요즘은 1년 내내 모기[蚊]가 산다고 말하지만, 정상적인 자연현상에서 부지런한 녀석들이라야 망종이 되면 나타나는 것을 알 수 있다. 따라서 뇌염 예방접종이 필요한 때이며, 주변의 환경에 신경을 써야 한다. 아직 본격적인 여름은 아니지만 자외선에 주의하여야 한다. 봄볕에는 며느리를 내보내고 딸은 가을볕에서 일하게 한다는 속담처럼 봄철의 자외선이 의외로 강하다는 것을 알아야 한다.

야산에는 오동나무 꽃이 피고 찔레꽃, 이팝나무

▲ 오동나무

꽃, 때죽나무까지 하얀 꽃을 피워 강한 향을 풍기는 때이다.

16.2 망종의 상황

　요즘 건강보조식품으로 각광을 받고 있는 매실은 망종이 지난 다음에 수확하는 것이 좋다. 매실은 5월 중순이 되면서 과육(果肉)이 커지고 모양도 제대로 갖춰 잘 익은 것처럼 보이기도 한다. 그러나 이때는 겉만 그렇지 속은 아직도 풋것인 상태다. 여린 매실은 청색이라서 잘 익은 매실에 비교하여 청매실로 불리는데, 그 속에는 청산배당체 즉 아미그달린이 들어있다. 이 성분은 장내 효소와 결합하면 시안산화합물(Cyaan酸化合物)을 형성하여 식중독을 일으킬 수 있는 물질이므로 주의하여야 한다. 잘 익은 매실에서는 이 성분이 없어지며, 매실씨나 살구씨, 복숭아씨, 은행에도 들어있지만 우리는 이런 속씨를 날것으로 먹지 않으니 따로 걱정할 필요는 없다.

　또 매실에는 피로회복을 돕는 구연산(枸櫞酸)이 많이 들어있는데, 5월 하순의 매실보다 6월 중순의 매실이 무려 14배나 많은 양을 함유하고 있다. 망종이 지나면 오디도 수확하여야 한다. 오디는 조금만 시기를 놓쳐도 농져 물러진다. 야산에는 아카시아 꽃이 피고나면 바로 밤나무 꽃도 뒤따라 핀다. 밤나무의 수꽃은 이삭처럼 긴 꼬리에 달리며 바로 그 밑에 암꽃이 2~3개 달려있다. 밤꽃냄새는 진하여 멀리서도 알 수가 있다. 가까이서 맡으면 역겹기도 하지만, 마치 사람의 정액 냄새와도 같아 꽃이 필 무렵이면 남녀상렬지사(男女相悅之事)를 거론하는 소설에서는 혼자된 여인의 마음이 싱숭생숭해진다고 비유하였다.

아카시아 꽃으로 만든
꿀은 아주 귀한 상품(上
品)으로 여기며, 밤꽃도
그에 못지않게 좋은 꿀
로 여긴다. 그러나 문제는
한 가지 수종에서만 채집

▲ 아카시아

한 꿀이기에 특성에 따른
약용으로 좋다는 것이며, 벌꿀은 꽃이 가진 꿀이 많아 당분이 흡족하
면 상등품이 되는 것이다. 이런 꽃 저런 꽃의 꿀이 섞여서 잡꿀로 만들
어지면 꿀마다의 특성을 살려 나름대로는 여러 가지의 효능이 섞이게
되지만 약간 낮은 중품(中品)으로 여기는 경향이 있다.

6.3 망종의 농사일

「농가월령가」에서는 망종과 하지가 되면 보리밭이 누렇게 변했으
니 보리타작 마당을 열고 도리깨로 두드린다고 하였다. 그런가 하면
모내기를 하여야 하니 뒷논은 누가 심고 앞 논은 누가 갈까하며 바쁜
일정을 걱정하고 있다.

이때는 잘 익은 보리를 베어내고 그 자리에 벼를 심는 시기로, 모종
과 수확을 동시에 치러야하는 아주 바쁜 시절이다. 그래서 보리는 소
만(小滿)에 미리 베고, 망종에는 콩을 심거나 모내기를 할 수 있도록
준비하기를 권장한다. 보리 베기가 늦어져 망종을 넘기게 되면 시간

적으로 모내기에 쫓길 뿐만 아니라, 바짝 마른 보리줄기가 꺾이고 쓰러져서 낭패를 당하기 때문이다.

보리는 추수하기 전에 쓰러지면 수확량도 줄고 작업 자체도 어려워 오히려 손해를 입는 것이다. 게다가 보리를 베고 메마른 논에 물을 댄 후 갈아엎어야 하니, 여러 가지 일들이 한꺼번에 겹치게 되어 단 하루라도 허투루 소비할 수 없는 때문이다.

모내기를 하기 전에 1차 피사리를 하여 벼의 생육을 돕고, 직파재배 농가는 토양처리제 등으로 잡초 발생을 막아야 한다. 남부지방의 모내기도 6월 중순까지는 끝내야 하므로 시기조절이 필요하다. 모낼 논은 물이 너무 많지 않도록 하고, 모를 낸 후는 물을 충분히 대어 쓰러지지 않도록 한다. 모내는 양은 농도인 전라북도의 평야지대에서는 한 번에 3~4본을 잡고 1m^2당 23~26개의 포기를 심어야 좋다. 채소 뒷그루용 모내기에서는 5~6본을 잡고 1m^2당 26~29개의 포기를 심는 게 좋다. 이것은 성장 시기가 짧을수록 그리고 생육기간이 짧을수록 더 많은 본 수와 더 많은 포기를 심어야 한다는 말이다. 또 조생종은 약간 늦게 그리고 만생종은 좀 더 빨리 심는 것이 좋다. 그러다가 새끼치기가 시작되면 다시 물을 빼서 병충해에 강한 튼튼한 벼로 자라도록 하여야 한다.

익산시 농업기술센터에서 전하는 익산지역의 벼농사 모내기는 6월 15일까지 마치는 것이 좋다. 이것은 이삭이 패고 여무는 시간과 익산의 기후를

▲ 모

감안한 계산치이다.

가을보리와 봄보리는 씨를 뿌리고 싹을 틔울 때까지는 100일간의 차등이 있어도 상관없지만, 이들을 수확하고 거둘 때는 단 3일 만에 끝내야 할 정도로 촉박한 일정을 가진다. 보리의 수확 시기는 이삭이 나온 후 약 40일을 전후하면 적당하다. 익산지역의 가을보리 수확 시기는 망종을 시작으로 하여 하지 즉 6월 중순까지가 적당하다. 그런데 봄에 씨를 뿌린 봄보리는 6월 중순부터 하순까지가 적당한 시기로 알려진다.

더불어 밭작물도 손봐야 하므로 1년 중 가장 바쁜 시기로, 한참 일하다가 보면 오줌 누러 갈 시간도 없어 발등에 오줌 눈다는 말이 생겨났다. 이때는 불 때던 부지깽이도 따라 나서는 때이고, 별보고 나갔다가 별보고 들어온다는 정도로 바쁜 때이다. 심지어 부뚜막의 고양이 손이라도 빌리는 때로, 이른바 송참봉네 집에서는 샛거리를 짊어지고 나서는 계절이다.

감꽃이 피면 올콩을 심고 감꽃이 지면 늦콩을 심는다고 하였다. 겨울에 생채소를 대신하는 콩나물콩은 늦콩 심기에 해당한다. 이미 심어진 밭작물에는 1차 혹은 2차 웃거름주기를 하고, 모내기가 끝난 논에는 새끼 칠 거름주기를 하여야 한다. 콩밭이나 고구마 밭에는 김매기가 필요하며 일찍 낸 논에서는 풀을 다스리기 시작한다. 땅콩도 한 뼘이나 자라있지만, 보리배미에 심을 늦은 모는 아직도 모판에서 주인의 보살핌을 받고 있다. 이른 옥수수와 봄감자를 수확하는 시기이기도 하다. 오이, 수박, 참외 등 노지채소는 열매를 맺기 시작하는데, 줄기나 잎이 너무 무성하면 열매가 부실해지는 경향이 있어 순을 따주기도 하는데 이를 순집기라 한다.

이렇게 바쁘기 때문에 망종(芒種)을 다른 말로 망종(忘終)이라고도 부른다. 망종 때는 농사일이 끊이지 않고 이어져 일을 마치는 것조차 잊는다는 뜻이다. 그러니 말 그대로 농번기의 최고 절정인 셈이다. 모두가 들로 나가 아무도 없는 빈집에 제비만 홀로 남아있다는 작자 미상의 동시(童詩)가 그 시기를 잘 대변하고 있다.

엄마는 아침부터 밭에서 살고 아빠는 저녁까지 논에서 살고 아기는 저물도록 나가서 놀고 오뉴월 긴긴 해에 집이 비어서 더부살이 제비가 집을 봐주네.

보리를 수확하고 나면 줄기와 그루터기를 태워야 한다. 이는 그 자리에 심어질 콩이나 벼가 자리를 잘 잡도록 하기 위한 조치다. 그렇지 않으면 땅속에 숨어있는 보리등걸로 인하여 모를 심는 것도 어렵지만, 어렵게 심은 작물이라 하더라도 뿌리를 내리지 못하여 말라죽고 만다. 따라서 초여름 들판에는 보리 그루터기를 태우면서 생기는 매캐한 연기로 가득하다. 그러나 요즘의 자연환경과 농업기술의 발달로 인하여 농사를 시작하는 시기가 조금씩 앞당겨지고 있는 실정이다. 망종(芒種)의 가장 대표적인 모내기가 이제는 소만 때에 이루어지고 있는 것들이 그런 예이다.

어쨌거나 망종 때의 식물들이 뜨거운 햇볕아래에서 열매와 겨울눈을 한창 키워가고 있을 때, 주변의 동식물도 바쁘기는 매 한가지다. 버찌가 빨갛게 익어가고, 곧이어 농익게 되면 까맣게 변하고 말 것이다. 그런가 하면 밭둑에서는 금강초롱도 피어 아름다움을 뽐내는 계절이다.

보리를 벤 후 이모작으로 심은 콩이나 깨는 더북한 싹을 솎아주고, 고추에 지주를 세우고 웃거름을 주어야 한다. 마늘과 양파는 거두기 시작하며 늦어도 하지에는 수확을 마쳐야 한다. 각종 과수나무들도 꽃을 피우고, 그 양을 스스로 조절하는 시기다. 따라서 많은 꽃이 떨어지더라도 이를 아깝게만 생각할 필요는 없다. 식물도 스스로가 생존을 위하여 알맞게 조절하는 능력을 가졌기 때문이다. 필요하면 열매 솎기도 하며 봉지씌우기도 하는 때다.

요즘에는 꽃매미처럼 빠르게 번식하면서 생명력도 강한 외래 해충이 우리 환경을 급속도로 망가뜨리고 있으니 이들의 피해를 막아야 한다. 아직 천적이 없는 외래종은 떼거리로 몰려다니면서 무나 배추, 과수의 나뭇잎 등을 가리지 않고 짓밟아버리니 성경에 나오는 메뚜기 떼와 같아 아주 위험한 존재다. 가축 농가는 기온이 올라감으로써 탈수현상을 비롯하여 발생할 수 있는 여러 질병들을 예방하고, 환기를 시켜주거나 충분한 수분공급으로 쾌적한 조건을 만들어주어야 한다. 간혹 때늦은 황사가 찾아오는 경우가 있음을 잊어서는 안 된다.

16.4 망종 풍속

남부지방에서는 망종날 풋보리를 베어다가 '보리 그스름'을 해먹었다. 이렇게 하면 이듬해 보리농사가 잘 되고 곡식이 잘 여문다고 믿었던 것이다. 어떤 사람들은 전날 베어 놓았던 풋보리를 다음날 보리 그스름을 해먹기도 하였는데, 이로써 질병에 걸리지 않고 건강하게 잘 지낼 수 있다고 믿었다. 보리 그스름은 보리를 손으로 비빈다고 하여 보리빈대라고도 하는데 보리가 얼마나 잘 여물었는지 미리 알아 볼 수도 있다. 이런 풍습은 먹을거리가 부족한 보릿고개에서 풋보리를 미리 수확하여 먹던 데에서 비롯되었다. 마치 풋벼의 수확인 올게심니에 해당한다. 겨우내 애써 농사지은 보리를 미리 맛보면서, 정작 껄끄러운 꽁보리밥을 먹으며 지내야 할 여름에도 고맙게 먹겠다는 마음의 준비라 할 수도 있다. 이는 일종의 자기암시에 속한다.

지역에 따라서는 보리 그스름을 해서 먹는 대신, 이를 볶은 후 맷돌에 갈아서 죽을 끓여 먹기도 하였다. 이 역시 한 여름 더위와 더불어 소화하기 어려운 보리밥을 먹고도 배탈이 나지 않도록 뱃속을 미리 길들이기 위한 하나의 지혜였다.

또 지역에 따라서는 망종이 일찍 들고 늦게 들음을 두고 그 해 농사를 풍년과 흉년을 점쳤다. 음력 4월 이내에 망종이 들었으면 보리농사가 잘되어 빨리 거두어들일 수 있으나, 망종이 음력 5월에 들어있으면 그 해 보리농사가 늦게 되어 망종 때에도 보리 수확을 할 수 없다고 하였다. 이는 달의 기운을 조사하여 만든 음력(陰曆)을 중시하여 그 날짜대로 계절이 변한다고 믿었기 때문이다.

구체적인 예로 제주도 지역에서는 망종이 일찍 들면 그해 보리가 좋고 늦게 들면 보리가 좋지 않다고 하였으며, 이날 우박이 내리면 시절이 좋다고 하였다. 전남, 충남, 제주도에서는 망종날 천둥번개가 요란하게 치면 그 해 농사가 시원치 않아 불길하다고 하였다. 경남 도서 지방에서는 망종이 늦게 들어도 좋지 않으며, 그렇다고 빨리 들어도 좋지 않다고 하여 4월 중순에 들기를 바랐다. 이런 일들을 모두 망종보기라 부른다.

16.5 망종음식

 망종에 먹는 음식은 특별한 것이 없으나 이제 막 수확한 보리가 제격이라 할 것이다. 이때는 지난 가을에 수확한 쌀이 떨어지고 새로 수확하는 보리가 아직 생산되지 않을 때라서, 가난한 사람들에게는 견디기 힘든 계절에 속한다. 따라서 이때까지도 '보릿고개'가 이어지는 시기다.

 각 가정에서는 잘 익은 앵두를 따 먹을 수 있다. 이때 주렁주렁 달린 앵두사이로 쐐기가 많아 조심하여야 하는데, 지금은 이상기온에다가 농약을 많이 사용한 때문에 현저히 줄어든 것을 느낄 수 있다. 앵두를 간식 삼아 날로 먹기도 하지만 화채를 만들어 먹는 사람들도 있다. 부지런한 사람들은 앵두에 녹말가루를 섞어서 앵두편을 만들기도 하는데, 이때를 같이하여 밭둑에서는 오디가 익어 아이들을 부른다.

 오디는 뽕나무의 열매로 한 나무에서 암수 다른 꽃이 피어 열매를 맺기도 하지만, 어떤 나무는 나무 자체가 암수로 분리되어있어 열매가 맺지 않는 나무도 있다. 이때는 오디가 열리지 않은 나무를 보고, 어떤 사람이 벌써 다 따갔느냐고 투정을 부리기도 하지만 실상은 다른 것이다.

 대밭에서는 죽순도 한창이다. 그러나 죽순은 대나무의 차가운 성질을 그대로 간직하였으니 손발이 차갑거나 설사를 자주 하는 사람들은 조심하여야 한다. 또 입하(立夏)나 소만에 나온 여린 죽순을 먹는 것이 좋다.

16.6 망종의 별자리

　망종의 늦은 밤에는 기수(箕宿)가 떠오른다. 기수는 자정 무렵에 동남쪽 하늘에 낮게 떠서 새벽 3시 경이 되면 정남쪽에 머물다가 지는 별이다. 기수는 동방 청룡의 항문(肛門)에 해당하니 마지막이라는 뜻이 되며, 궁수자리의 감마(γ)인데 알나슬 즉 화살촉을 의미한다. 궁수자리는 황도의 아래쪽에 있으며, 독수리자리와 돌고래자리의 밑에 있는 견우성보다도 더 밑에 위치한다.

　기수는 곡식을 까부는 키로써 쭉정이를 바람에 날리므로 풍신(風神)을 의미하며, 풍백(風伯)이라 부르기도 한다. 그래서인지 주변에는 농사와 연관된 별자리가 많이 있다. 천전(天田)이나 견우성(牽牛星)이 있는가 하면, 물을 공급하는 천연(天淵), 곡식의 양을 재는 남두육성(南斗六星)도 있다. 이렇게 농사지어 거둬들인 농작물의 부산물도 그냥 버리지 않으니 개별(狗星) 혹은 닭별(天鷄), 견우(牽牛)에게 먹일 수 있는 여건을 갖추고 있는 것이다.

　기수(箕宿) 옆에는 두수(斗宿)도 있는데 거북의 머리에 해당하며, 이 역시 궁수자리의 프사이(ψ)에 속하지만 기수가 동방7수인데 비해 두수는 북방7수다.

16.7 망종과 현실

　망종은 현충일에 즈음하여 들고, 밭에서는 보리를 베고 논에서는 모를 심는 분주한 시기에 속한다. 망종이 되면 농번기방학이라는 이름을 빌어 여린 손이라도 일손을 돕고, 설령 그렇지 못하면 곁에서 지켜보는 것만으로도 위안이 될 정도로 바쁜 시절이다. 그런데 요즘은 보리농사를 짓지 않으니 2모작에 대한 부담이 줄어든 데다, 모심는 날짜가 조금 빨라진 것도 사실이다. 게다가 이상기온현상으로 더위가 빨리 오므로 모내기가 조금씩 앞당겨지고 있다. 설령 보리를 심는다 하여도 수확을 기계로 하니, 예전처럼 많은 일손을 필요로 하지 않는 것도 계절감각을 잊게 하는 한 가지 요인이다.

보리는 거스르기가 있는 겉껍질이 속껍질과 착 달라붙어있어 표면이 거칠면 겉보리라 하고, 만약 겉껍질이 떨어져나가 매끈한 속껍질만 있으면 쌀보리라 부른다. 예전에 없어서 못 먹고 헐벗어서 불편했던 당시의 음식들이 오히려 우리 몸을 완전하게 지켜온 건강식이었음은 많은 사람들이 공감한다.

현대인의 병 중에 잘 먹어서 탈이 나고 많이 먹어서 고장이 나며, 영양이 넘쳐나서 문제가 되는 것이 얼마나 많던가. 그렇다고 불편했던 예전으로 돌아가자는 것은 아니니, 조금은 거칠면서 섬유질이 많은 음식으로 우리의 건강을 지켜내면 어떨까 생각해본다. 예를 들면 보리나 현미와 같이 섬유질이 많은 식품들은 최상급 먹을거리에 속한다고 볼 수 있다.

17 하지

하지는 24절기의 열 번째 절기로 음력으로 5월에 해당하며, 양력으로는 6월 21일 혹은 22일로 망종(芒種)과 소서(小暑) 사이에 있다. 2011년의 경우 6월 22일에 들었고, 2012년과 2013년에는 6월 21일에 들었다. 이 시기는 태양이 황도상에서 90°로 가장 북쪽에 위치하는데 그 위치를 하지점(夏至點)이라 한다.

이날은 북반부에서의 낮 시간이 14시간 35분으로 1년 중 가장 길며, 정오의 태양 높이도 가장 높아 최고의 남중고도(南中高度)에 해당한다. 다시 말하면 북위 23° 27'인 지점은 이 날의 태양이 천정(天頂)에 놓여 일사(日射) 시간과 일사량도 가장 많은 날이다. 서울의 북위 37° 30'을 기준하여 보면 하지 때 태양의 남중고도가 75° 57'이며 동지 때에는 29° 03'가 된다.

17.1 하지의 환경

농도 전라북도 전주에서 하지로 기준한 6월 21일의 기후를 보면, 1971년부터 2000년까지의 평균 기온의 평균은 23.1℃였으며, 최고 기온의 평균은 28.2℃로 덥고, 최저 기온의 평균도 18.6℃를 나타냈다. 강수량은 1.5mm에 평균 습도가 73.6%로 덥고 짜증나는 날씨에 든 것은 아닌지 생각된다. 바람도 아직 시원하게 불지 않는 평균 속도 1.3m/s를 보였다.

옛 사람들은 하지날(夏至日) 이후 15일간을 5일씩 나누어 초후(初候)에는 사슴의 뿔이 떨어지고, 중후에는 매미가 울기 시작하며, 말후에는 반하(半夏)의 알[卵]이 생긴다고 하였다. 여기서 말하는 반하는 외떡잎식물의 일종으로 천남성과에 속하는 약초(藥草)의 이름이다. 기침이나 구토의 치료에 효과가 좋고, 땅 속에는 마치 토란처럼 공 모양의 구근(球根)이 생긴다. 천남성과(天南星科)의 식물은 약 1,800여 종이 있는데, 우리나라에는 반하를 비롯하여 천남성, 자주천남성, 앉은 부채 등 18종이 존재한다.

사람의 입장으로 보면 하지는 여름으로 가는 그 시발점이다. 따라서 여름철 질병에 유의하여야 하며, 임산부는 미리 풍진 예방접종을 받는 것도 고려하여야 한다.

17.2 하지의 상황

태양으로부터 가장 많은 열을 받는 하지를 기점으로 기온의 상승이 절정에 달하고, 북극지방에서는 하루 종일 해가 지지 않는 백야(白夜)가 일어난다. 그런가 하면 남극에서는 수평선 위로 해가 올라오지 않는 현상이 발생한다. 그러나 실제로는 이로부터 두 절기가 지나야 가장 더운 날씨를 보인다. 이는 대지의 복사열과 태양의 대류열이 만나 상승작용으로 만들어낸 현상이라고 할 수 있다.

우리나라에서는 이날 태양이 가장 높게 뜨고 밤이 가장 짧으며, 반대로 남위 23° 27′인 지점에서는 남쪽 하늘에서 태양의 고도가 가장 낮은 위치가 된다.

17.3 하지 농사일

하지가 되면 소만부터 피기 시작하던 개망초 꽃이 온 들판을 뒤덮는다. 개망초는 누구네 밭인지를 가리지 않고 피어나기 때문에, 어느 집이 게으르고 어느 집이 부지런한지를 알 수 있는 수단이 되는 꽃이기도 하다.

▲ 개망초

남부지방에서는 단오를 비롯한 시기 즉 망종을 전후로 하여 심기 시작한 모내기가 하지(夏至) 이전에 모두 끝나는가 하면, 때 이른 장마가 시작되는 시절이기도 하다. 과거 보온자재(保溫資材)가 발달하지 못한데다 기온도 온난화현상이 없었을 때에 행하던 남부지방의 이모작은 '하지 전삼일·후삼일'이라 해서 하지 전후가 모내기의 고비였다. 그러나 지금은 하지가 되면 모든 논에서 이미 모내기가 끝난 상태이며, 뿌리를 내린 모는 하루가 다르게 푸르러지는 때이다. 빠른 논에서는 자라난 풀에 따라 벌써 초벌매기를 하며, 약 3주 뒤에는 두벌매기로 이어진다. 김매기가 끝나면 웃거름주기를 하여 모의 성장을 돕기도 한다.

요즘에는 직업이 다양하여 농촌을 지키는 일손이 부족해졌으며, 퇴비 썩는 냄새가 진동하여 숨을 막히게 하는 작업이 너무 힘들어 김매기 대신 제초제를 선택하고 있다. 그러다보니 풀을 없애기 위해 독한 제초제를 많이 사용함으로 작업은 편리해졌다고 하지만, 오히려 인간에게 돌아오는 부작용은 더 심각한 상황을 유발하고 있다.

하지 전후에 주는 질소비료는 쌀의 품질을 좋게 하고 병해충에 강한 내성을 주지만, 너무 과하면 웃자라서 도복(倒伏)되기 쉬우며 쌀의 단백질 함량이 많아 미질이 떨어지는 역효과를 낸다. 한편 과도한 포기 증가는 오히려 성장에 방해가 되므로 솎아주어야 한다. 자연에서 얻는 생명의 양식이 자연의 방식이 아닌 인공으로 이루어지고 있으니, 이렇게 자연을 거스름으로써 생기는 병이라 어쩔 수가 없다. 자연에 둘러싸여 사는 사람들이 자연을 거스르고 어떻게 살아갈 수 있단 말인가.

하지의 밭일로는 메밀파종과 감자 캐기, 고추밭 매기, 양파 캐기, 마늘 캐기, 대마 수확 등이 기다린다. 그런가 하면 아무리 늦은 사람이라 하더라도 보리를 수확하고 타작하는 일을 끝마쳐야 한다. 그래야 고구마를 심는다든지 늦콩을 심는다든지 하는 그루갈이 식물을 준비할 수 있기 때문이다. 우선 콩이나 팥을 심고 그 다음에는 기장, 조를 심으며, 나중에 녹두를 심고 들깨를 모종한다.

▲ 자색감자

▲ 하얀감자

목화밭의 김을 매는 것도 이 때다. 콩은 자신에게 필요한 양분을 뿌리혹박테리아를 통하여 어느 정도 자가생산(自家生産)하고 있다. 따라서 콩은 다른 밭작물에게도 아주 유용한 작물에 속한다.

특정지역에서 많이 생산되는 보리를 전국의 국민식량으로 사용하기 위하여 수매가 이루어지므로, 오래 보관할 수 있도록 잘 건조시키는 일도 아주 중요하다. 보리와 밀의 경우 인력수확이 아닌 기계수확을 한다면 완전히 익은 다음 낱알이 건조단계에 들 때 하는 것이 좋다.

익산시 농업기술센터에서 권장하는 익산지역의 봄보리 수확은 중순인 하지를 시작점으로 하여 소서가 오기 전까지의 6월 하순이 적당하다. 만일 이때까지 보리 수확을 하지 못하였거나 비가 오지 않아 모내기를 하지 못한 지역이 있다면 대파 작물로 메밀이나 조를 준비하여야 한다.

고구마는 자신의 생명이 위태로워 종족의 번식이 필요할 때에만 꽃을 피우지만, 언제든지 볼 수 있는 감자꽃은 토마토꽃과 비슷한 모양을 하며 향도 비슷하게
낸다. 그러나 감자는 씨앗
이 아닌 알뿌리로 번식을
한다. 일반적인 감자를 하
지감자라 부르며 5월 하
순부터 6월 상순에 꽃이
피고, 6월 하순부터 8월
▲ 농촌
하순 사이에 수확을 한다.

이 시기에 농가의 부업으로 실시하는 누에치기도 있다. 그러나 누에는 성장속도가 빠르며 뽕잎 먹는 양 또한 대단하므로, 먹이를 보급하는 일에는 순간적으로 일시에 많은 노동력이 뒤따르는 점을 감안하여 농사일과 중복되지 않도록 하여야 한다.

고추는 꽃이 피고 열매를 맺기 시작하므로 1차 웃거름을 준 후 1달이 지나면 2차 웃거름을 주도록 한다. 이때 역병이나 담배나방 등의 병충해를 막아야 한다. 수박과 참외, 오이 등의 과채류는 덩굴마름병, 탄저병, 역병 등에 유의하고, 고랭지 무와 배추는 토양 살충을 하여 병원균의 서식을 예방한다. 요즘 국제간의 거래가 증가하면서 멸강나방이나 꽃매미와 같은 외래 해충이 들어와서 생태계를 파괴함으로 철저한 방비(防備)를 하여야 한다.

과수농가는 집중호우와 태풍에 낙과되는 것을 방지하고 가지가 부러지는 일이 없도록 대비하여야 한다. 이때 웃자란 가지를 잘라주고 햇볕이 골고루 들도록 해주며, 점무늬낙엽병, 겹무늬썩음병, 붉은별무늬병, 새눈무늬병, 둥근무늬작엽병, 핵과류 세균 등 다양한 종류의 병해를 입지 않도록 주의 하여야 한다. 하지가 지나면 장마철에 접어든다. 따라서 밭작물의 경우 배수 관리에 신경을 써야 하며, 논농사의 경우 논물조절에 각별한 관심을 기울여야 한다.

날씨가 더워져서 가축의 면역력이 떨어지는 시기로 양질의 조사료를 여러 차례 나누어 주고, 농후사료는 공복(空腹)에 혹은 잠들기 전에 주는 것이 좋다.

17.4 하지 음식

하지에 먹을 수 있는 음식재료는 감자, 아욱, 두릅, 도라지, 우엉, 쪽파, 근대, 토마토, 양배추, 깻잎, 부추, 오이, 완두, 취, 더덕, 마늘, 파, 쑥갓, 적채, 가지, 고구마순, 마늘순, 우럭, 정어리, 꽁치, 병어, 새우, 멍게, 참치, 멸치, 숭어, 꽃게, 생태, 갑오징어, 삼치, 앵두 등 아주 많다.

그렇다고 하지에는 절식(節食)으로 대표할 만한 음식을 따로 두지는 않았으니, 그냥 제철에 나는 음식을 들면 되는 것이다. 우리가 보통 말하는 감자는 하지감자를 말하며, 이는 하지에 캔다고 하여 하지감자다. 원래는 가지과에 속하는 여러해살이풀로 원산지는 남아메리카이며, 전분 함유량이 많아 구황작물(救荒作物)로 이용되었지만 서양에서는 주식으로 활용하기도 한다. 양파와 하지 감자를 캐면서 비를 맞거나, 비가 온 뒤에 캐서 수분을 많이 머금으면 쉬 상하게 된다. 같은 뿌리식물이면서도 고구마와는 판이한 성질을 가졌다.

강원도지역에서는 파삭파삭한 햇감자를 쪄먹거나 갈아서 감자전을 부쳐 먹는다. 감자를 삭혀 녹말을 축출한 후 송편이나 옹심이를 만들기도 하고, 어떤 지역에서는 시루떡을 만들기도 한다.

감자는 고구마와 함께 주요 식량작물의 하나며, 지역에 따라 떡이나 국수 혹은 빵과 과자로 만들어 먹기도 한다. 감자는 사과나 포도에 비하여 비타민 C를 몇 배나 더 많이 함유하고 있다. 따라서 면역력을 높여주고 피부미용에도 좋은 식품으로 전한다. 특별한 경우는 가정에서 술을 빚기도 하며 고구마와 함께 주정의 원료로 사용된다. 8월 이후에 수확하는 품종으로 남작이 있으며, 흔히들 가장 맛있다고 말하는 수미감자는 하지감자를 개량한 변종(變種)이다.

비오는 날 툇마루에 앉아 완두콩을 까먹는 맛은 소박한 별미에 속한다. 망종부터 익기 시작한 버찌, 쑥갓과 탱글탱글한 토마토, 검붉은 상추도 제철음식에 속한다. 특히 상추는 차가운 성질의 대명사로 꼽힐만하여 다른 보완재(補完材)로 계지차(桂枝茶)를 마시기를 권한다. 계지차는 글자 그대로 계수나무의 가지를 삶아 꿀이나 설탕을 넣어 마시는 음료로 따뜻한 성질을 지녔다.

17.5 하지 풍속

옛날 농촌에서는 하지가 지날 때까지 비가 오지 않으면 기우제를 지냈다. 최근 충청북도 단양군 대강면에서도 마을 이장이 제관이 되어 용소(龍沼)에 가서 기우제를 재현하였다. 이때 제물로는 개나 돼지 또는 소를 잡아 그 머리만 물속에 넣는다. 그러면 용신(龍神)이 그러한 부정(不淨)함에 노(怒)하여 비를 내려 씻어버린다고 믿었다. 비록 노여움의 비라도 농가에서는 고마운 물이었던 것이다. 제물로 바쳐진 머리를 제외한 나머지 부분은 기우제에 참가한 사람들이 함께 나누어 먹었다.

충청북도 충주시 엄정면의 경우도 마을 이장(里長)이 제관이 되어 한강지류의 소(沼)에서 제(祭)를 지냈다. 용바위에서 소(牛)를 잡은 다음 그 피를 용바위에 칠하고 잘린 소의 머리만 소(沼) 속에 넣는다. 이때 곡식을 고르는 키로 떨어지는 물을 까불었는데, 이는 마치 비가 내리 듯 흩날리는 형태를 만든 유사(類似) 주술적(呪術的)인 동작의 하나였다.

위의 기우제에서 공통으로 등장하는 용(龍)은 바로 우리 조상들이 믿었던 신령(神靈)의 대상이었음을 알 수 있다. 기우제를 지내는 제주(祭主)는 마을의 어른이나 지방관청의 수장(首長)이 맡았고, 이때 받쳐지는 제물로는 소나 개, 돼지, 닭, 과실, 떡, 밥, 포 등이 올려졌다. 피를 뿌려 놓으면 부정을 타서 더럽혀졌다고 믿었으며, 이를 씻어내기 위하여 비를 내린다는 풍습에 따라 용소 대신 산봉우리나 바위 등에 시뻘건 피를 뿌리기도 하였다.

하지에 비가 오면 일부러 기우제를 지낼 필요도 없이 풍부한 수량을 확보할 수 있어 풍년이 들 거라고 예측하였다. 그래서 하지가 지나면 장마와 더불어 물이 많아 오전에 심은 모와 오후에 심은 모가 눈에 보이게 달리 큰다는 말도 생겨났다. 또 장마가 들면 잦은 비로 신발이 마를 날 없게 되니, 나막신장사 하는 아들을 걱정하여 수심(愁心)에 쌓이는 계절이기도 하다.

17.6 하지의 별자리

북방7사(北方七舍)는
북방7수(北方七宿)라고
도 한다. 이는 적도 근처
의 별자리 28수 중에서
하짓날 초저녁 동쪽 지평
선 위로 두수(斗宿)를 시
작으로 차례로 떠오르는
우수(牛宿), 여수(女宿),
허수(虛宿), 위수(危宿),
실수(室宿), 벽수(壁宿)
를 말한다.

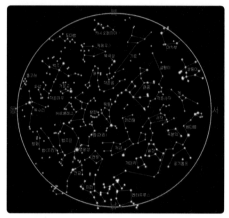

▲ 여름 별자리

이들은 적도상에 위치하는 별자리로 초저녁부터 서서히 그리고 차
례대로 떠오른다. 우리나라 밤하늘에서 두수는 궁수자리로 여름별자
리, 우수는 염소자리로 가을별자리, 여수와 허수 그리고 위수는 물병
자리로 가을별자리, 실수와 벽수는 페가수스로 가을별자리에 해당한
다.

28수는 달이 하늘을 운행하는 길인 백도(白道)를 따라 일주하는데,
이때 약 27.32일이 걸리기 때문에 28일을 기준으로 하였으며, 이때 달
이 머문다(宿)는 의미를 부여하였다. 28수와 그 주변의 별자리를 동은
창룡(蒼龍), 북은 현무(玄武), 서는 함지(咸池) 또는 백호(白虎), 남은
주작(朱雀)의 4관으로 분배했다.

하지가 되면 별자리는 남방7사에서 북방7사로 넘어갔으며, 저녁이 되면서부터 동쪽하늘의 은하수가 견우와 직녀를 맞을 준비를 한다. 따라서 북방7사의 첫 번째는 두수로 궁수자리의 별 중에서 프사이(ψ) 하나만을 지칭한다. 그런데 이 궁수자리에서 별 6개를 떼어내어 특별히 남두육성이라 하는데, 이는 흡사 북두칠성과 같은 모양을 하였다고 하여 붙여준 것이다. 그러나 따지고 보면 남쪽에 있어서 남두(南斗)라 하였고, 북두칠성과 비교하여 별의 꼬리가 하나 부족한 6개라서 육성(六星)이라 하였다.

이때 화성(火星)이 천연 근처에 머물면 연못의 물이 말라 가물게 되며, 수성이 머물면 천연(天淵)이 넘쳐나서 홍수가 든다고 하였다. 그러니 미리 준비하여 하늘나라의 제방을 쌓으니 바로 나언(羅堰)이다. 천연은 궁수자리의 밑에 별도로 존재하는 별이지만, 현재는 어떤 자리에 소속되어 있지 않다. 또 남두육성은 국수자리에서 국자부분과 손잡이 일부를 떼어 낸 것인데, 손잡이는 다른 별의 일부를 차용하였다. 남두육성 밑에 기수와 미수가 위치한다. 북두칠성이 우주의 질서나 임금의 미래를 점치는 것이라면, 남두육성은 임금의 생사를 주관하는 별이라고 할 수 있다.

서양에서도 하지를 그냥 보내지는 않는다. 이집트의 나일강이 범람할 때에 예지하는 별이 큰개자리의 1등성 시리우스다. 그래서 이 별이 뜨는 날을 일컬어 특별히 개날(Dog day)이라 부를 정도다. 그런데 이 별을 동양에서는 천랑성(天狼星)이라 부르니 개와 유사종인 늑대〔狼〕라는 뜻이다.

17.7 하지와 현실

하지는 누가 뭐래도 1년 중 낮의 길이가 가장 길어 무더움을 연상시키는 단어로 다가온다. 그러기에 하지에 일을 하다보면 도무지 끝이 나지 않아 지치고 지쳐 질리고 마는 그런 날이다.

교과서에서 배운 하지는 하지감자를 캐다 먹는 날의 대명사다. 그런데 요즘에 와서 먹는 하지감자는 이름마저 없어지고 말았다. 보통은 수미감자니 강원도 고랭지감자니 하면서 우리를 유혹하는가 하면, 저장용이라 하여 오랫동안 두고 먹을 수 있다는 말로 부추기기도 한다. 게다가 하지와 상관없이 사시사철 먹을 수 있는 감자는, 하지가 왔는지 언제 갔는지를 짐작할 수 있는 감각조차 무디게 만들고 말았다. 또 다른 하지는 6·25전쟁 때 전투에 참가한 하지 중장의 이름이기도 하다.

대추는 과실 중의 어른으로 하지를 즈음하여 가장 늦게 꽃이 피기 시작하는 식물이며, 또 가장 늦게 까지 꽃이 피는 식물이기도 하다. 그래서 대추를 보고 오죽하면 추석날 오전까지 핀 꽃은 열매를 맺는다고 하였을까. 그러나 꽃이 너무 작아 핀 것인지 아닌지 분간하기조차 어렵다.

18 소서

소서는 24절기의 하나로 열한 번째에 들고, 하지(夏至)와 대서(大暑) 사이에 있어 여름 절기에 해당한다. 음력으로는 6월이며 양력으로는 7월 7일이나 8일경이다. 2011년과 2012년 그리고 2013년의 경우 모두 7월 7일에 들었다. 태양이 황경 105°의 위치에 있을 때로, 이 시기부터 서서히 더워지기 시작한다는 때이다. 따라서 따가운 햇볕아래 벼 이삭이 고개를 내밀기로 예약을 한다. 농사로는 장마기와 여름 태풍이 남아있어 아직까지 마음을 놓을 수는 없는 상태다.

18.1 소서의 환경

농도인 전라북도 전주에서 소서로 기준한 7월 7일의 기후를 보면, 1971년부터 2000년까지의 평균 기온의 평균은 25.0℃였으며, 최고 기온의 평균은 29.8℃로 더웠고, 최저 기온의 평균도 21.3℃로 20℃

를 넘었다. 강수량은 10.0mm에 평균 습도가 77.1%로 바야흐로 후텁지근한 계절에 들어섰음을 알 수 있다. 바람의 평균 속도는 1.5m/s로 나타났다.

▲ 변산하늘

소서(小暑) 15일간을 5일씩 3후(三候)로 나누어서, 처음 초후에는 더운 바람이 불어오고, 다음 중후에는 귀뚜라미가 벽에 기어 다니며, 마지막 말후에는 매가 비로소 사나워진다고 하였다. 이 시기에는 장마전선이 오랫동안 계속되어 습도가 높아지고 비가 잦아 장마철로 접어든다.

이런 현상으로 7월에 들어 북태평양고기압의 영향으로 고온현상이 나타나는 시기다. 그런가 하면 장마철로 장마전선이 한반도 중부지방을 가로질러 장기간 머무르기 때문에 습도가 높고 비가 많이 내린다.

본격적인 여름임을 알리는 시기로 각종 질병에 주의하여야 하며, 자칫 소홀하기 쉬운 식중독에 신경을 써야 한다. 또한 수인성(水因性) 전염병에도 유의하여 위생관리를 철저히 하여야 한다. 뇌염모기가 본격적으로 활동하기 시작한다.

이때는 보리나 밀을 수확하였으므로 그 어려운 춘궁기는 지났다. 망종과 하지 때 수확한 곡식이 가득하니 보기만 하여도 배가 부르고, 밭에서도 채소나 과일들이 여물어가기 시작한다.

소서와 대서가 들어있는 7월은 한 여름인 8월에 비해 비가 많이 오기도 하지만, 입추가 들어있는 8월보다 덜 덥게 느껴진다. 실제로도

30년 동안의 월평균 기온을 측정해보면 7월은 25.8℃이고 8월 평균 기온이 26.1℃로 약간의 차이가 있음을 알 수 있다. 그 이유는 대서(大暑) 동안 대지가 달궈져서 8월이 되면 복사열을 내뿜음으로 기온이 더 올라간다는 설명이다.

따지고 보면 북경의 7월 평균 기온은 8월보다 약 1℃ 정도가 높아 우리와는 반대현상인 것이 우리 절기에 대한 의문점을 풀어준다. 비록 중국의 절기를 그대로 받아들였으나, 조상들이 농사일을 하면서 앞으로 일어날 일에 대비하여 준비하는 과정으로 삼았다고 해석하면 되는 것이다. 이렇듯 우리의 절기에 나름대로의 의미를 부여하면 그만이다.

또 소서(小暑)가 되면 배롱나무가 꽃을 피운다. 줄기를 만져보면 아주 매끈매끈하여 일본에서는 원숭이도 미끄러진다는 나무로 전하고, 조금만 만져도 줄기 전체가 움직여서 간지럼나무라고도 한다. 배롱나무는 나무로 된 백일홍 즉 목백일홍이라고도 하는데 꽃이 백일동안 피어 있다고 해서 붙여진 이름이다. 예전부터 배롱나무는 능소화와 함께 양반들의 마당에 심어졌던 나무다. 한자로는 선유목(仙遊木)으로 신선들이 놀다 가는 나무라는 뜻이니 귀신을 불러들이는 나무라는 뜻도 된다. 그래서 사당에 자주 등장하는 나무이다.

이때 참나리꽃도 붉게 피어난다. 붉은 꽃으로는 분꽃도 있다. 분꽃은 날이 흐리거나 맑거나 상관없이 오후 4시 정각에 피어난다. 때문에 장마철에 항상 구름이 껴있어서 해를 가늠할 수 없을 때에도 박꽃과 함께 시계를 대신하였다. 그래서 영어 이름으로는 포오클락(Four-O'clock) 이라고 한다.

18.2 소서의 풍속

농사일에 바쁜 시기에는 별다른 풍속이 없고 논밭일이 주를 이룬다. 그 이유로는 하루하루가 다르게 자라는 작물을 보면서 한가롭게 일손 놀릴 여유가 없기 때문이다. 그러다가 잠깐 짬이 나는 시기에 풍속을 즐겼던 것이다. 소서는 고온다습한 일기가 되어 서서히 더위가 시작하며, 잦은 비가 반복되어 갖가지 과일과 채소가 익어 가는데 필요한 수분과 햇볕을 함께 제공하는 시기다.

날씨가 더워지니 물김치가 등장하고 냉국이 고개를 든다. 그런가 하면 밀이나 보리를 이용한 성질이 차가운 음식들도 제철을 만나는 것이다. 한편 밀과 보리는 우리의 주식용(主食用) 먹을거리 중에서 가장 대표적인 음(陰) 기운을 가졌다. 이것은 뜨거운 여름철에 우리 몸을 보호하기 위하여 가꿔 온 선조들의 지혜라 할 것이다. 상추쌈, 오이냉국 등도 같은 이치다.

소서 무렵이면 음력 6월 15일의 유두(流頭)가 따른다. 글자 그대로 흐르는 물에 머리를 감는 날이다. 바쁜 농사일을 멈추고 산이나 들로 나가 잠시 피로를 푸는 날로도 통한다. 이러한 행사를 물맞이라 하는데, 유두음식을 먹음으로써 더위를 덜 타고 여름을 잘 날 수 있다고 믿었다. 이런 유두가 소서와 연관된 세시풍속이라고 말할 수 있다.

18.3 소서의 농사

아무리 늦어도 소서와 대서가 들어있는 음력 6월 즉 양력 7월 초가

지는 모내기를 끝내고 나서, 소서에는 논매기를 하였다. 이때 모내기가 끝난 본논에서는 1차 파사리도 겸하는 것이다. 그러나 요즘은 농약이 인체에 해롭다는 것을 알면서도 일손이 부족하다는 핑계로 제초제를 뿌리는 게 보통이다. 하지 무렵에 심은 콩이나 팥 그리고 조, 수수 등 곡식들은 소서 때가 되면 풀을 매주어야 한다.

▲ 벼

하지 전에 모를 심은 논은 물대기로 바쁘다. 이때 사용하는 농기구로는 용두레, 맞두레, 무자위 등이 있으며, 김매기에 써래가 동원되었지만 가장 요긴하게 사용 된 것은 역시 호미였다. 모 뿌리에 잡초가 얽히면 벼가 치이기 때문에 김을 매는데, 매우 힘들고 고된 일이라 마을사람들이 공동으로 나서서 품앗이를 한다. 마을마다 있었던 두레는 이렇게 힘든 농사일 가운데에서도 풍년을 이루기 위한 마을사람들의 공동의 의지를 담은 노동조직이었다. 지금으로 말하면 작목반이나 무슨 무슨 영농조합이라고 할 수도 있다. 논농사에서도 가장 힘든 과정은 모심기와 논매기라 할 수 있다.

모심고 난 뒤 김을 매는 수고를 「농가월령가」에서는 다음과 같이 이야기 하고 있다.

'젊은이 하는 일이 / 김매기 뿐이로다 / 논밭을 갈마들여 / 삼사차 돌려 맬 제 / 날 새면 호미 들고 / 긴긴해 쉴 새 없이 / 땀 흘려 흙이 젖고 /

숨 막혀 기진 할 듯...'

하지 무렵에 모내기를 끝낸 모들이 이때쯤이면 뿌리를 내리기 시작하는 시기로, 농가에서는 모를 낸 20일 뒤인 소서 때에 논매기를 하였다. 또 이때 논둑과 밭두렁의 풀을 베어 퇴비를 장만하기도 하고, 가을보리를 베어낸 자리에 콩이나 조, 팥을 심어 이모작을 하기도 하였다.

고온다습해짐으로 논에서는 벼멸구, 흰등멸구, 물바구미 등 해충이 극성이고, 이화명나방과 멸강나방, 혹명나방, 꽃매미 등 이동성(移動性)이 강한 벌레들도 왕성한 때이다. 따라서 수시로 점검하고 미리 예방하는 자세가 필요하다. 또 잎도열병, 잎집무늬마름병, 흰잎마름병도 신경 써야 하며, 물에 타서 사용하는 농약이 있는가 하면 하얀 가루를 직접 뿌리는 경우도 있다. 그러나 아무리 약한 농약이라도 자주 사용하다 보면 결국은 토양이 죽고 미생물이 살 수 없는 환경이 되고 만다. 그런 토양에서 자란 식물을 먹고 사는 인간에게 되돌아오는 재앙은 어쩌면 필연일 것이다. 하지만 농약을 사용하지 않는 것은 현실로서는 풀리지 않는 숙제로 남아있다.

옛날 전통적인 방식으로의 모내기는 '하지 전 3일, 하지 후 3일'이라고 하는데, 대략 소서 전까지가 해당된다. 두레를 행하던 당시에는 어느 논이나 보리를 심기 때문에 모를 내는 시기가 지금보다 훨씬 늦었다. 김매기는 모를 내고서 약 보름이나 한 달 정도 있다가 시작하는 것이 보통이다. 초벌은 절기상으로 하지와 소서를 지나서 하게 된다.

비옥한 토양에 수분이 많으면 질소질 비료대신 칼리를 주며, 가끔 습도조절을 위한 물빼기를 하는 것도 필요하다. 잦은 비로 지반이 약해지면 고추대가 넘어지기 쉬우니 수시로 점검하고, 노지 과채류의 당도저하를 막기 위하여 배수에 신경을 써야 한다.

또 흰가루병, 노균병, 덩굴마름병, 황화잎마름병, 반점위조병 등을 방제하고 담배가루이와 총채벌레를 제거하여야 한다. 비바람에 쓰러진 줄기를 즉시 세워주고, 역병과 탄저병, 담배나방, 진딧물 등이 있는지 살펴보아야 한다. 또 장마기간 중에 고추말리기를 할 경우 양질의 태양고추를 얻기 어려우므로 건조시설 혹은 건조기계를 활용하는 것도 하나의 방법이다. 아무리 태양고추가 좋다고는 하지만 처음부터 끝까지 햇볕에 말리는 것은 일손도 부족하거니와 오락가락하는 날씨로 매우 힘들기 때문이다.

과수농가는 토양유실을 막고 받침대를 설치하여 나뭇가지가 바람에 꺾이지 않도록 한다. 갈색무늬병, 겹무늬썩음병 등이 발생하므로 수시로 점검하여 긴급 처리를 하여야 한다. 그런가 하면 깍지벌레, 꽃매미 등의 해충방제를 게을리 해서도 안 된다. 특히 복숭아는 장마가 오기 전에 봉지씌우기를 하여 일부 병해충을 예방할 수도 있다. 또 고온으로 수분이 증발되어 스트레스를 받지 않도록 하고, 너무 강한 햇볕으로 열상을 입거나 너무 약한 햇볕으로 미숙현상이 생기지 않도록 조절할 필요가 있다. 과수 역시 소서 기간 중에 오랫동안 뿌리에 물이 차 있으면 습해를 받고 당도가 떨어지므로 배수에 신경을 써야 한다.

장마 후 비가 그치면 황기, 작약, 방풍, 더덕, 당귀, 감초 등의 약용작물에서 흰가루병, 점무늬병, 탄저병과, 뿌리썩음병, 시들음병, 모잘록병 등이 생겼는지 살펴보아야 한다. 해충으로는 응애, 진딧물, 선충류가 발생하기도 한다. 특용작물의 경우는 방충시설을 하여 버섯파리유충이 생기지 않도록 하며, 푸른곰팡이병, 세균성갈변병이 생기지 않도록 습도 조절에 신경을 써야 한다.

축산 농가를 위한 사료 작물 수확은 옥수수와 단수수의 경우 사람의 키만큼 자랐을 때 수확하는 것이 좋으나, 밑 부분을 충분히 남겨놓고 자른 후 웃거름을 주어 다시 새싹이 나오도록 유도하여야

▲ 옥수수

한다. 장마철에 환기가 잘 되도록 조치하고 분뇨에서 각종 유해충이 발생하지 않도록 하여야 한다.

18.4 소서의 먹을거리

소서는 기온이 올라서 덥기도 하지만, 장마가 시작되어 수분공급이 많은 시기이다. 수확한 밀과 보리도 이때부터 먹을 수 있고, 채소와 과일이 왕성하게 자라서 풍부한 먹을거리들이 제 분량만큼 성장하는 계절이다.

산이나 들에는 자연이 가꾼 산딸기가 지천(至賤)으로 나고, 복숭아와 자두, 참외, 수박 등도 여무는 시기다. 단오를 전후하여 먹기 시작한 밀가루가 가장 맛있게 느껴지는 때이다. 요즘에도 비오는 날에 부침개가 생각난다고 하는 사람들이 많은 데, 그 이유는 습한 날에 밀가루의 맛이 가장 뚜렷하게 나타나기 때문이다.

과채류는 오이와 깻잎, 고구마순, 옥수수, 상추, 호박잎, 쪽파, 열무,

아욱, 애호박, 고추, 피망, 버섯, 강낭콩, 자두, 복숭아, 수박, 포도 등이 있고, 생선류에서는 병어, 장어, 갈치, 홍합, 전갱이, 오징어, 민어, 전복, 성게 등이 제철이다. 궂은비가 내리는 날 오후 애호박을 듬성듬성 썰어 넣고 새우젓으로 간을 한 호박국은 많은 양념이 들어가지 않아도 입맛을 돋우는 별미가 된다. 데친 호박잎에 묽은 된장을 놓고 보리밥을 싸먹어도 훌륭한 반찬이 되는 때이다.

민어는 조림이나 구이 혹은 찜 등 여러 가지 요리가 있지만, 이 무렵에는 애호박을 넣어 끓이면 또 하나의 일품요리가 된다. 특히 민어고추장국과 민어회도 빠트릴 수 없는 맛이다. 애호박 자체에서 단물이 나오며 민어의 기름과 어우러져서 새로운 국물 맛을 만들어낸다. 이때 고추장 특유의 매운 맛으로 입맛을 돋우며, 단맛이 이를 감싸서 맵고 달콤한 민어국은 초여름의 입맛을 상큼하게 해준다.

18.5 소서의 별자리

소서는 작은 더위라기보다 조금씩 더워진다는 뜻이며, 초저녁 하늘 동쪽에 견우와 직녀가 떠오른다. 자정이 되면 직녀가 중앙부 머리위에 있고, 견우는 남쪽 하늘에 비껴 선다. 견우는 우수에 속하며 염소자리의 베타(β)인 알게디다. 처음에는 하늘나라의 운송수단임을 감안하여 교통수단으로 여겼다. 이와 다르게 직녀성은 은하수 건너에 놓여 있는 거문고자리의 베가다.

이때 알아둘 일은 지금의 염소자리의 알게디가 진정한 견우성인데, 밝기가 3등성으로 어두운 편이다. 그런데 하고대성을 견우성으로 아는 사람들이 많은 까닭은 하고대성이 1등성으로 밝아 직녀의 0등성에 비해 짝으로 어울린다는 착각에서 비롯되었다. 하고대성은 은하수의 중심부에 있으며, 직녀와 견우의 중간 위치에 놓여있어 은하수를 반쯤 건너온 형상을 하고 있다.

한편 하고대성과 직녀성, 그리고 하늘나라 은하수의 나룻가인 천진(天津)의 주별 데네브가 이루는 삼각형은 매우 정교하다. 이들은 밝은 별들로 어우러져서 여름밤 하늘에서도 쉽게 찾을 수 있는데 이를 여름밤의 대삼각형이라 부른다. 천진은 백조자리의 날개에 해당하는 별로 가장 밝은 별은 알파(α)인 데네브다. 하고대성은 독수리자리의 밝은 별 알파(α) 알타이르이며, 직녀성은 거문고자리의 주별 알파(α) 베가다.

소서의 초저녁 하늘 한가운데에 떠오른 저수는 청룡의 가슴부위에 해당하지만, 눈에 잘 띄지 않기 때문에 방수를 먼저 찾는 것이 순서다. 방수와 각수사이를 잘 살펴보면 사다리꼴 모양의 별자리를 볼 수 있는데 이것이 저수이며, 서양별자리 이름으로는 천칭자리에 해당한다. 옛날에는 저수가 밝으면 신하와 비빈(妃嬪)들이 임금을 잘 섬기고 절개를 잃지 않으며, 저수에 일식 또는 월식이 있으면 내란(內亂)이 일어날 징조라고 하였다.

그리스시대에는 이 별자리도 전갈자리의 하나로 여겼다. 천칭자리의 옛 이름이 캐라에인데 이는 전갈의 집게발이라는 뜻으로, 마치 전갈의 두 집게발과 같은 모습을 하고 있다. 그런데 줄리어스 캐사르 시기에 로마인들이 이 별자리를 따로 떼어내 천칭자리라고 불렀다.

천칭자리에는 정의의 여신인 아스트라에아의 이야기가 전한다. 먼 옛날 지상에는 황금과 은의 시대가 있었다. 이 시대의 인간들은 매우

착하고 성실했기 때문에 신들이 인간과 더불어 땅에 내려와 살고 있었다. 세월이 지나 철(鐵)의 시대가 도래하면서 인간은 매우 부도덕해졌고, 신(神)들은 타락한 땅 위에서 더 이상 더불어 살 수 없게 되었다. 그런 중에도 더러움을 모르는 정의의 여신 아스트라에아는 인간들에게 사이좋고 평화롭게 살아가는 일을 꾸준히 가르쳤다.

하지만 그녀의 노력에도 불구하고 인간들은 차츰 더 포악하여져서 강한 자가 약한 자를 억누르고, 전쟁이 끊임없이 일어나자 모든 것을 포기하고 하늘로 올라가고 만다. 지금의 처녀자리는 아스트라에아 여신의 모습이고, 그가 들고 다니던 천칭은 천칭자리라는 하나의 별자리가 되었다.

18.6 소서와 현실

대부분 하지가 지나면 모심기를 끝내지만 어쩌다 늦은 경우는 소서에도 모를 내기도 한다. 그러나 이런 경우는 천수답으로써 모 심을 물을 대지 못한 경우와, 일손이 없어 하마 기다리던 경우에 국한된다. 따라서 이렇게 소서에 모심기를 하는 경우는 제대로 된 수확을 기대할 수 없는 것은 당연하지만, 그나마 심지 않으면 조금이라도 수확을 할 수 없다는 답답한 심정이 교차하는 모내기가 되는 것이다.

이런 일을 두고 사람들은 소서를 넘으면 새각씨도 들에 나가 모심는다거나, 소서 모는 지나가는 행인도 거든다든지, 소서 물을 기대하며 천수답에 모 심는다는 말들을 하였다. 좋은 환경이 오기를 기다렸지만 이제 더 이상 늦출 수가 없다는 뜻이다.

이와 더불어 '상강 90일을 남겨두고 모를 심어도 잡곡보다는 낫다'고 하였다. 이때 나오는 90일 전은 대서에 해당한다. 그러고 보니 어떤 사람들은 다른 논에서 심고 남아 내버린 모를 주워 심는 경우도 있었다. 이때는 아주 많이 자란 상태라서 모심기보다는 차라리 벼 옮겨심기가 어울릴듯하며, 그마저 여의치 않으면 볍씨를 다시 부어 아직 덜 자란 모를 심기도 하였다.

소서 들판이 얼룩소가 되면 풍년이 든다고 하였다. 이 말은 일찍 모를 낸 논에서는 진한 녹색을 띠고, 늦게 심은 논에서는 아직도 연두색으로 나타나기 때문에 마치 얼룩소처럼 보이면 농사일이 정상적으로 잘 진행되었다는 것을 뜻한다. 이런 말을 증명이라도 하듯이 들판이 보이는 높은 곳에 올라 바라보면, 바둑판 논이 정말 군데군데 색이 다른 것을 느낄 수 있다.

19 대서

대서는 24절기의 열두 번째 절기로 소서와 입추 사이에 들며, 음력으로는 6월 중순에 해당하고 양력으로는 7월 23일경이다. 2011년의 경우에 7월 23일에 들었고, 2012년에는 7월 22일에 들었으며 2013년에는 중복과 함께 7월 23일이었다. 태양의 황경(黃經)이 120°에 이르는 때이며, 대체로 중복(中伏)이 따라다닌다. 가장 춥다는 대한으로부터 6개월이 되는 날로, 대서 이후의 20여 일이 가장 무더운 시기에 해당한다.

대서의 하루 평균 기온이 26℃ 이하로 내려간 날이 하루도 없을 정도로 덥다. 또 대서가 지난 20일 후까지도 이 기온을 유지하는 시기로 찜통더위 혹은 불볕더위라 부른다. 따라서 열대야가 일어나서 잠 못드는 밤을 연출한다. 밤에도 달구어진 기온이 식을 줄을 모르니 오죽하면 대서 더위에 '염소 뿔이 녹는다.'고 하였을까. 하지만 지구가 이렇게 뜨거워지니 또 다른 부작용도 따른다. 이른바 지구온난화로 북극의 빙하가 녹아 해수면의 높이가 올라가고, 북방계 동식물의 생태계가 균형을 잃어가고 있는 것이다.

무더위를 초 · 중 · 말복으로 나누고 따지는 것도 일상에 지친 농민들이 일사병 혹은 열사병을 경계할 수 있도록 알려주는 한 가지 방편이라 할 것이다.

19.1 대서의 환경

농도인 전라북도 전주에서 대서로 기준한 7월 23일의 기후를 보면, 1971년부터 2000년까지의 평균 기온의 평균은 26.5℃였으며 최고 기온의 평균은 30.9℃로 무더웠고, 최저 기온의 평균도 23.0℃로 나타났다. 하루의 최저 기온 즉 밤 동안의 최저 기온이 25℃를 넘으면 별도로 열대야라 부르는데, 이런 상황이 되면 더위 때문에 잠을 이루기 힘들게 된다. 하지만 최저 기온의 평균이 23℃라면 아마도 상당이 많은 날들은 평균치를 웃도는 열대야를 이루었을 것으로 풀이된다. 강수량 12.5mm에 평균 습도가 78.4%로 바야흐로 찜통더위에 해당한다. 바람의 평균 속도는 1.5m/s를 보였다.

옛날에는 대서 입기일(入氣日)로부터 입추 전까지의 기간을 5일씩 삼후(三候)로 나누었는데, 처음 5일간의 초후에는 썩은 풀에서 반딧불이 나오고, 중후에는 흙에 습기가 많으며 무덥고, 말후에는 큰 비가 때때로 온다고 하였다. 그러나 한창 더워야 할 삼복에 비가 오면 대추나무 꽃이 떨어져서 열매가 맺지 않는다고 걱정하기도 하였다.

이때는 글자 그대로 가장 더운 때이므로 태양열에 의한 사고를 방지하여야 하는데, 탈진과 햇볕에 의한 화상도 주의하여야 한다. 많은 사람들이 모이는 곳에서는 유행성결막염이나 뇌수막염 등을 주의할 필요가 있다.

19.2 대서의 풍속

대서가 있는 시기는 장마철이므로 잦은 비는 물론이며 식물의 왕성한 광합성작용으로 증발되는 수증기의 양이 더하여져서 습기가 가장 많을 때다. 그러므로 대서가 들어있는 음력 6월을 썩은 달이라고도 한다. 이는 음식이 잘 상하는 것은 물론이며, 지난 가을에 떨어졌던 낙엽들도 썩어서 유용한 영양분으로 변하기 때문이다. 불쾌하고 후텁지근한 날씨가 자연을 풍성하게 가꾸는 성장을 도와주는 일이라니 참으로 아이러니다.

▲ 계곡 피서

▲ 오토 캠프장

이러한 시기는 대체로 중복(中伏)에 걸치는데, 장마가 끝나고 더위가 가장 심하다. 따라서 삼복더위를 피해 술과 음식을 마련하여 계곡이나 산정(山亭)을 찾아가 노는 풍습이 있다. 이 무렵, 우리나라에 때

때로 장마전선이 늦게까지 걸쳐 있어 큰 비가 내리기도 한다. 비가 오다가 맑은 날이 오면 갑자기 불볕더위 혹은 찜통더위를 몰고 온다. 무더위가 작렬하는 시기를 관습적으로는 초복, 중복, 말복의 셋으로 나누고, 계절과 관련된 절기로는 소서와 대서라는 큰 명칭으로 나누어 불렀다.

한여름의 무더위 즉 삼복(三伏) 더위는 음력 계산법도 아니며 그렇다고 양력의 계산법도 아닌 간지력(干支曆)에 따른 것이다. 이때 복날에 해당하는 복(伏)자는 사람 옆에 개가 바짝 붙어있는 형상인데, 사람의 그늘을 이용하여 더위를 피하려는 개의 비유인지, 아니면 사람들이 개고기를 먹으려 하니 잔뜩 긴장하여 눈치만 보는 것인지 잘 모르겠다.

우리의 개고기를 활용한 음식문화는 무더위가 왔으니 몸이 상하지 않도록 하고, 그에 대비하는 경각심을 깨우쳐 주기 위함이다. 사람들은 이때 뜨거운 태양 볕을 피하여 몸을 식히거나 영양분이 충분한 음식을 섭취하여 극복하려는 지혜를 발휘하였다. 지금까지 이어져 성행하는 보양식도 이런 이치에서 출발된 것이다.

이 계절의 개고기는 먹을거리 중 가장 요긴한 고기 중에 해당된다. 봄에 부화한 닭은 아직 성숙하지 못하였으나 작은 닭이 좋다고 삼계탕을 해 먹기도 한다. 그러나 너무 어린 닭은 풋내가 나는가 하면, 훗날 계란을 생산할 목적을 염두에 두어 닭을 없애는 것은 아깝다는 생각이 든다. 게다가 돼지고기는 쉬 상하여 오히려 손해가 날 확률이 많아 기피하는 동물이었다. 또 소는 온실 속의 화초처럼 연약한 풀만 먹은 탓에 고기 맛이 나지 않는 계절이다. 이때 등장한 것이 개고기다. 사람과 같은 잡식성이어서 먹는 식습관이 비슷하고, 곁에 있어 재료를 구하기 쉬운 것은 물론이며, 별도로 우리를 만들어 가두어 두지 않고 풀어놓아도 기르기 쉬운 아주 편리한 동물이었다.

19.3 대서의 농사

대서가 들 즈음의 농촌에서는 논밭의 김매기, 논밭두렁의 잡초베기, 퇴비 장만하기 같은 농작물 관리에 바쁘다. 또한 참외, 수박, 채소 등 먹을거리가 풍성하여 입이 가장 즐거운 때이다. 그러나 비가

▲ 들깨와 참깨

너무 많이 오면 과일의 당도가 떨어지며, 반대로 가물어져야 충분히 익을 수 있어 제 맛을 뽐낸다.

옛날에는 논에서 김을 매어주었으나 지금은 제초제를 뿌리는 관계로 논에 엎드려 김매는 광경은 볼 수가 없다. 그래서 농사를 짓는 기간 중에 일하는 날수가 조금 줄어든 것도 사실이다. 이는 모내기와 탈곡의 경우도 마찬가지다. 그러나 밭에서는 아직도 어쩌다 김을 매는 농부를 만날 수 있다. 논이나 밭두렁의 잡초를 베어 시야를 트이게 하고 퇴비를 장만하는 시기도 이 무렵이다.

벼이삭이 패기 전 즉 꽃이 피기 전 15일과, 패고 난 후 10일 동안은 물을 많이 필요로 하는 시기다. 이때는 이삭이 커가면서 꽃이 피므로

수분의 증발량이 많을 뿐만 아니라 날씨도 더워 잎에서의 수분 증발량도 많아지기 때문이다. 이삭이 팰 무렵이 되었어도 아직 줄기가 충실치 못한 벼가 있다면 무게를 이기지 못해 자칫 쓰러지기 쉽다. 따라서 가끔은 물을 빼주어 벼를 강하게 하면서 수확에 필요한 조건을 만들어 주는 것이 중요하다. 이런 것들이 바로 농사의 기술이다.

극조생종(極早生種) 벼는 7월 하순부터 8월 초에 이삭이 패고, 조생종은 8월 상순, 중생종은 8월 중순, 늦게 심은 벼나 중만생종(中晚生種)은 8월 하순에 이삭이 패는 것이 보통이다. 그러므로 극조생종은 이삭이 팬 후 40일, 조생종은 40~45일, 중생종은 45~50일, 늦게 심은 벼나 중만생종은 50~55일이 지난 후에 벼를 베면 적당하다.

대서에는 뜨거운 태양과 함께 많은 비가 내려 벼를 비롯한 모든 작물이 잘 자라므로 '오뉴월 장마에는 돌도 큰다.'고 할 정도다. 반대로 다습하고 더운 날씨에 많은 병충해가 발생하여 문고병과 이화명충, 잎도열병, 흰잎마름병, 멸강나방, 멸구, 혹명나방 등이 번지기 쉽다. 이런 때는 논에 농약을 치며 물을 대고 빼주는 일이 아주 중요한 일과가 된다. 벼 이삭이 나오기 20일 전에 복합비료를 주고, 저온다습한 경우는 질소를 제외하고 칼리만 주는 것이 좋다.

고추는 역병이나 탄저병이 번지는 시기이며, 총채벌레, 담배나방 등도 기승을 부린다. 과채류는 너무 웃자라지 않도록 하며, 비가 온 뒤에는 열매에 그늘을 만들어 너무 강한 햇볕을 직접 받지 않도록 해주는 것도 필요하다. 과수농가도 응애, 깍지벌레, 점박이응애, 심식나방, 노균병, 세균구멍병, 둥근무늬낙엽병, 갈색무늬병, 겹무늬썩음병 등 장마기에 갖가지 병해충이 번지기 쉬우므로 각별한 주의가 요구된다. 반대로 장마가 그치고 나면 꽃매미가 극성을 부릴 것이니 미리 예방하도록 하여야 한다.

참깨나 땅콩이 쓰러지지 않도록 지주를 설치하고, 쓰러진 포기는 즉시 세워줌으로써 생육에 지장이 없도록 하여야 한다. 이때에 올기 장 즉 빠른 조(黍, Broomcorn)를 거두어들이고 그루갈이로 메밀을 심는다. 또한 논두렁에 심어둔 콩이나 팥, 그리고 고구마 밭의 흙도 북 돋워 주어야 한다. 주전부리용 옥수수는 7월 즉 소서가 되면 꽃이 피 고 대서 즉 7월 하순이 되면 열매를 먹을 수 있다. 옥수수는 한꺼번에 열매를 맺는 것이 아니라 10월에 이르도록 긴 시간에 걸쳐 차례대로 익는 것이라서 필요할 때마다 두고두고 따다 먹을 수 있는 간식거리 다. 그러나 9월 중순이 되면 옥수수 대가 누렇게 말라가기 시작하여 제 맛을 낼 수가 없다. 한편, 요즘은 시설재배를 하지 않더라도 모든 작물에서 파종과 수확하는 시기가 조금씩 앞당겨지고 있음을 감안할 필요가 있다.

약용식물은 웃거름 주는 시기가 늦지 않도록 하고, 잡초가 많은 경 우는 김매기를 통하여 흙 북돋우기를 하여야 한다. 축산 농가는 무더 위와 고온으로 인한 열사병(熱射病, Heat Stroke), 기립불능증(起立不 能症) 등을 살펴보고, 뉴캐슬병, 가금티푸스 등도 확인하여야 한다. 또 덥고 습하기를 반복하여 각종 해충이 발생하기 쉬운 환경이므로 수시 로 환기와 습도조절을 통하여 청결을 유지하도록 한다. 모기와 파리 의 유충은 잦은 비에 씻겨 내려가기도 하겠지만, 이들이 자라면 가축 은 물론 인근 주민들에게도 피해를 주므로 방제에 심혈을 기울여야 한다.

19.4 대서의 먹을거리

이 무렵에는 몹시 더우며 소서로부터 대서에 이르기까지 장마전선이 한반도의 동서에 걸쳐 긴 장마를 이루는 때가 자주 있다. 먹을거리로는 참외와 수박 등 여름 과일이 풍성하고 햇밀과 보리를 먹을 수 있다. 그런가 하면 채소도 풍족하며, 모든 잎 달린 나무들의 녹음(綠陰)이 우거지는 시기다. 과일은 이때가 가장 맛이 난다. 그러나 비가 너무 많이 오거나, 물속에 갇히면 삼투압(滲透壓) 현상으로 과실 본래의 단맛을 잃게 된다. 이런 현상은 수박이나 복숭아처럼 과육 속에 수분이 많은 과일일수록 더욱 뚜렷하게 나타난다. 따라서 수박을 시원하게 해서 먹는다고 차가운 물속에 오랫동안 담아두면 당도가 떨어지는 것도 이런 현상이다.

삼복과 소서 혹은 대서가 되면 보양식을 찾는 사람들이 많은데, 이들은 이 절기의 먹을거리라기보다는 이 계절에 즐겨먹었던 음식이라고 보아야 할 것이다. 왜냐면 이런 식재료들이 꼭 제철에만 생산되는 것이 아니었으며, 이 계절을 잘 지내기 위한 수단이나 기호용, 혹은 가을농사를 대비하는 체력비축용으로 먹었던 음식이기 때문이다.

19.5 대서의 별자리

대서에는 많은 은하수를 볼 수 있는 것이 특징이다. 우리가 잘못 알고 있는 밝은 별인 견우는 하고대성(河鼓大星)을 가리키는데, 이것은 은하수에 있는 북〔鼓〕을 일컫는다. 그러므로 백조자리의 하고대성은 경기에 나서는 시작점이 벌써 은하수에 걸쳐 있어, 직녀를 만나기 위한 칠월칠석의 전설에서 반칙을 하고 있는 셈이다. 이에 비하여 거문고자리에 있는 직녀성과 염소자리에 있는 원래의 견우성은 넓은 은하수의 양편 언덕에 서서 전설(傳說)을 입증하기 위하여 칠월칠석을 기다리는 착한별이라 할 수 있다.

바로 옆에는 담장을 둘러 하늘나라 시장(市場)의 범위를 알려주는 천시원(天市垣)이 있는데, 이중 절반은 은하수에 빠져있다. 그래서 하늘에도 각종 생선이 있는가 하면, 이를 잡는 도구로서 낚시 혹은 투망과 같은 어구들을 파는 가게가 있다고 믿었다. 여기에 나오는 천시원은 헤라클레스자리의 라스알게티와 땅꾼자리의 주별인 라스알하게를 중심으로 하며, 뱀자리 및 땅꾼자리의 일부, 거문고자리의 일부를 포함하여 커다란 원형을 이룬다. 천시원의 위로는 거문고자리가 있고, 좌측에는 독수리자리와 화살자리가 있다. 또 아래로는 물뱀자리와 땅꾼자리도 보인다.

대서에는 28수 중 우수(牛宿)와 여수(女宿)가 보인다. 우수는 견우별로 뱀의 몸에 해당하며 염소자리의 베타(β)인데, 다비 즉 도살자의 수호신을 의미한다. 요즘에도 불가(佛家)의 다비식(茶毘式) 등에서 찾아 볼 수 있는 단어다. 여수는 거북이를 의미하며 물병자리의 엡실론(ε)인데, 알발리 즉 마시는 자의 행운을 의미한다.

방수는 동방청룡의 배[腹]에 해당하는 위치로, 하늘 한가운데에서 남쪽 낮은 곳으로 선을 그으면 붉게 빛나는 1등성을 기준으로 별 셋이 나란히 있는 것을 발견 할 수 있다. 동양에서는 방수의 남쪽 두 별사이를 양도(陽道)라고 하며, 북쪽 두 별 사이를 음도(陰道)라고 하여 별점을 치는데 활용하였다. 해와 달 등 다섯 행성(行星)이 양도를 지나면 가물고 초상(初喪)이 많이 나며, 음도를 지나면 홍수가 나거나 병란(兵亂)이 일어난다고 여겼다. 그렇다면 가물거나 홍수가 나거나, 아파서 죽거나 난리가 나서 죽거나 하는 것이 우리네 인생인 것처럼 풀이되기도 한다.

옛날 오리온이라는 사냥꾼이 있었다. 오리온은 포세이돈의 아들이며 거인으로 달의 여신 아르테미스와 사랑하는 사이였으나, 여신의 오빠인 아폴론은 이 둘이 가까워지는 것을 싫어했다. 그러던 어느 날 아폴론이 오리온을 독살하자 이를 불쌍히 여긴 아르테미스는 오리온을 별자리로 만들어주었다. 그러자 아폴론도 그의 심부름꾼인 전갈을 별자리로 만들어 주었는데, 오리온은 전갈자리가 뜨면 바로 서쪽 지평선으로 숨어드는 상황으로 전개된다.

이와 다른 전설로는, 의학의 신 아스클레피오스가 전갈의 독(毒)에 죽은 오리온을 살려줌과 동시에 전갈을 발로 뭉개버렸다. 그러자 오리온이 비로소 활기를 되찾았으며, 오리온이 다시 동쪽에 떠오르면 전갈이 서쪽 땅 밑으로 사라지게 되는 것이다. 하늘의 양끝에 있는 두 별자리가 시간을 두고 번갈아 뜨는 것을 두고 기억하기 좋도록 재미있는 이야기로 만들어 낸 것이 흥미롭다.

방수(房宿) 다음의 별자리는 심수자리다. 심수는 신라시대 향가인 혜성가와 관련된 이야기가 있다. 옛날에 거열랑, 실처랑, 돌처랑 또는 보동랑이라 불리는 세 명의 화랑(花郎)이 금강산에 놀러가기로 하였다. 그러나 막 출발하려는 시기에 이름을 확인 할 수 없는 혜성이 나타나 심대성을 범했다고 한다. 중국에서는 심수를 하늘나라 임금이라고 생각하였기에 혜성이 이를 범하면 천하가 전란에 휩싸여 나라전체가 황폐해 질 것이라고 여겼었다. 한편 신라의 왕족들도 자신이 곧 하늘의 아들이라고 믿었었다. 그러므로 이런 현상을 본 왕족은 심수 즉 자신들과 국가에 나타날 매우 중대한 사태로 받아들였다. 이에 당황한 세 화랑도 구국의 일념으로 유람(遊覽)을 중지하려고 했는데, 그때 따르던 법사(法師) 융천사가 노래를 지어 불렀다. 그러자 혜성은 심수(心宿) 주변에서 사라지고 때마침 침범해오던 왜구들도 모두 돌아가 버렸다고 한다. 다음에 적은 것은 바로 그때 불렀던 혜성가(彗星歌)다.

옛날 동해 물가 / 건달파가 노닐던 성을 바라보고 / 왜군이 왔다! / 봉화를 든 변방이 있어라 / 세 화랑 산 구경 오심을 듣고 / 달도 바삐 밝히는데 / 길 밝히는 별 바라보고 / 혜성이여! 사뢴 사람이 있구나, 아아, 달은 흘러가버렸더라 / 이와 어울릴 무슨 혜성이 있었으리.

19.6 대서와 현실

삼복에 해당하는 대서는 수박이나 참외를 비롯한 각종 과일들이 한창일 때로, 농촌에는 이러한 작물을 지키는 원두막이 등장한다. 예전에도 제철과일을 재배하는 농가마다 밭에 원두막을 지어놓고 감시를 하며 더위도 쫓는 장소로 활용하였었다. 그러나 하루 이틀도 아닌데다가 혼자 앉아 밤을 새워 지킨 다는 것은 너무 외로워 원두막지기도 곧 잠들고 만다. 이때를 놓치지 않고 동네 악동들이 수박서리나 참외서리를 하기도 하였었는데, 보통은 밭주인의 아들을 앞세우기 때문에 잡혀도 크게 혼나지 않는 것이 대부분이었다. 하지만 시절이 변하여 농촌에도 자본주의식 경제논리가 보급되었고, 예전 같았으면 그냥 웃어넘겼던 과일서리가 또 다른 범죄로 인식되기에 이르렀다. 하긴 옛말에도 배나무 밭에서는 갓끈도 고쳐 쓰지 말라고 하지 않았던가. 세상을 살다보면 본의 아니게 오해받을 일이 많다는 것을 일러주는 말이다.

대서가 지나면 그래도 조금은 서늘한 계절이 올 것이라 믿었던 농부들은 주변의 환경에 민감하였다. 그래서 선조들은 오랜 경험으로 미루어 장마가 물러가면 산초 꽃이 피고 원추리 꽃도 핀다는 것을 알았다. 그래서 '산초 꽃이 피면 장마도 간다.'는 말이나 '원추리 꽃이 지면 장마도 간다.'는 말을 만들어내기도 하였다. 요즘 시절로 보아도 장마는 7월 중하순 즉 대서 정도에서 물러간다. 그리고는 곧 폭염(暴炎)에 시달리는 것이다. 산초는 맛이 맵고 향이 강한 약용식물이다. 주로 경상도지방에서 애용하는 기호식품에 속한다. 박하나 계피와 같이 식재료의 비린 맛을 없애주고 혈행을 돕는 작용을 한다.

20 입추

입추는 24절기 중 열세 번째에 들며 대서와 처서의 중간인데, 음력으로는 7월에 들고 양력으로는 8월 7일 혹은 8일경에 닿는다. 2011년의 경우 8월 8일에 들었고, 2012년과 2013년에는 8월 7일에 들었다. 아주 큰 더위가 지난 후이며 태양의 황경(黃經)이 135°가 되는 날로써 입추 절기가 시작되는 입기일(入氣日) 즉 첫날을 말한다.

흐드러지던 봄꽃과 혼자서 졸고 있는 듯하던 여름꽃이 지고나면, 달맞이꽃이나 채송화, 봉선화 그리고 둥근이질풀꽃, 동자꽃같은 의연하고 정겨운 가을꽃이 피기 시작한다. 망종이 지나면서 온갖 식물들이 나름의 독성을 지니게 되는데, 익모초처럼 쓴맛을 내는 식물은 더위를 먹거나 여름철 식중독 치료 혹은 식욕강하 증상에 처방되곤 한다.

입추의 환경

농도인 전라북도 전주에서 입추(立秋)로 기준한 8월 7일의 기후를 보면, 1971년부터 2000년까지의 평균 기온의 평균은 27.0℃에 최고 기온의 평균은 31.8℃로 무더우며, 최저 기온의 평균도 23.3℃로 나타났다. 강수량은 3.3mm로 7월의 절반에 미치지 못하는 수준이고, 평균 습도가 77.4%로 7월에 비해 낮아 대지가 메말라가는 것을 느낄 수 있다. 바람의 평균 속도 1.3m/s로 잠잠한 편이다.

옛날 사람들은 입추 15일간을 5일씩 3후(候)로 나누어 처음인 초후에는 서늘한 바람이 불어오고, 다음 5일간의 중후에는 이슬이 진하게 내리며, 마지막 말후에는 쓰르라미 즉 한선(寒蟬)이 운다고 하였다. 정말 입추의 늦은 밤에는 귀뚜라미가 우는 계절이다.

여름이 지나고 가을에 접어들었다는 뜻으로 입추라 하며, 이즈음에 드는 칠월칠석과 함께 밤에는 서늘한 바람이 불기 시작한다. 가을에 들어서는 때라는 뜻으로 동양의 월력으로 계산하면 입추부터 입동(立冬)이 되기 전까지의 석 달 동안을 가을로 쳐준다.

이론상 가을에 접어들었다고는 하지만 아직도 따가운 햇볕이 남아 있다. 그래서 자칫 간과(看過)하기 쉬운 열사병이나 냉방병을 주의하여야 한다. 노약자는 한낮의 활동을 줄이고 가혹한 환경은 피하는 것이 좋다. 그러나 요즘 농촌은 일손도 부족하지만 대부분 연로하신 분들로 잠시라도 쉴 틈이 없으니 이것 또한 안타까운 현실이다. 노령화 사회와 농촌인구의 고령화가 겹치고 있는 것이다.

입추를 전후하여 칠석과 백중이 찾아온다. 이들은 음력을 기준하여 7월 7일과 7월 15일을 일컬으니 비교적 바쁘지 않는 시간을 골라 여러 행사를 즐겼던 우리 선조들의 지혜를 엿볼 수 있다.

20.2 입추의 농사

음력 7월은 입추와 처서가 들어있다. 「농가월령가」에 '비 밑도 가볍고 바람도 다르다.'고 하였으며, '골을 돋워 김을 매고 벼 포기에서 피를 골라낸다.'고 하였다. 입추가 지난 후 4,5일이 되면 밭을 갈아 메밀을 심고, 삼을 거둔 밭에는 무씨를 뿌리기도 한다. 이때 들어 김장용 무와 배추 등을 심어서 9,10월 서리가 내리고 얼기 전에 거둘 수 있도록 맞추어야 한다. 논에서는 김매기도 끝나서 물을 조절하는 것 외에는 별로 할 일이 없는 때다.

▲ 고추 말리기

▲ 참깨 말리기

소만부터 나기 시작한 잡초는 장마가 되기 전에 뽑아주어야 하나, 만약 때를 놓쳤다면 입추 전에는 뽑아주어야 한다. 이때는 수분을 머금은 토양에 고온다습한 기후로 인하여 하루가 다르게 자라기 때문이다. 이런 잡초로 인해 유용한 작물이 치일까 걱정되는 시기다.

입추 때에도 대서와 같은 농작물의 병해충이 극성(極盛)이니 철저히 예방하여야 한다. 벼와 고추, 무, 배추를 비롯하여 과채류와 약용작물을 가리지 않고 신경을 써야 한다. 또한 태풍이 불어오는 시기임으로 강한 비바람에 나무가 쓰러지거나 낙과되는 것을 방지할 대책도 세워야 한다. 만약 이런 때에 피해를 당한 다면 수확기까지 회복할 기회가 없으니 각별한 주의를 요한다. 익어가는 과실이라 하더라도 충실한 열매를 맺도록 손질하는 때이기도 하다. 특히 가축농가에서는 몸이 상하거나 식욕(食慾)을 잃어 다른 부작용이 찾아들지 않도록 막바지 더위에 경계를 게을리 해서도 안 된다.

약용(藥用) 혹은 특수작물 중에서 참깨나 구기자, 오미자 등을 수확하는 때다. 이들은 대체로 추석 전에 수확하는 것이 일반적이다. 과채류의 수박, 토마토, 포도가 풍성한 계절이기도 하다. 고추는 4벌 따기 혹은 5벌 따기가 진행되지만, 수확 못지않게 건조에 신경을 써야 한다.

그러나 바야흐로 농촌에도 여유가 생기기 시작하니 '어정 7월 건들 8월'이라는 말이 통용되었다. 이 말은 소만과 망종 때 '발등에 오줌 눈다.'는 말과 대조를 이루며, 그에 비해 다소 여유로워진 상황을 빗댄 말이다. 그래서 입추가 지나 맞이하는 행사 즉 칠월칠석이나 백중행사를 성대하게 벌일 수 있었던 것이다.

입추 때는 벼가 패기 시작하며, 그 번지는 속도가 빨라 벼의 성숙은 하루가 멀게 달라진다. 오죽하면 '입추 때는 벼 자라는 소리에 놀란 개가 짖는다.'는 말이 생겨났을까. 비와 바람, 그리고 물과 태양은 벼농사의 가장 중요한 요인이다. 이런 원리에 따라 입추(立秋)에서 처서(處暑) 때까지 맑은 하늘에 따가운 햇볕이 내려 쪼이며 시원한 바람마저 불어오면 최상의 조건이라 할 것이다. 풍년을 바라는 농민들은 수확에 대한 기원을 '입추에 동풍이 불면 풍년 든다.'거나 '입추에 비가 조금 오면 풍년 든다.'는 말로 대신 하였던 것이다.

극조생종은 7월 하순부터 8월 초에 이삭이 패고, 조생종은 8월 상순, 중생종은 8월 중순, 늦게 심은 벼나 중만생종은 8월 하순에 이삭이 패는 것이 보통이다. 그러므로 극조생종은 이삭이 팬 후 40일, 조생종은 40~45일, 중생종은 45~50일, 늦게 심은 벼나 중만생종은 50~55일이 지난 후에 벼를 베면 적당하다.

20.3 입추 풍속

『고려사(高麗史)』에서도 '입하(立夏)부터 입추(立秋)까지 조정에 얼음을 진상하면 이를 대궐에서 사용하고, 조정 대신들에게도 나눠주었다.'라는 기록이 있다. 이것은 입하부터 입추까지는 날씨가 무척 더웠음을 말해주는 것이다. 또 '입추에는 관리에게 하루 휴가를 준다.'라고 하였다. 이는 아마도 더위를 마무리하면서 새로운 마음으로 일을 하자는 의미의 휴가가 아니었을까 생각해본다.

입추는 곡식이 여무는 시기이므로 이날의 날씨를 보고 점을 치기도 하였다. 입추에 하늘이 청명하면 만곡(萬穀)이 풍년이라 여기고, 이날 비가 조금만 내리면 길하며 많이 내리면 벼가 상한다고 여겼다. 또한 천둥이 치면 벼의 수확량이 적어지고 지진(地震)이 있으면 다음해 봄에 소와 염소가 죽는다고 믿었다. 한반도가 지진에 대한 안전지대라고는 하지만, 위 글로 보아 예전부터 크고 작은 지진이 가끔씩 일어났었음을 알 수 있다.

입추가 지나고 벼가 한창 익어가는 계절인데도 닷새 이상 비가 계속되면 기청제(祈晴祭)를 지낸다. 기청제는 비가 멎고 맑은 날씨가 되도록 해 달라는 기원(祈願) 행사로 옛 조정이나 고을에서 수장(首長)들이 지내던 제사다. 이는 다른 말로 성문제(城門祭) 또는 천상제(川上祭)라고도 불렸다.

중국『춘추번로(春秋繁露)』에서는 '기청제(祈晴祭)'를 영(榮)이라 부르며 제(祭) 지내는 방법을 상세히 적고 있다. 성안으로 통하는 수로(水路)를 막고, 성안에서는 모든 샘물을 덮었으며, 제를 지내는 동안은 모든 성안의 사람들이 물을 써서는 안 되며, 소변을 보아서도 안된다. 또 비를 연상시키는 일체의 모든 행위가 금지되었고, 심지어 전날 밤에는 부부간의 방사(房事)까지도 금하여 각방(各房)을 쓰도록 하였다.

그리고 양(陽)의 방향인 남문(南門)은 열어두지만 음(陰)의 방향인 북문(北門)은 닫았으며, 음(陰)을 상징하는 부녀자의 나들이조차 금했다. 제장(祭場)에는 양색(陽色)인 붉은 깃발을 휘날리고, 제주(祭主)의 옷 색깔을 붉게 하는 것은 물론 모든 것에서 양(陽)의 기운을 받을 수 있도록 하였다.

20.4 입추의 먹을거리

입추는 드디어 가을에 들어선다는 시기이지만, 아직 삼복(三伏)이 끝나지 않았으며 처서도 남아있어 여름이 완전히 지나간 것은 아니다. 따라서 삼복에 먹는 음식이 바로 입추의 음식이 되기도 함으로 많은 음식을 거론하지 않아도 금방 알 수 있다.

다만 입추(立秋)를 맞아 새로 생각해볼 음식을 들자면 단연코 연(蓮)을 들 수 있다. 사실 연근(蓮根)이야 1년 내내 먹을 수 있는 음식이지만, 봄에 피었던 연꽃이 지고 난 후 가을에 먹는 연 음식은 손꼽을 만한 것이다. 이러한 연 음식은 잎과 뿌리 그리고 꽃까지 모두 사용되며, 세부적으로는 뿌리를 갈아서 만든 연가루와 연잎을 이용하는 음식, 꽃을 활용하는 차 등을 들 수 있다. 연은 예로부터 창조와 풍요 그리고 다산을 의미한다. 불가(佛家)에서는 진흙에서 탐스럽게 피어오르는 연꽃을 보고 깨달음과 거듭남의 의미로 해석하기도 한다.

이런 기대를 버리지 않는 연은 자신이 그랬듯이, 우리 체내에 들어와서도 정화작용을 돕고 방부제 역할을 하며, 신진대사를 돕는 아주 유용한 음식이다. 이런 성분은 지방을 분해하고 체질을 개선하는 효능이 뛰어나 친환경식품으로 통한다. 요즘은 수삼연근샐러드를 비롯하여 연근카레라이스, 연근맛탕, 연잎밥, 연잎차 등 새로운 음식이 선보이고 있지만, 예전에는 연근미역냉국으로 더위를 식히기도 하였으며 연근정과(蓮根正果) 등을 만들어 잔치에 사용하기도 하였다.

20.5 입추의 별자리

가을철의 별자리는 가을절기인 추분에서 입동에 들기 직전까지를 말하는데, 북반구 밤하늘에서 쉽게 찾아볼 수 있는 별자리들을 의미한다. 입추하늘의 한 가운데에서 발견할 수 있는 별자리는 미수(尾宿)

다. 미수는 서양별자리로는 전갈자리의 꼬리에 해당하고, 동서남북의 각 7수 중에서 동방칠수(東方七宿)에 해당하며 이를 청룡자리라고 한다. 하늘 한가운데서 남쪽으로 직선을 그으면 전갈 또는 파충류를 닮은 별들이 보이는데, 끝에 있는 밝은 별이 미수(尾宿)다.

▲ 8월의 별자리

입추에 들면 은하수가 초저녁 남쪽하늘에 보이기 시작하더니 밤이 깊어지면 서쪽으로 사라진다. 이것은 여름별자리가 가을별자리로 바뀐다는 것을 의미한다. 입추가 되면서 대서의 은하수와 견우 직녀성보다 조금 동쪽으로 이동한 백조자리, 남쪽물고기자리 등이 떠오른다. 28수 중에서는 허수(虛宿)와 위수(危宿)가 이에 해당한다. 허수는 거북이로 물병자리의 베타(β)인데 사달수드(Beta Aquarii) 즉 행운 중의 행운을 의미하며, 위수는 뱀으로 물병자리의 알파(α)로 사달멜리크(Alpha Aquarii) 즉 왕의 행운을 의미한다. 풀어보면 거북이와 뱀 즉 물병자리는 행운의 별을 의미하는 것이다.

허수에 속한 별들로는 소리는 내지 않고 눈물만 흘리며 우는 읍성(泣星), 소리도 내어 운다는 곡성(哭星)을 들 수 있다. 또 위수 옆에는 허량(虛梁)이 왕족의 무덤을 관리하고 있는데, 이는 사람이 살지 않는 집 즉 사당(祠堂)을 의미한다. 이런 것들은 모두 사람의 잘잘못을 다스리는 것으로, 죽음과 연관이 있는 별들이 많은 것이 특징이다.

황도상의 별자리

궁수자리의 동쪽으로 염소자리, 그 동쪽으로 물병자리, 물고기자리, 양자리가 황도상에 연이어져 있다. 하지만 밝은 별이 없어 눈에 잘 띄지 않는 별자리들이다. 현재의 춘분점이 물고기자리에 있는데, 기원전 150년경 그리스 시대의 천문학자 히파르코스(Hipparchus)가 항성년(恒星年)과 태양년(太陽年)의 차이 즉 세차(歲差) 현상을 발견했을 당시에는 양자리에 속했었다. 이 별자리의 기호는 구부러진 뿔을 가진 양(羊)의 얼굴을 정면에서 바라 본 모양으로, 그리스 문자 감마(γ)와 비슷하다는 데서 착안하여 춘분점을 감마점으로 부르게 되었다. 또한 같은 이유로 춘분점을 양자리의 출발점으로 보기도 한다. 이 외에도 삼각형자리, 도마뱀자리, 조랑말자리 등이 있다.

염소자리

염소자리(Capricornus)는 가을철 남쪽하늘에 있는 어두운 별자리다. 황도 12궁의 열 번째로, 염소의 몸과 물고기의 꼬리를 가진 신화적인 동물을 상징한다. 별들의 구성이 특별하지는 않지만 주변에 비교하여 눈에 잘 띄는 별에 속한다. 염소의 머리를 이루는 알파별과 베타별은 모두 이중성(二重星)으로, 육안으로 보면 하나처럼 보이지만 망원경을 통하여 관찰하면 두 개의 별로 이루어져 있다. 두 별 모두 주위를 공전하는 동반성을 가지고 있으며, 태양은 1월 말부터 2월 중순까지 이 별자리를 지난다.

물병자리

물병자리(Aquarius)는 황도 12궁의 열한 번째 별자리로 북쪽에는 페가수스자리의 사각형이, 남쪽에는 남쪽물고기자리의 포말하우트별이 있다. 모두 17개로 이루어진 물병〔水甁〕자리의 밝은 별을 살펴보면 알파별인 사달멜리크와 베타별인 사달수드 등이 있다. 이 외에도 전형적인 백색 근접(近接) 쌍성(雙星)인 제타별이 있다.

지금으로부터 약 600년이 지나면 현재 물고기자리의 오른쪽 경계를 지나는 춘분점이 물병자리로 들어갈 것이라고 한다. 이는 전문가들의 얘기지만 이때가 되면 세상이 달라진다고 믿고 있다. 하긴 지금같이 빠르게 변하는 세상에서, 앞으로 600년이 지나면 어떻게 변해 있을지 그거야 아무도 짐작할 수는 없을 것이다.

물고기자리

물고기자리(Pisces)는 북반구에 있는 황도 12궁의 열두 번째 별자리로, 마치 꼬리가 끈에 묶인 두 마리의 물고기모양이다. 이 끈의 매듭 부분에는 알파별이 있다. 물고기자리에는 모두 18개의 어두운 별들이 끈처럼 길게 이어져 있으나 육안으로 잘 띄지 않는 별이다. 태양은 3월 중순에서 4월 중순 사이에 이 별자리를 지난다.

양자리

양자리(Aries)는 황도 12궁의 첫 번째 별자리지만, 크기가 아주 작은 4개의 별로 이루어졌다. 안드로메다자리의 남쪽에 있으며 알파별인 하말(Hamal)은 주황색인데 맨눈으로도 볼 수 있고, 감마(γ)별은 전형적인 이중성(二重星)이다. 태양은 4월 말부터 5월 중순까지 이 별자리를 지난다.

페가수스자리와 안드로메다자리

가을철 하늘의 중앙에서는 금방 눈에 띄는 큰 사변형의 페가수스(Pegasus)를 발견할 수 있다. 이는 페가수스자리의 알파(α), 베타(β), 감마(γ)별과 옆의 안드로메다자리의 알파별이 주류를 이룬다. 알파(α)별은 2.1등성으로 B형의 푸른빛을 띤 거성이고, 그에 비해 베타(β)별은 2.1등성으로 M형의 붉은 거성이며, 감마(γ)별은 합성된 등급이 2.2등성으로 황금색과 노란색의 별이 이어진 이중성(二重星)이다.

모두 14개의 별로 되어있는데, 사각형은 말의 몸통에 해당하고, 앞에서 두 개의 뿌리처럼 보이는 것이 양 앞다리를 나타낸다. 또 한 점에서 뻗어 나온 4개의 별은 머리를 의미한다.

안드로메다(Andromeda) 자리 16개의 별 중에서 알파별은 알파라츠(Alpheratz)이며, 동북쪽으로 뻗어나간 거성(巨星)이다. 안드로메다자리는 지구에서 약 200광년이나 되는 거리에 멀리 떨어져 있는데, 달이 없는 밤에는 육안으로도 희미하게나마 볼 수 있는 유일한 은하계다. 그래서 우리에게는 은하수의 대명사로 불리기도 한다. 페가수스자리의 서쪽 구석에는 작은 여우자리가 있고, 그 북쪽에는 도마뱀자리가 있지만 모두 식별하기가 어렵다.

남쪽물고기자리와 고래자리

페가수스 사변형의 베타와 알파를 잇는 선을 좀 더 남쪽으로 뻗어보면, 황소자리와 물병자리를 지나 모두 9개의 별로 이루어진 남쪽물고기자리에 다다라 푸른색의 알파(α)별 포말하우트와 만난다. 이 별은 가을철 북쪽 하늘에서 유난히 밝은 1.2등성으로 매우 낮게 떠 있다. 포말하우트(Fomalhaut)는 물고기의 입이라는 뜻이고, 주변에 밝은 별이 없어 혼자 빛나고 있는 것처럼 보인다. 지구에서의 거리는 약 22광년이다.

페가수스 사변형의 동쪽을 담당한 변을 남북으로 더 연장하여 내리면 물고기자리를 거쳐 고래자리의 2등성 베타별에 닿는다. 고래자리는 모두 16개의 별로 되어있고, 여기에서부터 동쪽으로 멀리 떨어진 양자리의 남쪽부분까지를 차지하는 커다란 별자리다.

고래자리의 알파별은 메카브(Mekab) 혹은 멘카브(Menkab), 몬카르(Monkar)라고 불리기도 하는데, 고래의 코(鼻)를 뜻하며 태양보다 380배나 밝은 빛을 내지만 멀리 떨어져 있어 우리에게는 2.5등성에 해당한다. 바다의 신이었던 포세이돈이 카시오페아를 혼내려고 보낸 심부름꾼이었고, 그의 공로를 치하하여 고래자리로 만들어주었다.

그런가 하면 오미크론(o) 별은 미라(Mira)라는 이름을 가졌는데, 이는 불가사의(不可思議, Stella Mira)라는 뜻이다. 노란색을 띠며 332일 즉 11개월을 주기(週期)로 최대 2.0등성에서 최소 10.1등성까지 폭넓게 변광(變光)하는데, 크기는 태양의 440배나 되는 초거성(超巨星)이지만 무게는 태양과 거의 비슷하다. 멀리 떨어져있어 270광년이나 걸린다.

페르세우스자리

페르세우스(Perseus)자리는 카시오페이아를 지나는 은하에 빠져 있고, 안드로메다자리의 동쪽에 있다. 베타별인 알골은 100광년의 거리에 있으며 그다지 밝은 별도 아니지만 유명한 식연성(蝕連星)이며,

거의 크기가 같은 두 개의 항성이 1,100만 km 떨어진 중심축(中心軸)을 두고 공전함으로 서로 먹히는[触] 현상을 일으켜 다른 빛을 낸다. 이 별자리의 서북쪽 구석에는 유명한 이중(二重) 산개(散開) 성단이 있으며, 작은 망원경으로도 확인할 수 있다. 모두 22개의 별로 이루어졌다.

메두사를 물리쳐야 왕으로부터 어머니를 구할 수 있었던 페르세우스는, 아테나 여신이 빌려준 거울 같은 방패를 들었으며 헤르메스가 준 날개달린 신발을 신고 싸우러 간다. 메두사는 머리카락이 모두 뱀으로 된 괴물인데, 직접 쳐다보기만 해도 돌로 변하기 때문에 거울과 같은 방패로 비춰보면서 싸워야 했다. 마침 페르세우스는 자고 있는 메두사의 목을 베었다. 고향으로 돌아가는 도중에는 메두사를 이용하여 안드로메다의 공주를 구함으로써, 결국 케페우스와 카시오페이아가 이룬 부부의 사위가 된다.

카시오페이아자리

북극성을 중심으로 북두칠성의 반대편에 카시오페이아자리(Cassiopeia)가 있는데, 카시오페아자리와 같은 말이다. 우리나라에서는 북극성과 함께 1년 내내 볼 수 있는 별자리로 모두 5개의 별로 이루어졌다. 쉐달이라 불리며 가슴에 해당하는 알파별은 2.2등성으로 허리에 해당하며, 카프라 불리는 베타별은 손에 해당하며 2.3등성, 감마별은 1.6등에서 3.0등까지 변하는 변광성이며, 루크바라 불리는 델타(δ)별은 무릎에 해당하고 2.7등, 엡실론(ε)별은 조금 어두운 4등성이다.

이 별자리는 허영심 때문에 자신의 딸을 괴물에 바쳐야했던 이디오

피아(Ethiopia)의 왕비 카시오페이아를 상징하는 별이다.

20.6 입추와 현실

이제는 가을에 들어 선선해진다는 입추지만, 우리나라에서는 입추 후까지도 무더운 날씨가 이어져서 아직 실감이 나지 않는다.

예전에는 3~4월 춘궁기(春窮期)인 보릿고개와 함께, 7월에 있는 추궁기(秋窮期) 즉 칠궁(七窮)이 가장 힘들 때였다. 그중에서 보릿고개는 지천으로 널린 봄나물과 초근목피로 연명이라도 하였지만, 칠궁에는 나물들도 쇠하여 먹을 수 없을뿐더러 벼이삭은 패었지만 아직도 40일이 지나야 여무는 곤궁기(困窮期)에 속했다.

칠궁이 가난한 백성들에게 가져다주는 두려움은 여러 말들을 만들어냈다. '칠궁이 춘궁보다 더 무섭다.'거나 '칠월 사돈은 꿈에 볼까 무섭다.'는 말은 실상(實狀)을 잘 표현하고 있다. 또 '육칠월 손님은 범보다도 무섭다.'는 말은 충분하지 못한 식량으로 당하는 고통이 얼마나 큰 것인지를 알려주고 있는 것들이다.

이때는 누구라 할 것 없이 모두가 가난했지만 그나마 밭뙈기라도 있는 농가에서는 깡보리밥 정도는 먹을 수 있었다. 그러나 말이 깡보리밥이지 실제로 깡보리밥을 먹는 다는 것은 여간 고역스러운 일이 아니다. 단적으로 표현하면 입안에서 빙빙 돌뿐 목구멍으로 넘어가지 않는다. 어쩌다 잘 씹어 삼켰다 하더라도 보리의 거친 섬유질은 소화되지 않은 채 그대로 배설되어 대장이 상처를 받기도 한다. 그래서 '꽁보리밥에 똥구멍 찢어진다.'는 말이 생겨났고, 지독하게 가난한 집안을 일러 '똥구멍이 찢어지게 가난하다.'는 말도 만들어냈다. 모두가 먹고 살기 힘들어 겨우 연명(延命)하다 보니 필연적으로 발생하는 현상을 두고 지어낸 결과였다.

1960년대만 해도 말로만 학교에 다닐 뿐 기성회비를 내지 못하는 학생이 많았음은 물론이며, 끼니를 거르는 집들도 상당수 있었다. 그런 아이들에게는 원조물자로 들어온 옥수수를 가공하여 만든 옥수수빵이나 옥수수죽을 전달하며 위로하던 시절이었다. 더불어 1년 내내 가정방문이 이루어졌었는데, 그 이유는 가정의 실태를 파악하는 목적도 있었지만 내면적으로는 기성회비에 대한 독촉도 겸하고 있었다. 그럴 때면 학부모들은 선생님을 피하여 일없는 들판으로 나가는 것도 다반사였다. 이 모두가 춘궁기나 추궁기에 이루어졌던 일들이다.

21 처서

처서는 24절기의 열네 번째 절기로 입추와 백로 사이에 들며, 음력으로는 7월 그리고 양력으로는 8월 23일경이 된다. 2011년과 2012년 그리고 2013년의 경우 모두 8월 23일에 들었다. 태양의 황경이 150°에 있을 때로 여름이 지나 선선한 가운데, 더운 기운이 부분적으로만 남아있다고 하여 처서라 부른다. 아침저녁으로는 제법 서늘한 바람도 불어 문을 열고 자면 감기에 걸리기 십상이다. 하지만 요즘에는 지구 온난화현상으로 더위가 늦게까지 앙탈을 부리기도 하니 일교차에 주의하여야 하는 시기다.

21.1 처서의 환경

농도인 전라북도 전주에서 처서로 기준한 8월 23일의 기후를 보면, 1971년부터 2000년까지의 1일 평균 기온의 평균은 25.0℃였으며, 최고 기온의 평균은 29.3℃로 약간 누그러지는 기분을 느낄 수 있다. 하루의 최저 기온의 평균도 21.4℃로 입추보다 약 2℃나 낮게 나타났다. 강수량은 7.1mm로 입추보다 배나 많았으며, 평균 습도가 78.6%로 다소 높게 올라갔다. 바람의 평균 속도는 1.3m/s로 잠잠한 편이었다.

옛 사람들은 처서 15일간을 5일씩 3후로 세분하여 초후에는 매가 새를 잡아 늘어놓고, 중후에는 천지가 쓸쓸해지기 시작하며, 말후에는 논벼가 익는다고 하였다. 이 시기는 북태평양 고기압의 영향으로 맑은 날이 많기 때문에 여름동안 장마에 젖은 옷이나 책을 말리는 거풍(擧風)을 실시한다.

흔히 처서가 오는 것을 비유하여 '땅에서는 귀뚜라미의 등에 업혀 오고, 하늘에서는 뭉게구름을 타고 온다.'고 하였다. 이는 귀뚜라미와 뭉게구름이 나타나면 이제 곧 처서가 온다는 표현이었고, 드디어 더위가 물러간다는 말이었다. 다시 말하면 가을이 머지않았다는 계절의 순행을 나타낸다.

처서가 지나면 모기 입이 돌아간다는 말이 있는데, 이는 처서가 되면 날씨가 서늘해짐과 동시에 모기의 힘이 약해져서 피를 빨고자 하여도 피부를 뚫지 못하고 오히려 입이 돌아가 버린다는 말이다. 그러니 반대로 해석하면 처서가 지날 때까지는 모기에 물리지 않도록 주의하여야 한다. 그러나 요즘은 따뜻한 물을 많이 사용하며 보온이나 단열시설이 좋아짐으로써, 지하 공간 등 모기가 겨울을 지내기 좋은 환경이 늘어나자 일년내내 모기와의 전쟁이 이어지기도 한다.

이와 같이 다른 식물들도 각자 겨우살이를 위한 준비 작업을 시작한다. 이들은 각자의 후손을 위하여 열매를 맺으며 발아에 알맞은 환경이 될 때까지 기다리는 지혜를 발휘하는 것이다. 비가 갠 하늘에는 어김없이 잠자리가 군무(群舞)한다. 언제 어디서 날아왔는지는 모르지만 우르르 몰려다니는 모습을 보면 계절이 바뀌기 전에 빨리 물을 찾아 알을 낳아야 한다고 한바탕 시위를 하는 듯하다.

9월 상순에도 고온현상이 나타나는 경우가 가끔씩 있으며 낮 기온은 높은 편이다. 아직도 여름과 같은 기온이 남아있다는 계절이니 몸을 혹사시키지 말고 충분한 영양을 공급하면서 추슬러야 한다. 여름 휴가를 마친 후 혹은 국외 여행을 마친 후에는 풍토병이나 말라리아와 같은 계절적 질병에 대하여 예방접종 및 확실한 건강관리가 필요한 때이다.

21.2 처서 풍속

여름 동안 장마에 젖은 옷이나 책을 꺼내 음지에서 말리고 바람을 쏘이는 일도 빼놓을 수 없는 일에 속한다. 그렇지 않으면 곰팡이가 피고 아예 못쓰게 되는 경우가 발생하기 때문이다. 이를 음지(陰地)에 말리면 음건(陰乾)이 되고, 햇볕에 말리면 양건(陽乾) 즉 포쇄(曝曬)가 되는 것이다.

한편 처서가 지나면 모기와 파리의 극성도 사라진다. 또한 백중의 호미씻이도 끝나는 무렵이라 그야말로 '어정 7월 건들 8월'로 농촌은 한가한 때를 맞이하게 된다.

처서가 지나면 따가운 햇볕이 누그러져 양지식물인 풀이 더 이상 자라지 않기 때문에, 논두렁의 풀을 깎거나 산소를 찾아 벌초를 시작한다. 이때는 맨 처음 벌초를 하던 하지로부터 두 달이나 지난 시점으

로, 자랄 대로 자란 풀을
베어주는 것이다.

▲ 벌초

처서 무렵의 날씨는 한
해 농사의 풍흉(豊凶)을
결정하는 데 매우 중요하
다. 비록 가을의 기운이
왔다고는 하지만, 벼가 익
으려면 햇살은 조금 더

왕성해야 하며 날씨 또한 쾌청해야 한다. 처서 무렵에 벼의 이삭이 패
고, 따갑게 내려쬐는 햇살로 나락이 익어가는 때문이다.

무엇이 한꺼번에 무성해지는 것을 비유적으로 이를 때 '처서에 장
벼 패듯'이라는 말을 쓰는데, 여기서의 장벼는 다 성장한 벼를 의미한
다. 따라서 처서에 벼가 어느 정도 빨리 익는가를 대변하는 말이 되었
다.

농부는 농사의 풍흉에 대한 관심이 크기 때문에 처서의 날씨에 대
한 관심도 컸다. 이에 따른 농점(農占)도 다양해서 처서에 비가 오면
독(匱)의 곡식도 준다고 하거나, 처서에 비가 오면 십리에 천석을 감
(減)한다고 하였다. 따라서 늦여름인 처서에 비가 오면 그동안 잘 자
라던 곡식도 흉작을 면치 못하게 된다는 뜻이다.

맑은 바람과 왕성한 햇살을 받아야만 나락이 입을 벌려 꽃을 올리
고 나불거리게 되는데, 비가 내리면 나락에 빗물이 들어가고 결국 제
대로 자라지 못해 썩게 된다. 이는 처서 무렵의 날씨가 얼마나 중요한
가를 보여주는 경험적인 삶의 지혜가 반영된 말들이다.

21.3 처서 농사

처서의 농사는 입추의 농사와 별반 다르지 않다. 절기로는 입추가 지났으니 가을이라 할 수도 있겠지만 아직도 8월 말이라 더위가 만만치 않은데 한낮의 햇볕은 한 여름의 그것과 다르지 않다. 그렇지만 자연의 섭리는 어길 수가 없으니 처서가 지나면 풀이 더 이상 자라지 않는다고 하였다. 그래서 논밭의 두렁에 난 풀을 베고 산소에 벌초도 하는 것이다. 따라서 목축용 사료로 사용할 풀이라 하더라도 처서부터 입추에 베는 것이 좋다.

밭농사를 보면 참깨를 베어 말리고, 김장용 무와 배추를 심고, 논에서는 피뽑기나 논두렁의 풀을 베기도 한다. 아직 까지 완전히 여물지 않았기 때문에 충분한 물을 공급하면서 때때로 튼실할 열매를 얻기 위한 수분조절을 하여야 한다.

처서가 되면 벼이삭이 패는데 여물기 시작할 때 비가 오면 그만큼 소출이 줄어든다. 지금도 벼농사를 위주로 하는 영남, 호남, 제주 등지에서 그렇게 전하고 있다. 이것은 풍매(風媒)로 한창 수분(受粉)을 하여야 할 시기에 비가 오니, 제대로 된 수분이 이루어지지 않아 알찬 열매를 거둘 수 없었던 이치다.

처서는 아직 더위가 남아있다는 뜻이며 아직까지 더위를 쫓는 보양식을 찾는 때이다. 그때 필수적으로 따라다니는 들깻잎은 9월 상순 즉 백로가 되기 전에 따 주면 좋다. 그것은 자칫 잘못하여 꽃에 피해를 줄 수 있는 때문이며, 잎을 늦게 따줌으로써 새로운 잎을 만들기 위하여 열매로 가야 되는 영양분을 빼앗을까 염려해서다.

만약 벼이삭이 9월 초 즉 처서를 지나 패게 되면 벼 여무는 시간이 짧아 소출이 적어지게 된 다. 따라서 40일간 물대 기를 하고 바닥을 완전히 말려 이삭이 익도록 하여 야 하는데, 많은 수확을 기대하고 늦게 까지 물을 대면 차가운 기온에도 계 속하여 성장을 하므로 벼

▲ 마늘

익는 시간이 길어진다. 결국 좋은 미질(米質)을 기대할 수가 없다.

극조생종은 7월 하순부터 8월 초에 이삭이 패고, 조생종은 8월 상순, 중생종은 8월 중순, 늦게 심은 벼나 중만생종은 8월 하순에 이삭이 패는 것이 보통이다. 그러므로 극조생종은 이삭이 팬 후 40일, 조생종은 40~45일, 중생종은 45~50일, 늦게 심은 벼나 중만생종은 50~55일이 지난 후에 벼를 베면 적당하다.

따라서 처서는 벼 이삭이 나오는 정상 기간을 지났으니 각별한 신경을 써야 한다. 병충해로는 이삭도열병, 깨씨무늬병, 이삭누룩병, 입짚무늬마름병, 흰잎마름병, 이화명나방, 벼애나방, 벼멸구, 흰등멸구, 혹명나방 등 온갖 병해충이 달려든다.

병해가 극심한 고추도 우선 수확을 한 다음에 방제를 하여 인체에 해(害)가 적도록 할 필요가 있다. 무와 배추도 검은썩음병, 무사마귀병 등이 발생하고 진딧물이 많이 발생한다. 이미 수확한 마늘과 양파는 저장(貯藏)에 유의하고, 윤작(輪作)을 권장하지만 혹시 연작(連作)을 하여야 한다면 토양 소독을 철저히 해놓아야 한다.

이 시기에는 밤낮의 온도차가 심하기 때문에 자칫하면 냉해를 입을

수도 있다. 따라서 논바닥에 물을 대줌으로써 온도관리를 할 수 있는 것이다. 또 여물어 가는 나락이 많은 수분을 필요로 함으로 계속하여 물대기에 신경을 써야 한다. 농사꾼에게 아전인수(我田引水)라는 말도 있지만, 처서에 당해서는 '처서 때 논물은 내 논에 먼저 댄다.'는 말도 있다.

과채류도 토마토궤양병, 파밤나방, 담배거세미나방, 담배가루이, 진딧물, 응애 등이 발생하는지 살펴보아야 한다. 과수농가 역시 사과갈색무늬병, 탄저병, 감둥근무늬낙엽병, 복숭아세균성구멍병, 포도갈색무늬병, 거봉노균병 등 해당 작물에 대하여 각기 다른 병이 많으니 확실한 대책을 세워야 한다. 또 복숭아순나방, 심식나방, 깍지벌레, 노린재, 응애 등의 해충도 만만치 않다. 특히 꽃매미는 봄부터 가을까지 시기를 가리지 않으며, 다 익은 과일에 구멍을 내고 즙을 빨아먹어 1년 농사를 망치게도 한다.

축산 농가는 모기와 파리의 구충에 신경을 쓰고, 소 브루셀라병 혹은 결핵, 광견병, 가금티푸스, 뉴캐슬병, 기립불능증 등의 예방에 철저를 기해야 한다.

21.4 처서 먹을거리

중복에는 참외가 제격이며 말복에 수박이 주류를 이룬다. 그러나 처서가 되면 모두 명성(名聲)을 잃게 되며 드디어 복숭아가 제철 과일로 등장한다. 여름 방학이 한창일 때 복숭아가 나왔으며, 수박이나 참외가 물릴 때쯤에 나오기에 더욱 맛있게 느껴지는 과일이다. 그러나

요즘에는 비가림을 하여
당도가 일정하고 좀 더
일찍 선(僊)을 보이는 경
향도 있다. 곧 이어 다음
절기인 백로에 제철음식
으로 등장하던 포도도 속
성재배와 비가림재배를
통하여 나오기 시작하는

▲ 배추밭

시기다. 경제 감각에 신경을 쓰는 농가나 부지런한 농가에서는 제철
보다 한 달 이상 빨리 수확하는 기술로 소비자들을 유혹하는 게 현실
이다.

21.5 처서의 별자리

이제는 가을기운이 성큼 다가선 처서에, 견우와 직녀가 만나고 간
다음으로 은하수보다 별자리에 더 신경을 써야한다. 초저녁에 실수와
벽수가 떠오르고, 자정이 되면 머리 위 중앙에 놓이게 된다. 실수(室
宿)는 페가수스자리의 알파(α)인 마르카브와 베타(β)인 쉬트를 말한
다. 또 벽수(壁宿)는 페가수스자리의 감마(γ)인 알게니브와 델타(δ)인
알페라체를 말한다. 이 네 개의 별이 모여 커다란 네모를 만드는데, 이
는 마치 여름철의 대삼각형과 같이 가을철별자리를 찾는 주요 지표가
되는 것이다.

이때 페가수스자리에서 보면 알파 마르카브는 말안장을 의미하며,

감마 알게니브는 옆구리를 의미한다. 벽수 옆에 있는 물고기자리의 위에는 규수(奎宿)도 보인다. 규수는 호랑이의 꼬리에 해당하며 안드로메다자리의 제타(ζ)로 아딜 즉 옷자락을 의미한다.

21.6 처서와 현실

처서는 대체로 여름방학이 끝나갈 무렵에 든다. 아직 고추따기가 끝나지 않았지만 일부에서는 김장용 무와 배추를 갈기 시작한다. 그리고 어느 정도 자란 모는 백로(白露)가 되어 아주 심기 다른 말로 본심기를 하면 좋다. 그러나 생육조건이 좋지 않은 상황에서는 좀 더 일찍 심는 경향이 있다.

처서에 일반인들이 해야 하는 특별한 일은 없다. 일상생활에서는 모기의 입이 삐뚤어진다고 하였지만 여전히 극성을 부리는 통에 잠을 설치기는 마찬가지다. 저녁밥을 먹고 마당에 멍석을 깔고 누워 밤하늘을 보면 한가롭기 그지없다. 마당가 화단에서는 풀벌레 소리가 들리고, 담장 밑 어두운 구석에서는 귀뚜라미 소리도 들린다. 그런가 하면 옆에는 모깃불을 피워 모기를 쫓는다. 모락모락 피어오르는 연기가 코를 간지럽혀도 익숙해진 듯 아랑곳 하지 않고 부채질만 하는 때다.

이때 옥수수를 쪄서 간식으로 먹기도 하며, 일부는 고구마 순을 벗겨 반찬을 만들기도 한다. 그런가 하면 여자아이들은 손톱에 봉숭아 물을 들여 어정쩡한 자세를 하며 뒤로 빼기도 한다. 아울러 밀린 방학 숙제를 해야 하는데 내일은 무슨 놀이를 하며 놀까 구상하는 밤이기도 하다.

22 백로

　백로는 24절기의 열다섯 번째로 처서와 추분 사이에 들며, 음력으로는 8월에 들고 양력으로는 9월 8일이나 9일에 든다. 2010년과 2011년의 경우 모두 9월 8일에 들었고, 2012년과 2013년에는 9월 7일에 들었다. 이때는 태양의 황경이 165°에 올 때이며, 밤에 기온이 내려가고 대기(大氣) 중의 수증기가 엉켜서 이슬이 맺히는 계절이다. 따라서 파란 풀잎에 하얀 이슬 즉 투명한 이슬이 맺혔다고 하여 백로라고 부른다.

　하지만 하얀 이슬은 양력 9월이 아니더라도 8월이면 맺히기 시작하며, 습도가 높고 밤낮의 기온차가 심하면 쉽게 나타난다. 낮에는 아직 한여름을 방불케 하지만 그래도 아침저녁으로는 제법 가을을 느끼기에 충분하다.

농도인 전라북도 전주에서 백로(白露)로 기준한 9월 8일의 기후를
보면, 1971년부터 2000년까지 1일 평균 기온의 평균은 22.8℃였으며,
최고 기온의 평균은 27.7℃로 나타났고, 최저 기온의 평균도 18.8℃로
처서에 비해 약 2℃나 낮게 나타났다. 강수량은 4.7mm로 처서의 절반
에 해당하는 것에 반해 평균 습도가 77.6%로 높은 편이었다. 바람의
평균 속도는 1.1m/s로 잠잠한 편이다.

옛 사람들은 백로 입기일(入氣日)로부터 추분전까지를 5일씩 삼후
(三候)로 나누어 처음인 초후에는 기러기가 날아오고, 중후에는 제비
가 강남으로 돌아가며, 말후에는 뭇 새들이 먹이를 저장한다고 하였
다. 그러고 보면 추위를 피해 이역만리(異域萬里)로 날아갔다가 봄이
되면 날아오는 제비가 어떻게 제 집을 다시 찾는지 동물들의 인지능
력은 참으로 놀랍기만 하다.

바야흐로 더위가 물러가고 가을의 기운이 완전하게 나타나는 계절
이다. 백로의 후반에는 하늘이 높고 쾌청한 날씨가 계속된다. 간혹 남
쪽에서 태풍이 불어와 곡식을 넘어뜨리거나 해일(海溢)을 일으키기
도 하지만 대체로 평온한 시기다.

백로가 지나면 추석으로 이어진다. 설날과 같이 즐거운 명절이 혹
시 괴로운 명절이 되지 않도록 미리 준비하는 지혜가 필요하다. 육체
적인 피로는 물론이며 정신적인 피로까지도 쌓이지 않도록 일을 분담
하는 배려가 요구된다.

백로의 농사

음력 8월은 백로와 추분이 들어있다. 이때는 벼의 이삭이 패고 잎마다 맑은 이슬이 맺히기 시작한다. 또한 벼농사와 양잠, 밭농사의 마지막 손질을 하는 시기다. 「농가월령가」에서도 이삭이 패고

▲ 벼

여물어 고개를 숙이니 서풍으로 여문다고 하였다. 벼를 기준으로 하면 극조생종은 7월 하순부터 8월 초에 이삭이 패고, 조생종은 8월 상순, 중생종은 8월 중순, 늦게 심은 벼나 중만생종은 8월 하순에 이삭이 패는 것이 보통이다. 그러므로 극조생종은 이삭이 팬 후 40일, 조생종은 40~45일, 중생종은 45~50일, 늦게 심은 벼나 중만생종은 50~55일이 지난 후에 벼를 베면 적당하다.

한편 벼 이삭이 팬 후 20일과 30일, 그리고 40일 사이에는 벼의 수확량이 약 2% 차이가 나고, 벼가 형성된 모양의 완성(完成)도 역시 2%씩 차이가 난다. 따라서 이삭이 팬 후 40일을 채우는 것이 좋다는 결론이다. 이때 벼를 너무 일찍 수확하면 푸른색을 띠는 청미(靑米) 또는 아직 덜 익은 미숙립미(未熟粒米), 반만 익은 동할미가 나타나고, 너무 늦게 수확하면 벼 알의 색이 불량해지고 낱알이 말라서 갈라지는 동할미(同割米)가 생겨난다. 따라서 백로는 만곡(萬穀)이 익어가는 계절로 먹이를 찾는 새들이 몰려들고, 들녘에서는 그에 반하여

이들을 쫓으려는 허수아비의 수고가 한창인 시기다.

벼에는 이삭도열병, 잎집무늬마름병, 흰잎마름병, 세균성벼알마름병, 깨씨무늬병, 이삭누룩병, 이화명나방, 벼애나방, 벼멸구, 흰등멸구, 혹명나방 등이 여전하다. 백로 무렵에는 장마도 물러갔고, 아침저녁의 기온차가 심하며 맑은 날씨가 계속된다.

▲ 감

▲ 맥문동

들깨는 9월 상순부터 중순에 꽃이 피며 하순부터 10월 상순에 걸쳐 수확을 할 수 있다. 그러나 기온이 높으면 좀 더 오래 걸리는 수도 있다. 또 참깨는 조금 이른 6월 하순 즉 하지부터 8월 상순 즉 입추까지 긴 시간에 걸쳐 꽃이 피고, 수확도 9월 중순부터 10하순에 걸쳐 비교적 긴 시간동안에 이루어진다.

간혹 남쪽에서 불어오는 철 잃은 태풍과 해일로 인하여 곡식들이 피해를 입는 때이기도 하다. 최근에도 산바와 볼라벤, 나리와 덴빈 등 가을태풍이 불어와서 다 익은 벼가 쓰러지는 태풍을 맞은 것도 여러 차례 있었다.

백로에는 무와 배추를 비롯하여 월동 채소류의 파종을 놓쳐서는 안 된다. 일찍 심은 무와 배추는 배수 관리를 잘 하여 벼룩잎벌레와 무름병 등 습해를 입지 않도록 하고, 조금 늦게 심은 경우는 비가 개는 대로 바로 심어야 한다. 마늘과 양파는 9월 하순부터 10월 상순에 심어야 하므로 앞에 심었던 작물의 수확을 서둘러야 한다. 이때 가을보리는 깜부기, 줄무늬병 등의 병해를 방지하는 종자 소독약과 토양살충제, 비료 등을 준비하여야 한다.

고추는 역병, 탄저병, 무름병, 담배나방, 총채벌레, 응애류 등을 방제하여 마지막 수확량을 늘리도록 하여야 한다. 일찍 심은 무와 배추는 솎음작업을 해주고, 본 잎이 3~4개 나왔을 때에 정식을 하면 된다. 토마토는 파밤나방, 담배거세미나방, 담배가루이, 총채벌레, 진딧물, 응애 등이 번지는 때로 수시로 살펴보아야 한다.

과수농가는 사과와 배가 이제 성장이 그치고 성숙단계에 들어가니 수확 전 20일경에 관수를 멈추고 배수를 돕는다. 또 열매에 씌운 봉지는 기온이 많이 올라간 날을 골라 수확 30~40일 전에 벗겨주어야 좋다. 만약 2중 봉지를 씌운 경우는 처음 것을 수확 전 30일 전에, 그리고 속 봉지는 그 5~7일 후 즉 수확 23~25일 전에 벗기는 것이 좋다. 이렇게 봉지를 벗겨낸 후 4~5일 되면 나무 밑바닥에 반사필름을 깔아 골고루 익히면 좋은 품질을 얻을 수 있다.

복숭아에 발생하는 응애, 꽃매미, 복숭아순나방, 심식나방, 깍지벌레, 노린재 등은 사과와 배를 비롯하여 복숭아, 자두, 살구 등에도 영향을 줌으로 관심을 가져야 한다. 포도는 노균병이나 갈색무늬병이 생기는 계절이니 질소질 비료를 줄이고, 햇빛을 가리는 가지를 잘라내어 좋은 열매를 얻도록 한다. 단감이나 포도, 배 등 당도(糖度)가 높은 과실에 미국선녀벌레가 침입하기 쉬우므로 주의한다. 이 미국선녀벌레는 크기나 모양 등이 꽃매미와 비슷하나 등과 배 모두 회색계통인 것이 다르다.

국화나 카네이션 등 원
예작물은 녹병, 총채벌레,
응애 등을 관찰하고, 환기
가 안 돼서 생기는 흑반
병(黑斑病)을 예방하여
야 한다. 약용작물인 구기

▲ 오이꽃

자와 오미자의 수확도 서
두르고, 잘 말려 오랫동안 저장할 수 있도록 하여야 한다. 백로 다음에
오는 추분은 중추(中秋)와 함께 차가운 이슬이 맺히는 시기다. 볏논의
나락은 비록 늦게 심었어도 백로가 되기 전에 패어야만 제대로 여문
다고 하였다. 백로가 지난 다음에 패는 나락은 미처 다 익기도 전에 서
리가 내리고 찬바람이 불어와서, 제대로 결실하기 어렵다는 말이다.

축산 농가는 고온다습한 환경에서 잘 자란 사료작물을 거둬들인다.
이 시기는 옥수숫대나 보리 등 담근 먹이가 떨어질 때이니 각 농가 사
정에 따라 준비하여야 한다. 또 환절기에 면역력이 떨어져서 호흡기
질병이나 돈열, 뉴캐슬병, 가금티푸스 등으로 몸을 상하지 않도록 살
펴야 하는 때이기도 하다.

22.3 백로 풍속

백로가 음력 7월 중에 드는 수도 있는데, 그러면 제주도와 전라남도
지방에서는 그 해에는 오이가 잘 된다고 하였다. 또한 제주도 지방에

서는 백로에 날씨가 잔잔하지 않으면 오이가 다 썩는다고 믿었다. 경상남도의 섬 지방에서는 '백로에 비가 오면 십리(十里) 천석(千石)을 늘인다.'고 하면서 백로에 비가 오는 것을 풍년의 징조(徵兆)로 생각하였다.

또 백로 무렵이면 고된 여름 농사를 중단하고 추수 때까지는 잠시 일손을 쉬는 시기로, 가까운 친척을 방문하기도 한다. 부인들은 이때 잠깐 친정에 다녀올 기회를 잡을 수 있었다. 이런 때는 시간이 적어 반보기가 활용되었다. 그런데 반보기를 하려면 그럴 날짜와 장소를 정해 어느 누군가가 소식을 전해주어야 했으니 여러 가지로 힘든 일이 있었다는 것을 짐작할 수 있다. 백로에 내린 콩잎의 이슬을 손으로 훑어 먹으면 속병이 낫는다고도 한다.

22.4 백로의 먹을거리

백로에 들면 들판의 곡식이 익기 시작하는 단계로 아직은 겨울을 날 음식들이 준비되지 않는 때이다. 그래서 참외는 중복(中伏)까지 맛있고 수박은 말복(末伏)까지 맛있다는 말로 위안을 하는 정도다. 이렇게 절기별로 과일을 따지자면 처서에는 복숭아가 제격이며 백로(白露)에는 포도가 최고라는 말도 된다. 그래서 철따라 과일의 고유 시식(時食)이 정해져 있어 과일의 맛만 보고도 계절의 변화를 느낄 수 있다 할 것이다. 이것이 제철과일의 진미인 것이다.

포도

옛 편지에는 으레 '기체후일향만강(氣體候一向萬康) 하시옵고'로 시작하였다가, 시절(時節)이 백로에 접하면 첫머리에 '포도순절(葡萄旬節)에 기체만강하시옵고'로 바뀌었다. 이것은 바로 백로에서 추석까지가 포도의 절정이라는 즉 포도의 계절이라는 것이다. 이런 포도는 주렁주렁 달린 모습이 다산(多産)을 의미한다. 따라서 손이 귀한 집에 시집온 새색씨는 포도를 송이 째 먹어 그 뜻을 이루고자 하였다.

그런가 하면 조선시대의 백자(白磁)에 포도 문양(紋樣)이 많은 이유 역시 다산을 연관시킨 것이며, 이런 포도백자를 내방(內房)에 두었던 것도 일종의 주술(呪術) 도구였다. 지금은 임신이나 출산을 가려가며 하기 때문에 이런 말도 다 소용없게 되었지만, 아예 결혼을 기피하는 사람도 있어 신경 쓰는 사람조차 없는 시절이 되었다.

복숭아

복숭아는 처서에 먹어야 제격이라고 하였지만, 백로에 먹어도 제맛을 느끼기에 충분하다. 한여름 더위를 피해 어두운 원두막에서 복숭아를 먹을 때면, 제일 맛있는 과일이 복숭아인줄을 알게 된다. 지금처럼 농약도 많이 치지 않던 시절의 복숭아는 벌레가 많이 먹었다. 그래서 복숭아는 밤에 먹어야 더 맛있다는 말도 생겨났다. 그만큼 모르고 먹으면 모든 것이 다 좋다는 뜻이다. 요즘 사람들은 개복숭아 즉 들판에서 자연으로 자란 복숭아는 기관지 천식의 치료에 좋다고 하여 일부러 가꾸기도 한다.

백로의 별자리

백로의 초저녁 동쪽 하늘에 벽수(壁宿)가 떠오르고, 자정이 되면 정동쪽에 머무른다. 벽수는 동벽(東壁)이라고도 부르는데, 세상의 책과 그림 등을 보관하는 하늘의 도서관이다. 벽수가 밝게 빛나면 천하의 책들이 모이면서 도(道)가 이루어진다고 하였다. 또 어두운 빛을 띠면 임금이 문(文)보다 무(武)를 중시하여 선비가 버림을 받으며 액운이 나타난다고 하였다. 이러한 벽수는 페가수스자리의 감마(γ)인 알게니브와 델타(δ)인 알페라체를 말한다.

바로 옆에 규수(奎宿)도 있는데, 이는 하늘나라의 돼지로 서방7사의 호랑이꼬리에 해당한다. 안드로메다자리의 베타(β)인 알페라츠는 2등성이며 동양에서는 규대성(奎大星)이라고 부르는데, 이는 돼지의 눈을 의미한다.

페가수스의 왼쪽에 카시오페이아자리가 있는데, 이 별의 오른쪽 별 두 개를 떼어 왕량이라고 한다. 왕량(王良)은 말(馬)을 잘 다루어 양왕(襄王)에게 말 타는 법을 가르쳐 주었던 사람이다. 그리고 가운데 별은 책성으로 말을 다루던 채찍을 의미한다.

다음에 왼쪽으로 조금 비껴서 내려오면 위수와 묘수가 보인다. 묘수(昴宿)는 좀생이별로 플레이아데스 성단을 말하는데, 작은 별들이 여러 개 모여 마치 하나의 별처럼 보이는 현상이다. 좀생이의 원래 뜻은 작고 자질구레하며 좀스럽다는 것을 가리킨다.

사실 플레이아데스 성단은 3등성인 에타(η)를 주별로 하여, 거인 아트라스와 이오네의 사이에서 태어난 7명의 공주들이 모여 있는 것을 말한다. 그러나 어떤 때는 9개의 별이 보이기도 하다가, 어떤 때는 6개의 별이 보이기도 한다.

그리고 더 내려오면 고래자리에 닿는다. 고래자리는 작은 오각형을 이루는 곳이 머리에 해당하며, 좀 크고 길게 늘어진 오각형은 고래의 배 뒤쪽을 가리킨다. 이때 고래의 머리는 하늘의 집 즉 천균(天囷)을, 고래의 배 뒷부분은 하늘의 창고인 천창(天倉)을 나타낸다. 이런 고래 자리와 안드로메다자리의 중간에 3개의 별로 된 양자리가 있는데, 이 것이 바로 루수(婁宿)에 해당한다.

22.6 백로와 현실

백로 역시 일상사에서는 특별한 날이 아니다. 또한 어른들 중에서 도 농사를 짓지 않는 사람들에게는 별 의미가 없는 날이다. 백로가 되 면 풀끝에 이슬이 맺히는 것이니, 기온의 일교차가 심하여 감기에 걸 리기 쉽고 아침에는 서늘하지만 낮에는 볕이 따가운 계절이다.

부지런한 사람들은 벌써 내년 퇴비를 장만하여 마당가득 말리기 바 쁘다. 풀이 나지 않는 겨울동안 가축에게 먹일 꼴을 준비하는 것이다. 물론 꼴은 굳이 백로가 아닌 때에도 베었지만, 이때 베는 꼴은 가을채 비를 하려는 풀들이 영양분을 모으는 때이니 당연히 좋을 것도 사실 이다.

사람들은 백로라 하면 하늘을 날아다니는 새를 연상하기 쉽다. 그 만큼 농사절기에 관심이 없다는 것이고, 백로(白露)는 백로(白鷺)만 큼 잘 알지 못한다는 말이다. 그리고 보니 순백(純白)의 백로는 날아 다니는 폼도 우아하여, 풀잎에 맺힌 이슬보다야 기억에 남는 그림이 되기는 한다.

이렇게 하늘을 나는 백로는 우리나라에 몇 군데 집단 서식지가 있다. 이 지역 사람들 역시 처음 한두 마리가 날아왔을 때는 길조(吉鳥)라 하여 반갑게 맞았지만, 그 수가 불어나자 날리는 깃털로 인해 피해를 입는 것은 물론 분비물로 인한 피해도 엄청나다. 우리가 보는 평화로운 백로의 사진 한 장은 글자 그대로 사진에 불과한 것이며, 이것이 현실로 다가오면 하나의 재앙도 될 수 있음을 실감한다.

벼가 익어가는 들판에서는 새를 쫓기도 하는데, 허수아비를 세우거나 아이들이 소리를 질러 쫓아내기도 한다. 예전의 새들은 사람모양을 한 허수아비만 보고도 놀라 도망갔다지만, 요즘에는 허수아비가 움직이는지 움직이지 않는지를 따져 골라 앉는 새들로 골머리를 앓고 있다. 이것은 모두 사람이 편하자고 허수아비를 벌세우는 지혜로운 인간들의 학습효과가 아닌가 생각한다. 이제는 사람이 손을 휘저어 새를 쫓아야 하고, 총소리를 들려주어도 아랑곳하지 않는 새들이 생겨났다. 이것은 인간이 만들어놓은 주변 환경에 적응한 결과일 것이다.

23 추분

추분은 24절기 중에서 열여섯 번째이며 백로(白露)와 한로(寒露) 사이에 들어있다. 음력으로는 8월 초에 해당하는데 양력으로는 9월 22일이나 23일에 든다. 2010년과 2011년의 경우 9월 23일에 들었고, 2012년에는 9월 22일에 2013년에는 9월 23일이었다. 추분도 다른 24 절기들과 마찬가지로 특별한 행사가 없으며, 양구나 단오처럼 절일 (節日)로 여기지도 않았다. 추분 무렵인 음력 8월 15일에 추석이 들 며, 이어서 음력 9월 9일인 중양절이 찾아온다.

추분은 태양이 추분점을 지나는 때인데, 추분점이란 천구상(天球 上) 황도(黃道)와 적도(赤道)의 교점으로, 태양이 북반구에서 남반구 로 향하여 가던 중 적도를 통과하는 점이다. 이때는 적경(赤經), 황경 (黃經) 모두 180°에 놓이며, 적위(赤緯)와 황위(黃緯)는 0°에 놓인다.

23.1 추분의 환경

농도인 전라북도 전주에서 추분으로 기준한 9월 23일의 기후를 보면, 1971년부터 2000년까지의 평균 기온의 평균은 19.8℃였으며, 최고 기온의 평균은 25.2℃로 나타났고, 최저 기온의 평균도 15.3℃로 백로보다 약 2℃나 낮게 나타났다. 강수량은 7.0mm로 백로보다 거의 두 배나 되었으나, 평균 습도가 75.0%로 낮아지고 있다. 바람의 평균 속도 1.0m/s로 줄어들었다.

옛 사람들은 추분기간을 5일씩 나누어, 초후(初候)에는 우레 소리가 비로소 그치게 되고, 중후에는 동면할 벌레가 흙으로 창을 막으며, 말후에는 땅 위의 물이 마르기 시작한다고 하였다. 농사력에서는 이 시기가 추수기에 달하므로 백곡이 풍성한 때이며, 들판은 어디서나 귀뚜라미 소리를 들을 수 있다.

추분에는 가을걷이 준비가 시작된다. 이때 추석이 다가오며 그와 더불어 식재료의 준비가 뒤따르는 시기다. 들과 산에서 활동하다가 유행성출혈열이나 쯔쯔가무시 혹은 렙토스피라와 같은 질병에 걸리지 않도록 주의하여야 한다. 일부 곤충들은 환경이 변함에 따라 각자 나름의 독성도 축적해간다는 것에 유의하여야 한다.

23.2 추분의 상황

춘분과 추분은 둘 다 밤과 낮의 길이가 같아 일사량이 같다고 생각하지만, 1971년부터 2000년까지의 전주지역 1일 평균 기온의 평균을 보면 춘분은 7.0℃였고, 추분은 19.8℃로 10°이상 차이가 났다. 이것은 여름내 달궈진 대지가 추분이 되었어도 아직 식지 않았음을 의미한다.

또 추분을 낮과 밤의 길이가 같은 날이라고 하지만, 태양이 진 후에도 어느 정도의 잔광(殘光)이 남아있어 낮이 밤보다 조금 길게 느껴지기도 한다. 이때부터 낮의 길이가 점점 짧아져서 밤의 길이가 길어진다. 별자리로는 사자자리와 처녀자리의 중간에 위치한다.

장독대에는 붉은 고추잠자리가 날아들고, 그들 위의 하늘은 높아만 보인다. 그늘에 있으면 서늘하지만 햇볕에 나오면 아직도 여름인 듯 착각하는 때이다. 사람들은 이런 기후변화에 민감하지 못하지만, 다른 동식물들은 아주 민감하여 각기 생(生)을 마감하고 후손을 기약하는 체제로 돌아선다.

23.3 추분의 농사

추분이 지나면 점차 밤의 길이가 길어지므로 드디어 가을이 오는 것을 실감하게 된다. 따라서 추분에 들면 이제 겨우살이 준비를 해야 하는 계절이다. 논밭의 곡식을 거둬들여야 하고, 잘 익은 열매를 골라 내년 농사에 쓰일 종자를 만들어야 한다. 만약 추분이 뱀날 즉 사일(巳日)앞에 있으면 논농사가 흉년이고 뒤에 있으면 풍년이 든다고 믿었으며, 비가 조금 내리면 길하고 날이 개면 흉년이라고 믿었다.

축산 농가는 축사(畜舍)의 바닥이 차가워지면 혹시 올지도 모르는 감기나 각종 질병을 예방하기 위하여 볏짚이나 톱밥을 깔아주는 것도 좋다. 하루 중 일교차가 큰 시기임으로 환기에 신경을 쓰고 태양이 뜨거운 때를 대비하여 그늘을 아직 치우지 않는 것이 좋다. 구제역과 조류인플루엔자, 돈열, 브루셀라병, 결핵, 광견병, 뉴캐슬병, 가금티푸스 등을 예방하여야 한다.

벼농사

가을이 되면 벼를 수확하기 위하여 논바닥을 말려야 한다. 그러나 논물을 너무 일찍 빼게 되면 나락이 잘 여물지 않아 금간 쌀이나 덜 익은 쌀이 많아진다. 이렇게 품질이 떨어진 쌀을 수확하지 않

▲ 벼

으려면 가능한 물 빼는 시기를 늦추어야 한다.

일반 논에서 물을 빼는 시기는 이삭이 팬 후 30~35일이 지난 다음이며, 논의 상태에 따라 작황을 보고 결정하여야 한다. 배수가 너무 잘 돼서 걱정되는 모래 논은 일반 논보다 조금 늦게까지 물을 대줘야 제대로 여무는데, 대략 수확하기 일주일 전까지는 물을 대주는 것이 좋다.

극조생종은 7월 하순부터 8월 초에 이삭이 패고, 조생종은 8월 상순, 중생종은 8월 중순, 늦게 심은 벼나 중만생종은 8월 하순에 이삭이 패는 것이 보통이다. 그러므로 극조생종은 이삭이 팬 후 40일, 조생종은 40~45일, 중생종은 45~50일, 늦게 심은 벼나 중만생종은 50~55

일이 지난 후에 벼를 베면 적당하다. 그러나 내년에 종자로 쓸 벼라면 약 5일 정도 빨리 수확하는 것이 좋다.

너무 일찍 베면 덜 익은 청미가 생겨나거나 반만 익은 싸라기가 생겨난다. 그렇다고 너무 늦게 베면 완전히 익은 벼가 갈라져서 싸라기가 생기거나 서리를 맞아 냉해를 입는 경향이 있다. 수확된 벼는 변질되지 않도록 잘 말려야 하는데, 수확 후 4~5시간 이내에 건조에 들어가는 것이 좋다. 조금 늦으면 습도가 높아 부패하기 쉬운데, 기계에 의한 건조도 53℃를 넘지 않도록 한다. 이때도 주변 외기가 낮거나 건조시킬 벼가 적은 양이면 건조온도를 더 낮춰야 한다.

논의 물을 빼면 미꾸라지들이 땅속으로 들어가기 시작한다. 이른바 동면(冬眠)을 준비하는 것이다. 이때 잡은 미꾸라지는 가을(秋)에 잡은 고기 즉 추어(鰍魚)로 부르며, 좋은 영양식이 된다.

논물을 빼고 나면 도랑을 치고, 마지막으로 논두렁의 풀을 베어준다. 이는 논두렁쥐들이 겨울에 살아갈 환경을 없애는 것이기도 하며, 긴 풀은 가을걷이에 방해가 되기 때문이다. 또 잘 익은 종자가 논에 떨어지면 내년 김매기에 더 많은 일손이 들어간다. 들판의 벼들은 강렬한 태양과 천둥, 폭우를 이겨낸 자부심으로 도(道)를 닦아 겸손의 고개를 숙인다. 그러면 들판은 이제 곧 황금빛으로 변하게 될 것이다. 그러나 벼보다 번식도 빠르고 키도 큰 피를 제거하는 것을 잊어서는 안 된다. 피사리는 벼가 패기 전에 끝내 벼가 낙화(落花) 피해를 받지 않도록 하는 것이 좋다.

벼에는 벼멸구와 흰등멸구가 늦게까지 극성을 부리며, 수확은 대체로 아침 이슬이 마른 후에 작업하여야 건조하는 수고를 덜 수 있다. 또 벼 알의 누렇게 익은 정도가 90%에 달했을 때가 적당하다.

밭농사

수수와 조는 늘어 뺀 고개가 무거워 부러지도록 숙이게 되며, 가을 선들바람에 툭툭 콩 껍질 튀는 소리가 들려온다. 많은 콩을 한꺼번에 수확할 때에는 도리깨를 사용하기도 한다. 도리깨는 손가락 정

▲ 수수

도로 굵은 나무를 약 3자 혹은 1m정도 되게 잘라서 마치 손바닥 모양으로 여러 개를 붙여 만든 도구다. 이 도구는 긴 장대에 매달아 돌리면서 물체에 부딪치면 넓은 면적에서 쉽게 타작할 수 있는 장점이 있다. 가을보리도 밭에 심을 경우와 논에 심을 경우에 대비하여 종자를 선택하여 준비한다.

콩이나 고구마, 땅콩처럼 일찍 심은 밭작물은 가능하면 수확을 서둘러야 한다. 그래야 다음 작물을 심을 수 있기 때문이다. 콩의 꼬투리에 푸른빛이 사라지고 잎이 누런색이나 갈색으로 변하면 수확을 해도 좋다. 이때 콩만 심은 밭이라면 10월 상순에 수확하는 것이 좋고, 콩과 다른 작물을 섞어서 심은 경우라면 10월 상순부터 10월 중순까지가 적당하다. 익산지방에서의 일반적인 재배를 보면 참깨는 9월 중순부터, 들깨는 9월 하순부터 수확이 가능하다. 고랭지 감자는 적기에 수확을 한 후 그늘에서 말려 씨감자로 만든다. 또 두꺼운 껍질을 가지고 있는 참깨는 비를 맞지 않도록 주의하여야 한다.

채소농사

붉은 고추는 익는 대로 따주어 다음 고추의 자람을 좋게 하고, 가능하면 태양 볕에 말리지만 날씨의 조건에 따라 건조기(乾燥機)를 이용할 수도 있다. 고온다습한 날씨는 탄저병이 발생하기 쉬우므로 관리를 잘 해야 하며, 일단 병이 발생하면 빨리 제거하여 병균의 2차 번식을 차단한다.

가을무와 배추는 웃거름을 주는 시기다. 정식 후 15일 간격으로 3회에 걸쳐 주면 된다. 토양이 건조한 곳에서는 적정한 수분공급도 생각하여야 한다. 하지만 비가 너무 자주 온다든지 물을 너무 많이 주게 되면 다른 병원균이 생기므로 주의하여야 한다.

마늘은 9월 하순부터 10월 상순에 파종하는데, 씨마늘 소독은 파종 1주일 전에 실시하는 것이 좋다. 또 내년도의 씨마늘 주아(珠芽) 재배용은 정상 파종보다 1주일 먼저 하는 것이 좋다. 겨울을 나는 당근이나 생강 등도 미리 준비해둔다. 목화를 따고 고추도 수확하여 말리며, 호박고지, 박고지, 깻잎, 고구마순도 거두고 산채(山菜)도 말려두었다가 겨울에 사용하기도 한다.

아직까지는 기온이 높은 편이라서 탄저병과 역병, 응애, 진딧물, 그리고 각종 나방류가 극성을 부린다.

과수농사

사과와 배 등 과실의 성장이 멈추면서 과육(果肉)의 성숙에 들어간다. 따라서 당도가 높아지는 시기로 수분조절을 잘 해야 한다. 과실에 봉지를 씌운 경우는 수확하기 30~40일전에 벗기는데, 이때 갑작스런 햇볕으로 이상(異常) 열상(熱傷)이 발생하지 않도록 하기 위하여 봉지 내부의 온도 역시 외부의 기온처럼 뜨거워졌을 때가 좋다. 각종 과수에 꽃매미가 많이 달려들고 단감에는 미국선녀벌레도 찾아든다. 또한 응애, 나방, 노린재, 깍지벌레 등을 광범위하게 방제하여 혹시 모르게 남아 있다가 월동하는 것을 방지하여야 한다.

먼저 익은 열매를 따줌으로 아직 덜 익은 과실의 숙성(熟成)을 기대할 수 있다. 이때 나무 아랫부분에 달린 열매를 고루 익게 하려면 햇빛 반사필름을 깔아주는 것도 좋다. 그늘을 만드는 가지가 있다면 쳐 내거나 그 부분의 열매를 먼저 따 주는 것도 방법이다.

요즘 과일에는 복(福)자나 수(壽)자를 새겨 소비자의 관심을 끄는 세상이 되었다. 예전에는 그저 잘 익고 큰 과일이 제값을 받았지만, 이제는 쓰이는 용도와 시기에 따라 각각 다른 가격을 받는 세상인 것이다. 구기자와 오미자는 익은 정도를 살펴 수확하도록 하고, 수확한 열매는 통풍이 잘 되는 곳에서 자연건조를 하지만 지금은 기계를 사용하는 예가 많아졌다.

23.4 추분의 먹을거리

추분의 시절음식으로는 버섯요리를 대표적으로 꼽는다. 이 외에도 여름내 가꾸었던 모든 곡식들을 다 먹을 수 있으니, 하나하나 일부러 꼽는 것은 마땅치 않을 지경이다. 이는 마치 추석에 풍성한 먹을거리가 있는 것과 같다.

제철에 나는 음식이 바로 가장 좋은 음식인데, 풍성한 수확을 할 수 있는 것은 정말 복 받은 일에 속한다. 이때는 밭을 푸르게 했던 채소들도 먹을 수 있으니 이들도 거둬들여야 한다. 호박고지, 박고지, 깻잎, 호박순, 고구마순, 콩잎도 이때 거둬야 한다. 또 산에서 뜯을 수 있는 산채(山菜)도 빼놓을 수 없는 먹을거리다. 일부는 바로 먹기도 하지만, 일부는 그늘에서 잘 말려 겨울에 먹을 수 있도록 마른 나물로 준비하는 때이기도 하다.

논의 물을 빼고 잡은 미꾸라지는 한여름 땀을 흘리며 기운을 빼앗긴 신체(身體)를 보완해주는 영양식이다. 이것을 추어탕(鰍魚湯)이라 하며, 한여름의 삼계탕이나 보신탕에 견주어 뒤지지 않는다. 어촌에서는 굽는 냄새를 맡으면 집나간 며느리도 돌아온다는 전어도 빼놓을 수 없는 먹을거리다. 전어는 난류성 어종으로 여름에 산란을 마치며, 가을이 되면 왕성한 식욕으로 지방과 단백질 등 풍부한 영양분을 채우게 된다. 그래서 가을 전어가 맛있게 느껴지는 것이다.

23.5 추분의 별자리

서방7사(西方七舍)는 서방칠수(西方七宿)라고도 하는데, 적도 근처의 별자리 28수 중에서 추분날 초저녁 동쪽 지평선 위에 규수(奎宿)를 포함하여 누수(婁宿), 위수(胃宿), 묘수(昴宿), 필수(畢宿), 자수(觜宿), 삼수(參宿)가 떠오르는 것을 말한다.

이들은 적도상에 위치하는 별자리로 초저녁부터 서서히 그리고 차례대로 떠오르는 별이므로, 우리나라의 밤하늘에서 규수는 안드로메다자리로 가을별자리, 누수와 위수는 양자리로 가을별자리, 묘수와 필수는 황소자리로 겨울별자리, 자수와 삼수는 오리온자리로 겨울별자리에 해당한다.

28수는 달이 하늘을 운행하는 길인 백도(白道)를 따라 일주하는데, 이때 약 27.32일이 걸리기 때문에 28일을 기준으로 하였으며 이때 달이 머문다[宿]는 의미를 지닌다. 28수와 그 주변의 별자리를

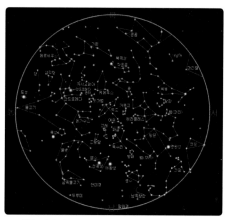

▲ 가을 별자리

동은 창룡(蒼龍), 북은 현무(玄武), 서는 함지(咸池) 또는 백호(白虎), 남은 주작(朱雀)의 4관으로 분배했다.

밤과 낮의 길이가 같아지는 추분에 저녁이 지나 밤에 들면 루수(婁宿)가 동북쪽 하늘에 떠오른다. 그러다가 자정이 되면 하늘나라의 동물원에 들어간다. 여기에 나오는 루수는 서방 백호에서 호랑이의 몸에 해당하며, 양자리의 주별 알파(α)인 하말과 부별 베타(β)인 쉐라탄, 그리고 마지막 별인 감마(γ) 메사르심 혹은 메사르팀을 말한다.

루수는 새나 물고기를 잡는 조롱별이라는 뜻으로, 확대해석 하면 사람을 가두는 감옥이나 동물을 가두는 우리를 의미한다. 가운데 있는 별은 루수의 동쪽에 있는 하늘나라의 식물원인 천원(天園) 및 천원(天苑)을 관리하면서 제사에 쓰일 동물들을 대주는 관리이며, 좌우로 신하를 거느린다. 따라서 루수의 아래쪽에 물고기자리가 있고, 그 옆으로 고래자리도 보인다. 또 루수의 왼쪽에는 양자리, 위쪽으로는 삼각형자리가 있다. 그런가 하면 양자리의 위에 위수(胃宿)도 보인다.

서방 백호의 위수(胃宿)는 북방 현무의 위수(危宿)와 달리 밥통 즉 위장(胃腸)을 말하며, 호랑이의 몸에 해당하고 양자리 35번에 속한다. 또 위수는 하늘나라의 곡간과 부엌으로 생각하였고, 주변에는 집이나 창고를 뜻하는 천균(天囷), 천름(天廩), 천창(天倉) 등이 있다. 고래자리의 천균과 페르세우스자리의 천름은 둥근 모양을 하였고, 고래자리의 천창은 네모난 모양을 형성하고 있다.

23.6 추분과 현실

춘분과 추분은 낮과 밤의 길이가 같다는 날이다. 그러나 하루 24시간의 절반을 잘라서 낮과 밤이 각각 12시간씩 같도록 만든 것은 아니다. 다만 낮이 길었지만 차츰 짧아지다가 밤이 길어지기 직전의 날이거나, 낮이 짧았지만 차츰 길어지다가 밤이 짧아지기 직전의 날이라는 뜻이다.

이런 춘분이나 추분은 하지나 동지에 비하여 상대적으로 덜 알려진 절기에 속한다. 다 같이 봄이나 가을의 계절을 대표하는 날이기는 하지만, 사람들에게 별로 관심의 대상이 아닌 절기(節氣)에 지나지 않았던 것이다.

한편 자연 속에서 사는 우리는, 사람이 만든 달력이 자연을 따라갈 수 없다는 것을 알고 난 후 어느 정도의 차이가 누적되면 날짜를 조정해줌으로써 이를 보완하기에 이르렀다. 그리하여 달력과 시절의 변화를 조정하기 위하여 절기를 하루 당기거나 늦추는 결과가 나왔다.

24 한로

한로는 24절기의 열일곱 번째 절기로 추분(秋分)과 상강(霜降) 사이에 들며, 음력으로 9월에 속하고 양력으로는 10월 8일이나 9일이다. 2011년과 2012년 그리고 2013년의 경우 모두 10월 8일

▲ 단풍 시작

에 들었다. 이때의 태양은 황경 195°의 위치에 온다.

한로(寒露)가 의미하는 내용은 글자 그대로 공기가 점점 차가워지면서 찬이슬이 맺히는 계절이다. 세시명절(歲時名節)인 음력 9월 9일의 중양절(重陽節)과 비슷한 시기에 들지만, 중양에 비교하면 특별한 민속이 없어 그냥 하나의 절기(節氣)로 칠 따름이다.

하지만 특별히 지킬 아무런 민속이 없다 해도 가을은 가을이라 차

가운 이슬에 단풍이 들고, 볼거리 먹을거리가 부족하지 않은 때이다. 이는 가을이 무르익었다는 증거다.

24.1 한로의 환경

농도인 전라북도 전주에서 한로로 기준한 10월 8일의 기후를 보면, 1971년부터 2000년까지의 1일 평균 기온의 평균은 16.1℃에 달했고, 최고 기온의 평균은 23.0℃로 나타나서 추분보다 약 3℃정도 낮았다. 또 최저 기온의 평균은 10.6℃로 추분보다 무려 5℃정도나 낮게 나타나 기온이 성큼성큼 낮아지는 것을 느낄 수 있다. 이때의 일교차는 무려 12℃ 이상으로 건강을 해치기 쉬운 환경이다. 강수량은 1.1mm로 추수기에 거의 비가 오지 않았으며, 평균 습도도 72.8%로 낮아지고 있다. 바람의 평균 속도 역시 1.0m/s로 줄어들었다.

옛사람들은 한로 15일간을 5일씩 끊어서 3후(三候)로 나누고 초후에는 기러기가 초대를 받은 듯 모여들고, 중후에는 참새가 적어지고, 말후에는 국화가 노랗게 핀다고 하였다. 이때가 우리나라의 상공을 놓고 제비와 기러기가 자리바꿈을 하는 시기다. 아울러 여름텃새인 참새도 겨우살이 준비를 하기에 활동이 뜸해진다는 때이다.

겨울잠을 자는 동물들은 마지막 영양분을 비축하는 시기다. 따라서 맹독성 동물들은 적으로부터 자신을 보호하는 수단으로 독을 만들어 내며, 또 커다란 부피를 최대한 농축시켜 간직하는 지혜를 발휘한다. 인간들에게도 가을걷이와 함께 환절기 감기에 주의가 요구된다.

한로는 적당한 시절의 추석 무렵에 해당함으로, 풍성한 수확으로

먹을거리 역시 흡족하다. 따라서 넘치는 영양공급으로 인한 부작용이
생기지 않도록 철저한 관리가 필요하다.

24.2 한로의 상황

밤에 기온이 내려가면
한낮의 공기에 포함된 습
도가 무거워져서 지상으
로 내려오는데, 전체적인
기온이 낮은 관계로 차가
운 이슬이 맺히게 된다.
이것이 밤과 낮의 기온
이 온화한 여름철에 생기

▲ 황금들판

는 백로(白露)와의 차이점이다. 이 시기를 지나면 찬 이슬이 꽁꽁 얼
어 서리로 변하기 시작함으로 계절적인 변화의 기로인 셈이다. 따라
서 바로 이어 들어서는 절기가 상강(霜降)이다. 아직 거둬들이지 못한
곡식이 있다면 한로 절기가 가기 전에 서둘러 추수를 마쳐야 한다. 그
런데 요즘은 지구온난화현상으로 수확이 조금 늦어지는 경향이 있어,
반드시 한로에 추수를 하여야 한다는 뜻은 아니다. 또 조금 앞서서 닥
치는 절기는 다음에 해야 할 어떤 일을 준비하라는 개념도 포함되어
있으니 이점도 유념(留念)하여야 한다.

이 시기는 오곡백과(五穀百果)를 수확하는 계절이며, 농촌은 아주
바쁜 시기가 된다. 산과 들에서는 여름철의 꽃보다도 더 아름다운 가

을 단풍이 곱게 물들어가지만, 부지런한 농부들은 이렇다 할 단풍놀이를 하지 못하는 때이기도 하다. 여름새가 떠나고 겨울새가 찾아오는 시기다. 조금 더 지나면 독수리와 같은 맹금류도 찾아올 것이다. 이른바 철새들의 대이동이 시작된다.

24.3 한로의 풍속

우리나라에서는 이 시기에 국화전(菊花煎)을 지지고 국화술을 담는 풍습이 있다. 국화는 둥근 모양을 한 여러 꽃잎이 촘촘히 퍼져있으며, 밝은 빛을 발하는 꽃으로 태양을 상징한다. 또 양(陽)의 숫자 중 가장 큰 수인 9가 겹치는 중양(重陽)이 바로 이즈음이기 때문에, 국화가 가지는 의미는 누가 뭐래도 양(陽)을 꼽을 수밖에 없다.

이 무렵 높은 산에 올라가 산수유 열매를 머리에 꽂아 잡귀(雜鬼)를 쫓았는데, 이는 수유열매의 붉은색이 귀신을 쫓아내는 벽사력(辟邪力)을 가지고 있다고 믿은 때문이었다.

한로의 들녘에서는 이제 막 수확이 시작되며, 이는 대체로 상강까지 이어진다. 이런 농촌을 혹시 낯모르는 길손이 지난다 하더라도, 새참을 먹이거나 막걸리 한 사발이라도 돌려 서로 나누는 정을 베풀었던 때이다.

24.4 한로의 농사

한로와 상강은 음력 9
월에 들어있다. 음력 9월
은 단풍이 들고 기러기
가 날아오는 계절로 차가
운 서리가 내린다. 「농가
월령가」에 물색이 좋으니
추수가 급하다고 하였으
며, '수고도 나눠하고 없

▲ 들깨 털기

는 것도 서로 도와 이 때를 만났으니 즐기기도 같이 하세' 라며 서로를
격려하는 말도 나온다.

일찍 심은 밭벼를 수확하고 하지쯤에 정식했던 들깨도 수확하는 시
기다. 벼를 비롯한 곡식들을 수확해 갈무리하고 고추와 오이, 호박 등
여름 과채류들도 씨앗을 받아둔다. 고구마도 캐어서 먹을 것은 먹고,
씨[種] 할 것은 잘 갈무리해두는 계절이다. 콩, 팥, 수수, 옥수수, 들깨
등 파종 후 100일이 지난 작물을 수확하는 철이다.

이렇게 바쁘면서도 힘든 수확을 하려면 농부들은 하루 다섯 끼의
밥을 먹었다. 이는 아침 후 점심이 오기 전의 새참과, 점심 후 저녁이
오기 전의 새참이라는 것은 다 아는 사실이며, 이때 새참은 보통 때의
밥과 같은 양으로 먹는 경우도 있었음을 알 수 있다.

그런데 요즘에는 내년에 사용할 씨앗을 준비하는데 재래종(在來
種)을 선택하는 농가가 드문 게 현실이다. 조금이라도 더 많은 수확을
얻고, 어느 특정 기능을 강화한 기능성 작물을 심으려고 하는 사람들

이 많은 탓에 토종(土種)보다는 개량종(改良種)을 선호하기 때문이다. 그러다보니 요즘 문제시 되고 있는 유전자변형까지 등장하고 있다. 아무리 그래도 우리 몸에는 우리 땅에서 난 토종작물이 최고라는 점에는 누구나가 공감하고 있다. 비록 소출(所出)이 적고 모양은 어설프지만 그래도 우리 몸에 적합한 먹을거리라니 소중히 여겨야 할 것이다.

벼의 경우 극조생종은 7월 하순부터 8월 초에 이삭이 패고, 조생종은 8월 상순, 중생종은 8월 중순, 늦게 심은 벼나 중만생종은 8월 하순에 이삭이 패는 것이 보통이다. 그러므로 극조생종은 이삭이 팬 후 40일, 조생종은 40~45일, 중생종은 45~50일, 늦게 심은 벼나 중만생종은 50~55일이 지난 후에 벼를 베면 적당하다. 이를 계산해보면 극조생종은 9월 중순으로 한로가 오기 직전에 해당한다. 또 조생종은 9월 중순에서 하순, 중생종은 10월 1일에서 초순, 늦게 심은 벼나 중만생종은 10월 중순부터 하순까지가 해당된다.

나락도 씨로 쓸 것은 조금 일찍 거두는 편이 좋다. 아직 푸른 기가 남아있는 알곡을 거꾸로 매달아 말렸다가, 상처가 나지 않도록 조심조심 홀태로 훑어준다. 그래서 한로는 내년 농사를 위해 좋은 씨앗을 갈무리하는 계절이기도 하다. 여기에 나오는 홀태는 벼 이삭을 넣고 잡아당기면 줄기와 벼 낱알이 분리되는 수확도구를 말한다. 생김새는 마치 머리를 빗는 빗과 같이 많은 이빨을 가지고 있다.

익산시 농업기술센터에서 전하는 익산지역 벼농사의 수확은 한로가 되면 바로 실시하는 것이 좋다고 한다. 그러나 현지 작물의 상황에 따라, 그리고 현지 논의 여건에 따라 조금씩 차이가 나니 물 빼기 등에 신경을 써야 한다.

수확한 벼를 건조기가 아닌 햇볕으로 말릴 경우는 미리 깔아놓은 볏짚 위에 멍석을 깔고 말리면 된다. 요즘에는 멍석이 무겁고 두껍다는 이유로 홀대를 받으며 가볍고 접어두기 쉬운 재료들이 활용된다. 한창 유행하는 비닐 성분의 망사(網紗)는 모기장처럼 구멍이 많이 뚫려있어서 짚멍석에 비해 통풍이 잘 되며 가볍고 부피도 작아 농가의 인기를 얻고 있다. 물론 이때도 밑에는 짚이나 다른 분리재(分離材)를 넣어 땅에서 습기가 올라오지 않도록 하는 것이 중요하다.

많은 양을 빨리 말리기 위한 기계건조의 경우는 처음 개발되었던 열풍방식에 비해 추가로 원적외선을 방출하여 말리는 방식이 채택되기도 한다. 이런 방식은 복사에너지를 다시 흡수하여 사용하는 것이므로 열효율이 좋다고 할 것이다. 기계건조는 45~50℃가 적당하며 아무리 높아도 53℃를 넘지 않도록 하고, 수분함유량은 1시간에 1%이상 너무 급격하게 마르지 않도록 한다. 특히 다음 해에 종자로 쓸 벼는 40℃이하에서 건조하고, 식량용으로 사용할 벼는 50℃이하에서 건조하는 것이 좋다.

조, 수수, 옥수수 같이 양이 적은 것은 이삭 채 거두어 잘 말린 다음 처마 밑이나 벽에 걸어두었다가 이듬해 파종할 무렵 꺼내어 사용하면 된다. 종자로 쓸 고구마는 한로 절기가 끝나기 전에 캐는 게 좋다. 서리를 맞으면 잘 썩기 때문에 종자로 사용하기에 부적합하다. 그렇다고 먹는 데까지 이상이 있는 것은 아니지만, 보관에 주의하여야 함으로 겨울 간식용 고구마도 상강(霜降) 전에 캐면 좋을 것이다. 그러나 고구마는 심은 후 120일 지나 캐는 것이 좋다.

오이와 가지, 호박의 씨를 거두는 채종(採種)은 아직 따지 않은 채로 좋은 열매를 골라 정성을 들인다. 눈으로 보아 과채류가 무르익었

으면 수확하여도 된다. 조
금 과하다 싶어 열매가
물러 터져도 상관은 없지
만, 그렇게 되면 씨앗을
관리하기가 힘드니 너무
기다리지 말고 적당한 때
에 거둔다. 이런 기다림은
과육(果肉)의 영양분이

▲ 호박

씨앗으로 옮겨가는 것을 기다리는 것으로, 충실한 씨를 얻는 방법 중
의 하나다. 고추는 튼실한 줄기에서 좋은 열매를 골라 씨를 받으면 된
다. 그러나 처음부터 고추를 태양초로 말린 다음 씨를 채취한다면, 더
욱 야무진 씨앗을 얻을 수도 있다.

무와 배추를 비롯한 채소류는 무름병, 무사마귀병, 진딧물, 배추좀
벌레, 배추순나방, 노균병, 벼룩잎벌레, 파밤나방, 담배거세미나방 등
을 방제하여야 한다. 시설채소도 역병, 잿빛곰팡이, 총채벌레, 아메리
카잎굴파리, 담배가루이, 응애, 진딧물 등이 번지기는 마찬가지다. 일
부 병충해는 주변에 널린 잡초를 중간숙주(中間宿主)로 하여 발생하
는 경우가 있으므로 환경을 깨끗하게 하는 것도 중요하다.

과수농가는 열매수확과 더불어 잎을 따주는데, 이는 다른 열매를
고루 익도록 하는 방법 중의 하나다. 이에 더하여 햇빛 반사필름을 깔
아주면 효과적이다. 열매는 나무의 환경에 따라 익는 속도가 다르므
로 여무는 정도를 보아 2~3차례 나누어 수확하면 된다. 발생하는 병
충해로는 검은별무늬병, 미국선녀벌레, 노린재, 깍지벌레, 꽃매미 등
이 있다.

한편 밀과 보리를 심는 계절이기도 하다. 따뜻한 남쪽지방에서는 조금 늦게 심어도 되지만, 중부지방에서는 늦어도 10월 중순 즉 상강 입기일(立期日)까지 심는 것이 좋다. 가을에 심은 작물은 추운 겨울을 견뎌야 하는데, 이때 추위가 오기 전에 세 치 정도 즉 5~6매의 잎이 자라있어야 적응력을 갖추어 생명을 부지(扶持)할 수 있기 때문이다. 이를 구체적으로 살펴보면 익산의 경우 평야지에서는 10월 중하순이 적당하고, 일부 산간지에서는 10월 상순과 중순이 적당한 파종 시기다. 중부지방에서는 이보다 약 10일 정도 빨리 심는 것이 좋다.

축산 농가는 거친 사료 즉 조사료(粗飼料) 확보에 총력을 기울이고, 습기를 제거하여 부패하지 않도록 한다. 내년 초에 먹일 사료작물로는 호밀, 보리, 이탈리안라이그라스 등이 있다. 요즘에는 건초에 암모니아처리를 하거나 곤포담근먹이를 하여 잘 숙성시키고 오래 보관할 수 있는 방법을 활용하고 있다. 10월 초순 즉 한로가 되면 기온이 5℃ 이하로 내려가면서 식물의 성장이 멈추게 되는데, 이때 사료작물을 거두는 것이 좋다. 반면 환절기는 가축에게서도 면역력을 떨어뜨리는 요인이 되므로 브루셀라, 설사병, 호흡기병, 돈열, 조류인플루엔자, 결핵, 뉴캐슬병, 가금티푸스 등을 예방하여야 한다.

24.5 한로의 먹을거리

하늘은 더없이 맑고 높으며, 벼가 여물어 들판은 황금물결로 변해가는 시기다. 이때는 농사짓는 사람들은 모든 것을 다 가진 듯하여 듬직하기마저 한다. 오죽하면 먹지 않아도 배가 부르다는 말을 하였을까.

아직까지도 한낮에는 따가운 햇볕이 남아있어 차가운 음식을 찾는 사람들도 있다. 그러나 이런 날씨는 음식을 빨리 상하게 하므로 보관에 주의하여야 한다. 또 기온의 일교차가 심해지고 건조한 날씨로 바뀌는 이때에는 우리 몸도 빨리 환경변화에 적응하는 것이 좋다. 그래야 면역력을 길러 추운 겨울철에도 정상적인 몸을 유지할 수 있는 것이니, 음식도 거기에 맞는 음식을 골라먹을 필요가 있다.

추어탕

한로와 상강이 되면 서민들은 시식(時食)으로 추어탕(鰍魚湯)을 즐겼다. 『본초강목(本草綱目)』에도 미꾸라지는 양기(陽氣)를 돋우는데 좋다고 기록하고 있다. 가을〔秋〕에 먹어 살찌게 하는 고기〔魚〕라 하여 미꾸라지를 추어(鰍魚)라고 불렀을 것이다. 추어탕은 가루로 만드는 경우와 토막으로만 잘라 통째 넣는 경우가 있다. 또 한 마리 전체를 이용하여 튀겨 먹는 것도 하나의 별미에 속한다.

삼색나물

삼색(三色) 나물은 흰색의 도라지와 검은색 줄기의 고사리, 그리고 녹색인 시금치가 어우러진 대표적인 나물에 속한다. 이때의 세 가지 색상은 마치 뿌리와 줄기 그리고 잎사귀를 연상하는 완전한 음식이라는 의미가 담겨있다.

뿐만 아니라 세 가지 색상에서 흰색은 백의민족의 조상을 의미하며, 검은 색은 현재의 부모님, 그리고 녹색은 앞으로 이어질 자손을 의미하기도 한다. 이런 원리는 우주를 연상시키기도 하며, 작은 우주에 비유하는 몸을 다스리는 한방의 처방 원리에 속하기도 한다. 뿌리가 튼튼해야 몸이 곧추서고 무성한 가지를 달 수 있다는 뜻과 같은 것이다.

송편

송편은 멥쌀가루를 반죽하고 풋콩과 깨, 밤 등의 소(巢)를 넣어서 반달 모양으로 빚어 쪄낸 떡을 말한다. 이때 시루에 솔잎을 넣기도 하는데, 이는 좋은 향을 내어 맛을 돋우는 방법의 일종이다. 그런가 하면 음식이 상하기 쉬운 가을 날씨에 오랫동안 보관하기 위한 방편으로, 살균 소독성분이 있는 솔가지를 넣는 사전(事前) 약방문(藥方文)의 효과도 얻었다.

꽃송편

전라도의 꽃송편은 이름부터가 귀하기도 하지만, 한의학적인 면에서는 훌륭한 '약선요리(藥選料理)'로 꼽힌다. 쌀가루에 오색나물로 만든 재료를 넣어 색을 내고, 송편의 윗부분을 꽃잎 모양으로 오므리면 아름다운 꽃송편이 된다. 오색(五色)은 동서남북과 중앙의 다섯 방위를 상징하며 이를 오방색(五方色)이라고도 한다. 중앙은 황색으로 호박을 의미하며, 동쪽은 녹색으로 연잎을, 서쪽은 백색으로 마를, 남쪽은 홍색으로 오미자를, 북쪽은 흑색으로 검은 콩을 의미한다.

토란탕

토란(土卵)은 동그란 모양의 뿌리채소로, 알칼리성을 띠는데 기름진 음식으로 생긴 산성(酸性)을 중화시킨다. 혹시 과식을 했을 때에도 뱃속의 불균형을 고쳐주며, 변비치료에도 효과가 있고, 음식이 변질되기 쉬운 계절에 독소(毒素)를 없애주는 아주 유용한 음식이다.

국화전과 국화주

한로는 국화전을 만들어 먹고 국화주를 담아 마시는 계절이며, 야산에는 산수유(山茱萸)가 풍성하여 산을 찾는 일이 많아지는 때이다. 산수유의 붉은 빛은 벽사(辟邪)의 능력을 가졌다고 믿었던 열매에 속한다. 벽사란 사악(邪惡)한 잡귀를 물리친다는 것이니, 왕성한 생명력으로 활기차면 그것을 물리칠 수도 있을 것이다. 그러기에 빨간색은 생명의 색이며, 젊음의 피를 상징하기도 한다.

국화차

그런가 하면 들녘에서 자란 야생 꽃들을 모아 좋은 차(茶)의 재료로 만들 수 있다. 그중에서도 가을에는 국화차를 우선으로 꼽는다. 요즘은 가까운 곳에서 쉽게 구할 수 있다고는 하지만, 공해에 찌든 것이거나 환경에 오염되었을만한 것은 피하는 것이 좋다.

현대인들은 몸에 좋은 것을 일부러 찾아나서는 경향이 있으므로, 조금 손이 더 가더라도 좋은 재료를 골라 살짝 데친 후 그늘에서 말려 건조한 곳에 보관하면 좋을 것이다. 잘 말린꽃은 차로 마셔도 좋고, 향낭(香囊)에 넣어 향(香)을 맡아도 좋다.

감

한로에는 울안이나 밭둑 어디에서도 지천으로 널린 감을 볼 수 있다. 감은 그 종류도 많고 생김새도 여러 가지며, 맛 또한 달거나 아삭

거리는 감 등 그 수를 헤아릴 수 없을 정도로 많다. 곶감을 만드는 대봉은 서리가 내리는 상강이 지나면서 깎아 매달기 시작한다. 요즘에는 천연감식초를 만드는 사람들이 많이 늘어나서 감을 효율적으로 사용하고 있다.

감은 잘 익어 말랑말랑한 것을 연시(軟枾)라 하고, 잘 익어 빨갛게 된 것을 홍시(紅枾)라고 한다. 그런데 따지고 보면 이제 막 익어가면서 빨갛게 된 홍시가 시기적으로 조금 빠르며, 잘 익은 감이 말랑말랑해진 연시가 약간 더 익었다고 보아야 할 것이나 서로를 구분하기가 약간은 애매한 점도 있다.

제철 채소

채소도 많아 울안 채전(菜田)은 먹을거리 천지가 된다. 김장용 배추와 무, 그리고 시금치도 한창이다. 배추와 무는 쌈으로 싸서 먹기도 하며, 된장시래기국을 끓여 먹어도 훌륭한 반찬이 된다. 시래기를 말리면 그냥 푸성귀로 먹을 때보다 더 많은 영양소를 얻을 수 있다. 이때 좋은 부분을 쓰고 나서 버려지는 나머지 이파리를 사용하기 보다는, 처음부터 싱싱하고 온전한 잎을 살짝 데쳐서 말리면 더욱 부드럽고 맛있는 시래기를 장만할 수 있다.

기타

음식은 어느 한 가지만 많이 먹는 다고 이로울 것이 없다. 양양소를 골고루 섭취하는 것은 물론이며, 기능적으로도 골고루 균형을 맞추어야 정말 몸에 좋은 음식이라 할 것이다.

이런 의미에서 추석음식은 오랜 전통과 경험을 토대로 만들어진 음식이며, 제철에 나는 재료를 사용한 최고의 보양식이라 할 수 있다. 예를 들어 가을에 먹는 토란국, 삼색 나물, 오색 꽃송편 등은 한 가지 음식에 가을 기운을 듬뿍 담고 있는 것은 말할 것도 없고, 면역력을 기르는 데 아주 적합한 음식들이다.

토란국이 가르쳐 주는 음양적 기능, 삼색나물의 구조적 · 사회적 기능, 꽃송편이 보여주는 공간적 · 총체적 기능은 만물이 한 곳에서 모이는 늦가을의 인간을 의미하기도 한다. 음식 하나를 먹더라도 우주의 원리와 자연의 풍요(豊饒)를 모두 만끽하는 것이니, 우리 몸이 곧 자연의 일부가 되고 우리의 생활 속에 자연이 들어와 있는 그런 삶이었다고 할 것이다.

24.6 한로의 별자리

찬 이슬이 내리는 한로에는 은하수가 많이 보이며, 저녁이 되면 큰 무덤별 즉 대릉성(大陵星)과 하늘 배별 즉 천선성(天船星), 좀생이별 등이 동북쪽 하늘가로 떠오른다.

좀생이별은 묘수(昴宿)로 플레이아데스성단을 말하며, 가을철의 큰 네모인 실수와 벽수에서 동쪽으로 이동하여 규수를 지나면 낚시바늘 두 개를 등대어 놓은 듯한 천선과 대릉을 만나게 된다. 규수는 안드로메다자리에서 명치에 해당하는 델타(δ), 그리고 좌우에 있는 파이(π)와 엡실론(ε)의 3개의 별을 말한다.

묘수는 늦가을에서 겨울에 뜨는 별로 죽은 사람을 장사지내는 상례(喪禮)와 임금에게 간언(諫言)하는 일을 맡았다. 대릉은 페르세우스자리에서 마녀 메두사의 머리에 해당하는 베타(β)와 로(ρ)를 포함하여 8개의 별을 가리키며, 천선은 페르세우스자리의 오른쪽 옆구리에 해당하는 감마(γ), 알파(α), 프사이(ψ), 델타(δ)를 포함하여 9개의 별로 되어있다.

묘수의 동쪽으로 필수(畢宿)가 있는데, 이는 오리온자리의 허리띠부터 플레이아데스성단까지 잇는 선에서 황소자리의 알파(α)인 알데바란이 중심이 된다. 또 동쪽으로 이동하여 오리온자리에서 사각형을 이루는 별과 중앙의 별들을 포함하여 삼수(參宿)라 하며, 오리온자리에서 사람의 머리에 해당하는 별 3개를 자수(觜宿)라 한다.

24.7 한로와 현실

한로를 일반인들이 느끼기에는 국화를 떠올릴 수 있다. 특히 요즘에는 각 지자체별로 앞 다투어 국화축제를 개최하고 있는데, 그 시기가 바로 한로가 지나면서 시작되는 것이다. 물론 국화꽃은 상강이 되면 절정에 이르고 더 지나게 되면 시들고 만다. 따라서 가을소풍을 가면 한로에 가고 단풍놀이를 가면 상강에 가는 것이 일반적이다. 봄이나 가을에 수학여행(修學旅行)을 가는 것도 이와 무관하지 않다.

한로를 지나면 활엽수(闊葉樹)는 낙엽을 만들고 단풍이 들기 시작한다. 2012년도 남한의 단풍구경은 설악산 10월 13일을 기점으로 지리산 10월 18일, 북한산 10월 26일, 내장산 11월 6일이 절정(絶頂)일 것으로 예상했었다. 물론 이 시기는 당해 연도 계절의 변화에 따라 달라지는 것으로 평년보다 약 5일 정도 빠르게 예측한 것이었다. 여기서 말하는 평년(平年)은 지난해부터 과거 30년 동안의 값으로 평균 낸 결과치를 한 해의 수치(數値)로 인정하여 적용하는 것을 말한다.

　겨울에 간식으로 먹기 위하여 보관한 고구마가 썩기 시작하면 자기 몸을 웅크려 혼자서만 썩는데 비해, 감자는 썩으면서 진물을 내어 다른 감자까지 썩게 하는 성질을 가지고 있다. 고구마는 찬 서리를 한두 번 맞은 후에 거두어도 좋다고 하였는데 이는 조금 늦은 경우를 말하며, 빠른 밭에서는 한로가 되면 벌써 수확을 시작한다. 고구마의 정식 보관온도는 12~15℃가, 감자는 3~4 ℃가 적당하니 보관에도 각자의 성질을 파악하는 것이 좋다.

25 상강

상강은 24절기 중 18번째로 한로(寒露)와 입동(入冬) 사이에 들어 있는 가을절기의 마지막에 속한다. 음력으로는 9월에 해당하며 양력으로는 10월 23일이나 24일에 든다. 2011년의 경우는 10월 24일에 들었고 2012년과 2013년에는 10월 23일에 들었다. 태양이 황경 210°에 위치하는 날이다. 상강(霜降)은 글자 그대로 서리가 내린다는 뜻이니, 가을도 무르익어 그만큼 기온이 내려갔다는 것을 의미한다. 그렇다면 이제 곧 겨울이 온다는 것과 다를 바 없다.

25.1 상강의 환경

농도인 전라북도 전주에서 상강으로 기준한 10월 23일의 기후를 보면, 1971년부터 2000년까지의 1일 평균 기온의 평균은 12.9℃에 달했고, 최고 기온의 평균은 19.7℃로 나타나 한로보다 약 3℃정도 낮았으며, 최저 기온의 평균은 7.3℃로 한로보다 역시 3℃나 낮게 나타났다. 강수량은 1.0mm로 추수기에 거의 비가 오지 않았고, 평균 습도도 70.3%로 차츰 낮아져서 건조해지고 있음을 알 수 있다. 바람의 평균 속도는 1.0m/s로 조금 더 줄어들었다.

상강부터 입동 사이의 15일을 5일씩 삼후(三候)로 나누어 자연의 현상을 설명하였다. 이를테면 처음 5일인 초후에는 승냥이가 산짐승을 잡는 때이며, 중후는 초목이 누렇게 떨어지는 때, 마지막 말후는 겨울잠을 자는 벌레들이 모두 땅속에 숨는 때라고 한다.

이 내용을 보더라도 겨울잠을 자는 동물과 벌레들이 바야흐로 동면(冬眠)을 시작하는 때이다. 그리고 보면 사람들도 가을걷이를 통해 겨우내 먹고살 양식을 비축하는 것과 서로 닮은꼴이라 할 것이다.

25.2 상강의 상황

상강(霜降)이 들어있는 절기(節氣)에는 건조하여, 햇볕에 비추는 낮 동안에는 아직도 제법 따가울 정도이다. 하지만 아침저녁으로는 쌀쌀해서 여벌의 옷을 걸쳐 입을 준비를 하여야 한다. 이런 가을에는 비가 한 차례 올 때마다 '뚝뚝' 하며 기온 내려가는 소리가 들리고, 이런 박자에 맞춰 낙엽도 떨어진다.

겨울잠을 자는 벌레들은 상강이 지나면서부터 혹은 늦어도 입동이 들기 5일전에는 모두 땅속으로 들어가 버린다. 동물들은 굴 안에 들어가서 모아둔 양식을 먹기도 하며, 몸에 비축한 영양분에 의지하여 겨울잠을 청한다.

대기 중의 공기와 직접 닿은 부분에서는 습기가 하얗게 얼어붙은 서리를 발견할 수가 있다. 서리는 떠돌아다니던 공기가 차가운 기온을 만나 무거워지면서 지면으로 떨어진 것을 말하는데, 어떤 때는 나뭇가지에 걸터앉는 경우도 있어 아름다운 눈꽃을 연출(演出)하기도 한다. 눈꽃은 습도가 높으면서 기온의 일교차가 큰 곳에서 자주 일어나는 현상으로, 강가나 호숫가에서 많이 볼 수 있다.

지면과 맞닿은 곳에서 일어나는 것이 서리라 한다면, 이보다 훨씬 높은 곳에 있는 차가운 구름이 땅으로 내려오는 것을 눈이라 할 수 있다. 상강이 양력 10월 하순인 것에 비교하여 눈은 11월 중순이후에 내린다. 그러나 어떤 해는 10월 중순에 첫눈이 내리는 경우도 있어 마냥 안심할 수만은 없는 것이다.

상강이 되면 가을 산을 물들였던 단풍은 이제 자취를 감추게 된다. 남부지방의 일부 산에는 아직 흔적이 남아있기도 하지만, 그렇다고 그것을 단풍이라고 하기에는 무리가 따른다. 가장 아름다운 단풍, 가장 늦게까지 남아있다는 내장산의 가을단풍도 11월 중순에는 그 빛을 다하게 되니, 단풍놀이를 하고자하는 사람들은 10월 상순인 한로(寒露)부터 11월 초의 입동(立冬)이 되기까지 서둘러야 한다.

한편, 요즘은 지구 온난화 현상으로 서리가 내리는 시기도 상강 이후로 늦어지고 있는 실정이다. 1919년부터 우리나라의 중부와 남부를 망라한 조사 결과를 보아도, 가끔은 상강 이전에 내리기도 했던 첫서리가 이제는 상강 이후로 옮아가고 있음을 알 수 있다. 특히 목포지방에서는 아직까지 상강 이전에 서리가 내려 본 적이 한 번도 없다는 분석이다.

상강의 풍속

　조선시대에는 국가의례인 둑제(纛祭)를 행하기도 하였다. 둑제는
군기(軍旗)에 대한 예식으로, 왕이 타는 수레 즉 대가(大駕) 앞이나
군대의 행렬 앞에 세우는 대장기(大將旗)에 지내는 군기제(軍旗祭)
다. 서울의 동쪽인 지금의 뚝섬에 사당(祠堂)이 있어 경칩과 상강에
둑제를 지냈으며, 무신(武臣) 당상관(堂上官)이 헌관(獻官)이 되었다.
둑제에는 악생(樂生) 23명이 초헌에 납씨가(納氏歌)를 부르며 간척
무(干戚舞)를 추고, 아헌에 납씨가를 부르며 궁시무(弓矢舞)를 추며,
종헌에 납씨가를 부르며 창검무(槍劍舞)를 추며, 제사를 마치고 제기
(祭器)를 거두는 철변두(徹籩豆)에 원을 그리며 돌기도 하고 전진하
거나 후퇴하면서 태조 이성계의 무공(武功)을 찬양하는 정동방곡(靖
東方曲)을 부른다.

　농사력으로는 이 시기에 추수가 마무리되는 때이기에 겨울맞이를
시작해야 한다. 권문해(權文海)의 『초간선생문집(草澗先生文集)』에
는 상강을 된서리로 표현하였고, 기러기가 날아가고 나뭇잎이 시든다
고 하였다. 그러나 민가에서는 상강에 전하는 특별한 민속행사가 없
으며, 추수가 마무리되는 단계로 겨울맞이를 할 차례가 보통이다. 그
저 10월 상달에 관한 풍속을 떠올릴 수는 있으나, 그와 똑같이 할 수는
없는 것은 다 끝내지 못한 가을걷이로 그럴 여유가 없었다고 보아야
한다.

　상강에 들면 이미 대지가 많이 식어있고, 태양도 기운을 잃어 어느
정도 쇠약해진 상태다. 따라서 동토(凍土)의 기운이 퍼지는 때로 세상
은 온통 음(陰)의 기운에 싸이게 된다. 이런 때에 남자는 양(陽)을 표

방하니, 상대적으로 양의 기운이 돋보이는 시기다. 그래서 가을은 남자의 계절이기도 하다.

이때는 단풍이 절정에 이르며 국화도 활짝 피는 늦가을의 계절이다. 중구일과 같이 국화주를 마시며 가을 나들이를 하는 이유도 이런 계절적 사정과 밀접한 관련이 있다.

25.4 상강의 농사

상강은 서리를 뜻하며 다시 말하면 추운 정도를 나타낸다. 그렇다면 서리가 빨리 오는 지역과 늦게 오는 지역의 농사가 다를 것은 분명한 일이다. 각각의 지형과 형편에 따라 적절한 품목과 품종을 선택하는 것이 관건이라 할 것이다.

▲ 수확

가을은 오곡백과를 추수하니 풍요와 결실의 상징이기도 하지만, 빨갛게 물든 이파리들을 모두 떨어내는 삭막한 계절이기도 하다. 이 무렵의 농촌은 가을걷이가 한창으로 그야말로 눈코 뜰 사이 없이 바쁜 시기다.

하얗게 분이 앉은 청둥호박을 따야하고, 마지막 남은 밤이나 감, 사과, 배, 대추 등도 거두는 때이다. 혹시 때를 놓쳐 서리라도 맞게 되면 과육이 얼어 못쓰게 되는 때문이다. 그런가 하면 조와 콩, 팥, 녹두, 수수, 땅콩과 같은 밭곡식의 수확도 빼놓을 수 없다.

익산시 농업기술센터가 안내하는 도농도시 익산지역의 콩 수확 적기는 10월 중순 즉 상강 때부터이며 11월 상순 즉 입동까지 이어진다. 누렇게 변해가는 깻잎과, 가지에 붙어 있으나 이제는 수명을 다한 고추를 하나라도 더 따야하는 때이다. 뿌리 작물 중에 가장 늦게 캔다는 고구마와, 서리를 맞은 후 거둔다는 서리태가 서리를 맞으면 수확하여야 한다. 따라서 농가(農家)는 무상일수(無霜日數)를 계산하여 그 지역 농사의 계획을 세우는 것이 상례(常禮)다.

이토록 바쁜 시기에는 대부인(大夫人) 마나님이라 할지라도 모른 채 할 수 없어서 거들게 되니, '대부인 마나님도 나막신짝 들고 나선다.'는 속담이 생겨났다. 그런가하면 평소에 있으나 없으나 마찬가지인 부뚜막의 부지깽이까지도 거들고 나서는 게 가을농사철이다.

이런 가을걷이에 벼 베기도 빠지지 않는다. 미리 물을 빼내어 논바닥이 마른 상태에서 벼를 베어야 작업하기도 쉽지만, 베어낸 벼를 넓은 논바닥에 늘어놓아 말릴 수 있기 때문이다. 한데 요즘은 즉석에서 벼를 훑어내니 논바닥에서 말리던 것은 옛이야기가 되고 말았다. 가을걷이한 벼를 포장된 도로에서 말리는 경우도 있는데 이는 사고의 위험이 따르고, 다른 사람에게는 통행의 방해가 되므로 해서는 안 될 일에 속한다. 논에서 수확이 끝나면 내년 봄 농사를 위하여 가을보리를 파종하여야 함으로 수확을 서두르지 않을 수 없다. 따라서 아무리 늦어도 상강에는 추수를 마치도록 하여야 한다.

그러나 바쁘다고 하여도 거둬들인 볏대를 그대로 보관할 수도 없으니, 이를 타작하고 말리는 작업이 줄을 이어 기다리고 있다. 예전에는 홀태라고 하여 여러 개의 이빨을 가져 마치 빗 모양과 같은 타작도구를 사용하였었다. 이것도 행여 시기를 놓칠까 걱정하여 품앗이에 나서니 여름 두레가 가을에도 이어진 셈이었다. 미처 타작을 하지

▲ 수확을 마친 들판

못하였다면 낟가리를 쌓았다가 여유를 보아 조금씩 꺼내어 타작하는 경우도 있었다. 이순신장군이 왜군을 속인 낟가리 역시 이런 모습을 보여준 것이다.

가을보리나 밀은 겨울이 오기 전에 5~6매의 본 잎이 나와 면역력을 갖추도록 하는 것이 좋다. 익산지방의 보리파종은 평야지에서 10월 중순에서 하순, 산간지에서는 10월 상순에서 중순에 하는 것이 바람직하다. 수확한 고구마는 12~15℃의 비교적 따뜻한 곳에 보관하며, 감자는 3~4℃가 적당하다.

김장용 채소인 무와 배추는 생육상태에 따라 복합비료를 주기도 하며, 결구(結球)가 시작되면 하루에 10아르(a) 즉 1,000m^2당 200리터(L)의 물이 필요하다. 이것을 많이 사용하는 단위로 환산하면 가로 세로 각 3미터 즉 3평에 2리터가 적당하다는 것이다. 일부 농가에서는 배추 무사마귀병, 무름병, 노균병, 균핵병, 파밤나방, 배추좀나방, 담배나방, 진딧물 등이 번지는 때이다. 이러한 병충해도 초기에는 약효가 있으나, 조금 자라게 되면 내성이 생겨서 더 강한 약제를 살포하여야만 하기 때문에 발생 초기 진압이 매우 중요하다 할 것이다.

내년 봄에 사용할 사료 작물 혹은 녹비용(綠肥用) 작물은 자운영, 헤어리벳치, 호밀, 보리 등이 있다. 밀의 파종 시기는 보리보다 약간 늦어서 산간부에서는 10월 상순과 중순, 평야부에서는 10월 중순부터 하순, 그리고 해안지대에서는 10월 하순부터 11월 상순까지 마쳐야 한다. 이러한 밭작물의 물빠짐을 원활하게 하여 겨울철 동해를 입지 않도록 하고, 만약 눈이 녹지 않고 그대로 덮여있으면 차라리 찬바람을 막아주는 보온효과를 얻을 수도 있다. 본 잎이 5~6장 나오면 한 겨울을 날 수 있다.

겨울을 나는 마늘은 10월 중순 즉 상강부터 하순 즉 입동 전까지는 파종을 마쳐야 하며, 반드시 씨마늘 소독하는 것을 잊어서는 안 된다. 중만생종 양파도 10월 중순부터 11월 상순까지는 아주심기를 마쳐야 하며, 이렇게 함으로써 뿌리의 활착률이 좋아 혹독한 겨울을 나는데 이상이 없게 된다.

과수농가는 익은 과일을 골라 2~3차례에 걸쳐 수확을 하도록 한다. 어떤 경우는 네 번으로 나누어 따기도 한다. 같은 나무에 달려있어도 붙어있는 위치와 당시의 상황에 따라 익어가는 속도가 다르니 그럴 수밖에 없을 것이다. 그럼으로 두 번째 과실과 세 번째 과실이 적당히 익어 고른 품질을 얻을 수 있게 된다. 또 이들을 저장할 때에도 병해가 있는지 혹은 충해가 있는지, 그리고 모양과 크기에 따라 선별하여 보관하면 나중에 혼란을 방지할 수 있다. 또 상처 입은 과실을 섞어 놓으면 훗날 다른 과실까지 상하게 되는 요인이 됨으로 처음부터 분리하여 보관하도록 한다.

「농가월령가」 9월령에서는 '들에는 조, 피더미, 집 근처 콩, 팥가리, 벼 타작 마친 후에 틈나거든 두드리세……'라고 하여, 바쁘지만 율동

감에 활력이 묻어나는 그런 농촌을 그려주고 있다. 그러나 현재는 농사 기술과 작업 도구들의 발달로 농사짓는 기간도 짧아졌을 뿐만 아니라 파종하며 거두는 농사 시기도 빨라지고 있어, 옛 방식과는 많은 차이를 보인다.

축산 농가는 겨울철 급수관이 얼지 않도록 미리 손질을 하고, 바람이 들어올 곳을 막아 보온에 신경 써야 한다. 실내 온도가 낮으면 성장이 더딤은 물론이며 특히 분만(分娩)시 동상에 걸릴 수도 있으니 각별한 주의가 필요하다. 일교차가 커서 각종 질환에 노출되기 쉽고, 적절한 수분공급과 환기가 절실하다.

25.5 상강의 먹을거리

상강이 되기 전까지가 그야말로 수확의 계절이요, 상강이 되면 한 해의 농사를 마무리하는 때이다. 봄부터 애써 씨를 뿌려 가꾸고 보살핀 곡식들을 수확하는 계절이니, 기쁨과 감사의 계절이기도 하다. 그러면서 오곡백과(五穀百果)가 익어 추수하니 먹을 것이 풍부한 것도 이때다.

얼마 전 추석에 먹었던 온갖 실과와 각종 떡 등 풍성한 음식들은 한로나 상강에도 모두 먹을 수 있는 음식들이며, 좀 더 가까이로는 중구(重九) 절기에 찾았던 시절음식도 상강의 음식과 같다. 제철음식으로는 국화전(菊花煎)을 꼽을 수 있는데, 이는 기름을 두른 번철에 여러 색의 국화꽃을 얹은 쌀이나 밀가루 반죽을 지져 먹는 것이다. 번철(燔鐵)은 전을 붙이기 위한 무쇠 도구로 솥뚜껑을 뒤집어 놓은 것과 같

이 생겼다. 그 밖에 국화
주(菊花酒)를 빚어 마시
기도 하고, 화채를 비롯한
각종 음식을 만들어 먹기
도 한다. 또 추어탕은 겨
울을 대비하는 보양식에
속한다.

▲ 국화

25.6 상강의 별자리

서리가 내리는 상강에는 저녁 9시가 되면 제법 깊은 밤이 된다. 이
때 동북쪽 하늘가로 오거성이 떠오르는데, 11시가 되면 필수(畢宿)도
동쪽 하늘에 솟았다가 새벽 4시가 되면 하늘 중앙에 위치한다. 필수는
새나 토끼 등을 잡을 때 사용하는 도구로, 긴 자루가 달린 그물을 의미
한다. 동양이나 서양에서 비를 내리는 신으로 여겼는데, 서양에서는
히아데스의 눈물이라 불렀고 동양에서는 우사(雨師)라 하였다.

오거성(五車星)은 필수의 중심별로 하늘나라의 다섯 임금이 타는
수레를 말하는데, 마차부자리의 오각형에 해당한다. 따라서 천고(天
庫)와 천창(天倉), 천옥(天獄) 등으로 이루어졌다. 한편 필수는 황소
자리의 알데바란을 중심으로 이루어진 별들로 곡식의 풍흉(豊凶)을
점치는 별이다.

오거성의 남쪽으로 오리온자리, 토끼자리, 비둘기자리가 있고, 쌍둥
이자리 밑으로는 작은개자리, 외뿔소자리, 큰개자리, 고물자리 등이

있다. 필수의 동쪽으로 정수도 보이는데, 정수(井宿)는 쌍둥이자리의 별을 포함한다.

25.7 상강과 현실

서리는 공기 중의 습도가 물방울로 변하다가 얼어붙어 만들어진 것이다. 이것은 하루 중 기온의 일교차가 크다는 것은 물론이며 그만큼 춥다는 것을 말하고 있다. 상강이 되면 온 세상이 하얗게 변하지만, 아직 눈이 쌓인 것처럼 고르게 보이지는 않는다. 간혹 이빨 빠진 모양으로 군데군데 자국을 남기는 것이 보통이다. 이런 서리는 고구마순을 타들어가게 하며, 지붕 위의 박이나 울타리의 호박잎을 말려버린다. 갑자기 내린 서리가 온 생물을 꼼짝하지 못하도록 묶어버린 것이다. 가을꽃은 자신의 마지막 생명의 발로(發露)이므로 강한 꽃가루알레르기를 조심하여야 한다.

노약자들은 10월 초순부터 늦어도 하순까지는 독감 예방접종을 맞아야한다. 이제는 환절기의 막바지이므로 아직 적응하지 못한 신체에 이상이 생길 수 있기 때문이다.

26 입동

입동은 24절기의 열아홉 번째 절기로 음력으로는 10월에 속하며, 양력으로는 11월 7일이나 8일에 해당한다. 2011년의 경우 11월 8일에 들었고, 2012년과 2013년에는 11월 7일에 들었다. 상강(霜降)과 소설(小雪) 사이에 들며 겨울의 계절임을 알리는 첫 번째 절기다.

태양의 황경이 225°일 때로 이 날부터 겨울[冬]에 들어선다[立]고 하여 입동이라 부른다. 이날을 특별히 절기의 명절로 여기지는 않았지만 우리의 겨울채비와도 상당히 밀접한 관계가 있다.

26.1 입동의 환경

농도인 전라북도 전주에서 입동으로 기준한 11월 7일의 기후를 보면, 1971년부터 2000년까지의 1일 평균 기온의 평균은 11.0℃였으며, 최고 기온의 평균은 17.2℃로 나타나 추분보다 약 2℃정도 낮았고, 최

저 기온의 평균은 6.3℃
로 추분보다 역시 1℃가
낮았다. 강수량은 1.0mm
에 평균 습도도 73.6%로
낮았으며, 바람의 평균 속
도는 1.0m/s에 그쳤다.

▲ 낙엽

옛사람들은 입동 절기
15일 동안을 5일씩 3후
(候)로 나누어 초후에는 물이 비로소 얼고, 중후에는 땅이 처음으로
얼어붙으며, 말후에는 꿩이 자취를 감추어 드물어진다고 하였다.

가을까지 초목이 가졌던 습도와 온화함이 사라지고, 건조하며 메마
른 계절이 온 것이다. 따라서 피부에 보습(保濕)을 하며 안구건조증
(眼球乾燥症)이 생기지 않도록 주의하여야 한다. 기온은 아직 가을을
벗어나지 못하고 있어 환절기에 걸쳐있다.

26.2 입동의 상황

회남자(淮南子)는 『천문훈(天文訓)』에서 '추분에서 46일이면 입동
(立冬)인데, 초목(草木)이 다 죽는다.'고 하였다. 보이는 것은 모두 얼
어붙어 성장하지 않으니 마치 죽음을 연상하는 계절임을 알리는 대목
이다.

월동하는 동물들은 동면(冬眠)에 들어갈 준비를 하고, 무성하게 자
라던 풀이나 나무들은 그 성장을 멈추고 잎을 떼어낸다. 이는 수분의

증발을 억제하는 방법이면서, 또 한 가지 광합성 작용으로 생성되는 영양소를 얻을 수 없게 되니 자신의 기초신진대사에 사용되는 에너지라도 줄여보자는 자구지책(自求之策)이다. 그리고 아주

▲ 까치밥

중요한 사실은, 많은 면적을 노출시킴으로써 발생할 수 있는 동상(凍傷)의 위험을 최소한으로 줄이고자 철저히 계산된 행동이다.

거둬들인 곡식들은 광이나 통가리에 보관하고, 더러는 방안에까지 모셔놓는다. 이때 멀리서도 보이는 것은 감나무 끝에 외롭게 매달린 까치밥이 유일하다. 이미 떨어져서 들쥐가 물어간 밤은 그렇다하더라도, 사람이 수확을 하면서 일부러 남겨놓는 것은 자연과 더불어 같이 살아가라는 섭리를 실천하는 일이다.

이맘때면 들판에서는 볏짚 모으기가 한창이다. 볏짚은 농가의 불쏘시개로 사용되기도 하며, 소의 여물로 사용되기도 한다. 그런가하면 요즘에는 버섯 농사에 필요한 재료가 되기도 한다. 이런 짚은 논에서 말린 후 묶기도 하지만, 영양소의 파괴를 방지하기 위하여 벼를 벤 즉시 묶어 보관하는 방법을 채택하고 있다.

요즘에는 절기를 기준으로 농사를 짓거나, 생활하는데 이용하는 사람들은 별로 많지 않다. 산업화에 따른 현실 세계와는 그만큼 차이가 있다는 것이다. 계절의 변동이 일정하지 않으며, 추운 겨울의 난방시설이나 더운 여름의 냉방시설이 잘된 탓에 계절 감각이 줄어든데 그

원인도 있을 것이다. 인간 세계뿐 아니라 입동(立冬)이 되어도 불청객인 모기가 날아드는 것을 보면 이미 자연의 세계에서도 계절의 혼동(混同)이 시작된 듯하다.

26.3 입동풍속

농가에서는 입동을 즈음하여 고사(告祀)를 많이 지냈다. 대개 음력으로 10월 10일에서 30일 사이의 날을 받아 햇곡식으로 시루떡을 하고, 제물(祭物)을 장만하여 곡물을 저장하는 곳간과 마루 그리고 소를 기르는 외양간에 고사를 지냈다. 고사를 지내고 나면 준비했던 음식을 이웃들과 나누어 먹기도 하고, 농사철에 애를 쓴 소에게 고사 음식을 가져다주기도 하였다. 이른바 음력으로 계산하는 10월 상달은 양력으로 계산하는 24절기인 입동에 연(連)하여 들어있는 풍속이다.

고사
금년에 거둬들인 햇곡식으로 시루떡을 쪄서 음력 10월 중순부터 말일까지 고사를 지낸다. 토광이나 씻나락섬 등에 감사의 고사를 지내며, 한 해 농사에 수고가 많았던 소에게도 고사를 지낸다. 이것은 바로 노고(勞苦)에 대한 칭찬임과 동시에 집안의 무사를 비는 것이었으며, 이웃 간에 나누는 정으로 배려하는 그런 과정이었다. 그러나 보통의 사당 제사와는 다르게 입동의 제사는 매우 간소했던 것으로 전한다.

도교(道敎)에서는 삼원(三元)이라 하여 정월 대보름의 상원(上元),

7월 백중의 중원(中元), 그리고 10월 보름의 하원(下元)에 고사를 지냈다. 입동지절(立冬之節)에 지내는 고사는 음력 10월의 보름날에 지내는 하원고사(下元告祀)에 해당하는 것이다.

치계미

옛날 향약(鄕約)에 의하면 양로(養老) 잔치를 베풀었는데, 특히 겨울철인 입동(立冬), 동지(冬至), 제석(除夕)날에 많이 실시하였다. 일정 연령 이상의 노인들을 대상으로 베푼 잔치에서 작은 선물도 드리는 치계미(雉鷄米)를 하였다. 말하자면 십시일반(十匙一飯)으로 모아 선물을 드리는 것과 같다.

이 치계미는 꿩이나 닭에게 모이를 주듯이 조금씩 걷는 다는 의미가 있으며, 선물을 하더라도 아주 적은 그야말로 성의 표시의 선물을 준다는 의미도 포함되었다고 본다. 따라서 이때는 논 한 뙈기가 없고 밭 한 뙈기가 없는 사람이라도, 웃어른을 공경하는 마을 노인잔치에는 적당한 갹출(醵出)을 마다하지 않았던 것이다.

마을 경로잔치에 등장하는 음식은 도랑탕이라고도 부르는 추어탕을 끓여 바치기도 했다. 추어탕은 가을에 먹는 별미로 동면에 들기 위하여 영양분을 흠뻑 섭취한 미꾸라지로 노인들을 보양(保養)하였던 것이다. 이것도 추운 겨울을 나기 위한 방법이었으며, 감기에 걸리지 말고 건강하시라는 효심의 표현이었던 것이다. 이때 드리는 선물은 따뜻한 겨울옷을 준비하거나, 몸을 보(保)하는 것들이 일반적이었다.

입동보기

입동을 즈음하여 점치는 풍속으로 충청도 지역에서는 '입동 전 가

위보리'라는 말이 전해온다. 입춘 때에는 보리를 뽑아 뿌리가 세 개이면 보리 풍년이 든다고 점치는데, 입동 때에는 보리 잎을 보고 점친다. 보리의 잎이 가위처럼 두세 개가 나와 있어야 그해 보리 풍년이 든다고 믿었다. 그래야만 추운 겨울에 얼어 죽지 않고 버틸 수 있었던 것이다. 경남지역에서는 입동에 갈가마귀가 날아온다고 하는데, 특히 밀양과 남부 도서지방에서는 갈가마귀의 흰 뱃바닥이 보이면 이듬해 목화농사가 잘 될 것이라고 점친다.

날씨점
제주도 지역에서는 입동날에 따뜻하지 않으면 그해 겨울바람이 차고 심하게 분다고 하였으며, 전남 지역에서는 입동 날씨를 보아 그해 겨울의 추위를 가늠하기도 한다. 이러한 점은 입동에 날씨가 추우면 그해 겨울이 크게 추울 것이라고 믿는 것이 통례(通禮)였다.

기타
김장 준비와 아울러 빼놓을 수 없는 것이 메주를 쑤는 일이다. 올해 수확한 콩으로 메주를 쑤고, 볏짚으로 묶어 바람이 잘 통하는 곳에 걸어둔다. 그러면 볏짚에 있던 황색균이 메주의 발효를 도와 아주 유용한 효소로 만든다. 이는 후에 간장과 된장, 그리고 고추장의 재료가 되는 것으로 우리 음식문화에서는 빠질 수 없는 귀중한 풍습이다.

월동준비
입동에 할 수 있는 일이라면 단연 겨우살이 준비가 우선이다. 추운 겨울동안 땔 나무를 해야 하며, 먹을 식량을 비축하는 것이 최우선 항목이다. 사람들은 가을내내 장작을 준비하여 쌓는가 하면, 논이나 밭에서 수확하고 남은 부산물을 챙겨놓았다. 임자 없는 잡풀은 여름내 베어다가 말리며, 생가지를 꺾어 땔감을 준비하는 것도 아주 중요한 일에 속한다. 최근까지는 장작대신 연탄을 사용함으로써 불을 때는 시간을 절약하는 성과도 얻었다. 그러나 연탄(煉炭)은 신탄(薪炭)과 같이 그 공급의 어려움과 많은 공간을 차지하는 단점으로 인하여 석유(石油)의 편리성에 밀려났다.

자연에 의지하여 농사를 짓는 농부들은 계절의 변화를 빨리 알아차린다. 따라서 가을걷이가 끝나는 입동에는 이를 저장하면서 벌써 겨울을 생각하고 있는 것이다. 서리 피해를 막고 알이 꽉 찬 배추로 만들기 위해 짚으로 묶어주며, 상대적으로 동해(凍害)를 입기 쉬운 무는 빨리 뽑아서 구덩이를 파고 묻어두기도 한다.

월동용 식량도 보관하기 좋은 방법을 찾는 것은 물론이며, 먹을 때 조금씩 꺼내기 편리하도록 하는 것도 중요한 과제였다. 그러나 무엇보다 중요한 것은 보관 중에 얼거나 썩어서 버리는 일이 없도록 하는 것이라 할 수 있다.

이렇게 먹고 마시면서 추운 겨울을 날 양식을 준비하는 것은 물론이며, 내년 봄에 뿌릴 씨앗을 받아놓은 것도 아주 중요한 일과다. 꽃대를 간직한 채로 겨울을 나는 식물은 감싸주어야 하고, 미처 수확하지 못한 무와 배추가 있다면 두꺼운 옷을 입혀주어야 한다.

일반적으로 구근류(球根類)나 근경류(根莖類)는 뿌리만 잘라서 겨울철에 가식(假植)을 하는 경우가 있다. 그러나 이런 때 자칫 잘못하면 잎눈을 모두 잘라내는 수가 있으니 주의하여야 한다. 가식이 곤란할 경우에는 본밭에 그냥 놔둔 채로 보온하는 것도 하나의 방법이다.

입동의 농사

음력 10월은 농사가 끝나가는 시기다. 입동과 소설이 들어있는데, 「농가월령가」에 '무와 배추 캐어 들이고 김장을 하오리라' 하는 대목이 나온다. 바야흐로 월동준비를 하는 때다. 어쩌다가 벼의 수확이

▲ 무와 배추

늦어진 농가는 서둘러 수확을 마쳐야 한다. 오래 놓아두면 미질이 떨어지며, 혹시 들짐승들의 먹이로 될 수도 있기 때문이다. 그러나 바쁘다고 하여 기계건조기의 온도를 높인다거나 시간을 단축하면 그만큼 품질에 이상을 가져올 것이니 지킬 것은 다 지켜야 한다.

논에서 나온 볏짚은 가능한 논에 뿌려 퇴비로 사용하고, 호밀, 보리, 밀, 자운영, 헤어리벳치 등 녹비작물(綠肥作物)도 파종(播種)하여 내년 봄에 사용할 수 있도록 한다. 만약 파종시기가 늦어지면 좀 더 많은 양을 파종하여야 한다. 이는 조금 덜 자랐더라도 서로 엉켜있으면 보온효과가 커서 겨울의 동장군을 이겨낼 수 있는 때문이다. 혹시 그 위에 퇴비를 덮어주거나, 인산, 카리 등의 비료로 복토를 하여도 좋다.

무는 0℃, 배추는 -8℃ 이하가 되면 동해를 받으므로 사전에 대비하고, 적기에 수확한 채소류는 적당한 조치 후 저장해야 한다. 잎채소는 8℃ 이하가 되면 저온장해를 받으며, 열매채소는 12℃이하로 떨어지면 저온장해를 입는다. 따라서 수확할 것과 이미 수확하여 저장할 것

은 분명히 다른 것을 알아야 한다.

노균병, 벼룩잎벌레, 파밤나방, 담배거세미 등을 방제하고, 역병, 잿빛곰팡이, 총채벌레, 아메리카잎굴파리, 담배가루이, 응애, 진딧물 등도 살펴보아야 한다. 겨울 작물들은 이때 파종을 마쳐야 한다. 밀과 보리를 비롯하여 마늘, 양파 등이 해당된다. 수확이 끝난 과수농가는 깊이갈이를 하여 토양을 개량하고, 병충해가 성했던 곳을 집중적으로 방제하여야 한다.

또 축산 농가에서도 너무나 보온에만 신경을 쓰면 환기가 불량하여 각종 질환에 걸리기 쉬우므로 주의하여야 한다. 구제역과 조류인플루엔자 등의 겨울철 전염병 방역에도 힘쓴다.

26.5 입동의 먹을거리

입동이 찾아오고 추운 겨울이 시작되면 많은 사람들은 뜨거운 음식을 찾기 마련이다. 또 겨울철에 추위를 막기 위한 방법으로 옷을 많이 입게 되면서 신체의 활동은 둔해지고 체내의 열량이 증가하게 된다. 이것은 낮은 온도를 이겨내기 위한 방법으로 체내 비타민의 신진대사가 활발해지는 현상으로, 우리 몸은 그에 따라 더 많은 에너지를 보충시켜주어야 하는 것이다.

이렇게 하면 비만의 원인이 될 뿐만 아니라 몸에 생긴 열을 제 때에 배출하지 않음으로써 위와 폐로 몰리게 되어 화(火)를 입게 된다. 이런 증상들은 호흡기질환이나 위장질환을 유발하므로, 홍당무나 연밥 등 차가운 음식으로 열을 내리는 것도 권장할 만하다.

홍당무와 호박은 비타민 A가 풍부하여 방한(防寒) 작용을 하며, 싱싱한 야채나 과일은 비타민 C를 함유하여 추위에 적응하는 능력을 향상시킨다. 추위를 막아주는 음식으로는 다량의 광물질을 가지고 있는 고구마와 연뿌리, 파, 감자 등의 근경류와 채소를 들 수 있다. 근경류(根莖類)는 추운 겨울동안 생명을 유지하는 유일한 수단이었기에, 질긴 생명력의 대명사로 여겨 왔다.

따라서 경우에 따라서는 자신의 체질에 맞춰 차가운 음식을 먹어주는 것도 좋은 약이 될 수 있다. 예를 들어 위장이 건강한 사람들은 적당량의 냉채나 냉수를 먹음으로써 신체 활성화에 좋은 영향을 주고, 아침의 냉수는 간장의 해독능력과 신장의 배출능력을 제고(提高)시키는 효과가 있다. 즉 몸에 이상이 없는 범위 내에서 냉수를 자주 마시면 감기와 인후염(咽喉炎)을 예방할 수 있는 방법이 되는 것이다. 또 신진대사를 촉진하고 면역을 높여줌으로써 혈압을 낮추고 심근경색을 예방하는 효과도 생긴다. 물론 주의하여야 할 점은 소음인(少陰人)처럼 몸이 차가운 사람들은 찬 음식을 피해야 한다.

무를 캐서 청은 시래기를 엮고 밑둥은 동치미와 짠지도 담는다. 일부는 알타리로 김치를 담고, 좋은 날을 골라 메주도 쑤어야 하는 등 농가의 일손은 끝이 없다.

김장

입동이 오면 수북이 쌓인 낙엽 위로 서리가 내려 하얗게 되고, 찬바람은 옷깃을 여미게 한다. 입동은 겨울에 해당하지만 사람들은 이제 겨울채비를 한다. 겨울에는 제철에 나는 음식들을 만날 수 없으니 미리 갈무리하여 두는데, 입동을 전후해서 김장을 하는 것도 하나의 월동준비에 속한다. 따라서 우물가나 냇가에서는 부녀자들이 김장용 채소를 씻는 풍경으로 장관을 이루었다.

이 시기를 놓치면 김장김치의 상큼한 맛이 줄어든다고 하여 모두를 바쁘게 만든다. 그러나 요즘에는 지구 온난화로 인하여 김장이 조금씩 늦어지는 경향이 있고, 게다가 김치냉장고의 등장으로 인하여 일부러 시간을 맞춰 김장을 담는 일은 점차 사라져가고 있다. 하지만 예나 지금이나 변하지 않은 것이 있으니 간을 맞추는 소금은 반드시 국산 천일염을 사용하는 것이다. 그것도 오랫동안 보관하여 간수가 잘 빠진 것이라야 제맛을 낼 수 있다.

이렇게 김장을 하는 날은 그만큼 따뜻한 날씨를 고르기도 하지만, 김장하는 날이 따뜻하면 그해 겨울은 따듯할 것이라 믿었다. 반대로 입동 전에 김장이 끝나버리면 그해 겨울은 유난히 추울 것이라고 점을 치기도 하였다.

김치의 종류

김치는 김장김치를 비롯하여 평상시 바로 먹는 겉절이까지 아주 다양하다. 게다가 만들 때 사용되는 재료에 따라 다르며, 부가적으로 들어가는 부재료에 따라 다른 이름을 가지기도 한다. 예를 들면 오이김치나 파김치, 고들빼기김치가 있는가 하면, 김장김치에 돼지고기를 넣은 김치가 있고 생선을 넣은 김치와 밤이나 은행 같은 과실을 넣은 김치 등 아주 다채롭다. 우리나라에는 약 50여 종의 부재료를 사용하며, 각기 다른 요리법으로 만든 김치가 무려 200여 종에 달한다.

입동의 별자리

입동은 겨울에 해당되어 겨울철에 볼 수 있는 별자리가 나타난다. 즉 입동부터 소설과 대설을 거쳐 동지와 소한, 그리고 대한에 이르기까지 나타나는 별들이 모두 겨울철 별자리에 속한다. 물론 이들 별자리가 겨우내 같은 자리에서 빛나는 것은 아니다. 이들도 천체의 운행에 따라 동쪽에서 서쪽으로 위치 이동을 한다는 전제로 이해하여야 한다.

▲ 11월의 별자리

이제 겨울의 문턱에 들어선 계절로, 좀생이별을 따라 뚜렷하게 떠오르는 삼수가 있다. 삼수는 서방 백호의 몸에 해당하며 용맹함을 상징한다. 오리온자리의 중앙의 세 별은 장군이며, 왼쪽 어깨별은 좌장군(左將軍), 오른쪽 어깨별은 베텔지우스라는 우장군(右將軍), 왼쪽 발은 리겔이라는 편장군(偏將軍), 오른쪽 발은 후장군(後將軍)이다.

삼수의 아래에는 토끼자리가 있는데, 동양에서는 이를 화장실자리로 부르기도 한다. 그래서 고약한 냄새를 막아주는 병풍자리가 와서 나란히 서있다. 삼수의 바로 위에는 자수가 있다. 자수(觜宿)는 오리온자리의 머리에 해당하는 별로 자(觜)가 원래 뾰족한 뿔이라는 뜻이므로 서방 백호에서도 호랑이의 머리에 비유된다. 자수 위에는 정수(井宿)가 있는데, 이는 쌍둥이자리의 무릎과 다리에 해당한다.

이런 정수의 아래 즉 삼수의 왼쪽에는 겨울철에 볼 수 있는 커다란 삼각형이 보인다. 이 삼각형은 오리온자리의 어깨이면서 알파(α)별인 베텔게우스(Betelgeuse)와 작은개자리의 알파(α)별인 프로키온(프로시언, Procyon), 그리고 큰개자리의 알파(α)인 시리우스(Sirius)를 잇는 선으로 겨울철의 대삼각형으로 불린다.

이때 큰개자리의 시리우스는 동양 별자리에서 군대(軍隊)의 시장(市場)인 군시(軍市)에 속하는 천랑성(天狼星)이다. 천랑은 하늘에 있는 늑대로, 천랑성은 우리나라에서 볼 수 있는 가장 밝은 별에 속한다.

황소자리

겨울철 밤하늘에서는 황소자리의 플레이아데스성단(星團)이 잘 알려져 있다. 육안으로도 최소한 여섯 개의 별을 확인할 수 있으며, 시력이 좋은 사람은 더 많이 볼 수도 있다. 플레이아데스(Pleiades) 성단은 실제로는 많은 별과 가스로 이루어진 젊은 별들의 집합체다.

황소자리에는 히아데스성단이 있고, 이 성단 안에 알파(α)별 알데바란(Aldebaran)이 있다. 이 별은 0.8등성이며 거성(巨星)으로, 실제로는 이들 성단에 소속되어 있지 않은 별이다. 알데바란까지의 거리가 60광년인 것에 비해 히아데스성단은 149광년으로 2배 이상의 먼 거리에 위치한다.

이 별자리 동쪽 끝의 3등성 근처에 게성운(蟹星雲)이 있다. 이 별은 1054년에 출현한 초신성(超新星)의 흔적이며, 강한 전파원(電波源)

으로 그 안에 작은 별들이 포함되어 있다.

황소자리는 눈에 보이는 별 20개로 이루어졌으며, 대부분 가슴 앞쪽으로 앞다리와 머리를 포함한 부분이다. 그중 가장 많은 별과 성단이 있는 중앙의 별 무리는 황소의 입과 코 부분에 해당하며, 2개가 멀리 떨어져 있는 것은 각각의 뿔을 의미한다.

쌍둥이자리

황소자리 동쪽에 있는 쌍둥이자리는 알파(α)별이 카스토르(Castor)인데 1.9등성과 2.9등성이며, 베타(β)별은 폴룩스(Pollux)라는 이름의 1.1등성이다. 이처럼 알파별과 베타별이 나란히 빛나는 모습은 쌍둥이자리라는 이름에 걸맞다. 카스토르는 45광년 떨어진 곳에 있어 맨눈으로 보면 한 개의 청백색 별로 보이지만, 실제로는 6개의 별이 모여 있는 것이다. 해마다 12월 14일경에는 카스토르 부근의 한 지점을 중심으로 매우 밝고 많은 유성(流星)이 떨어지는 쌍둥이자리 유성군을 볼 수 있다.

처음에는 폴룩스가 쌍둥이자리에서 두 번째로 밝아 베타별로 기록되었으나, 세월이 흐르면서 알파별인 카스토르보다 더 밝아졌다. 겉보기등급은 1.1등성이며, 지구에서 35광년 거리에 있다. 쌍둥이자리는 15개의 별로 이루어졌고, 서로 부둥켜안고 있는 형상이다. 머리는 이어져있으나 다리는 서로 벌리고 있는 모습으로, 한 팔은 각기 서로를 안고 나머지는 각각 벌리고 있다.

오리온자리

겨울철 밤하늘의 대표적인 별자리로 비뚤어진 네모 모양의 중앙에 세 개의 별이 있는데, 위에서부터 각 2.2등성, 1.7등성, 1.8등성으로 밝다. 이들 세 별을 에워싸고 있는 사변형은 매우 뚜렷하고 화려하다. 모두 19개의 별로 이루어졌고, 그 중에 가운데 세 별의 바로 오른쪽 밑에는 약 1,500광년이나 떨어져 있으나 육안으로도 빛의 확산을 볼 수 있는 오리온 대성운(大星雲)이 있다. 이 성운은 지름이 30광년이나 되는 거대한 성간(星間) 물질 덩어리로 되어있다.

중앙에 있는 세 별 중에서 위에 난 왼쪽 별은 왼손을 나타내고, 오른쪽은 오른 손과 방패를 의미한다. 오리온은 바다의 신 포세이돈의 아들로 잘 생겼으면서도 힘이 센 사냥꾼이다. 그러나 자신을 과신하여 세상의 모든 동물을 모두 잡아 죽이겠다고 허풍을 쳐서 신들의 노여움을 샀다.

큰개자리

시리우스(Sirius)는 큰개자리의 알파별이며 밤하늘에서 가장 밝은 별로, 동양에서는 천랑성(天狼星)이라고도 한다. 크기는 태양의 두 배에 조금 못 미치지만, 밝기는 23배 이상이나 되는 –1.5등성이다. 지구에서 약 8.6광년 떨어진 곳에 위치하고, 동반성(同伴星)인 시리우스 베타별을 가진 쌍성(雙星)이다. 시리우스는 밤하늘에서 가장 아름다운 보석으로 통한다.

시리우스 베타별은 지구와 크기는 비슷하지만, 밀도가 매우 높은 백색왜성(白色矮星)이다. 또 시리우스별을 아주 강한 중력으로 끌어당기고 있다. 따라서 시리우스는 강력한 중력 때문에 우주공간을 이동할 때에는 흔들리게 된다.

신화에 나오는 큰 개는 아주 빨리 달리기로 유명한데, 가축과 사람을 헤치고 달아나는 여우를 쫓아가서 잡아 온 공로를 인정받아 별자리가 되었다. 이 여우는 사냥꾼이 쏜 화살보다도 빠르게 도망가는 데, 이런 여우를 잡았으니 개의 달리기 실력을 짐작할 만하다. 모두 17개의 별로 된 큰개자리는 마치 개가 물건의 냄새를 맡는 형상을 하고 있다.

작은개자리

프로키온(Procyon)은 작은개자리의 알파별로 큰개자리의 시리우스, 오리온자리의 베텔기우스와 함께 '겨울의 대삼각형'을 이루는 밝은 별이다. 시리우스와 같이 백색왜성을 동반성으로 지닌 쌍성으로 겉보기 등급이 0.4등성이며, 지구에서 약 11광년 떨어진 거리에 있다.

작은개자리는 모두 2개의 별로 된 아주 작은 별자리로, 달의 여신이면서 사냥의 여신인 아르테미스의 사냥개다. 어느 날 사냥을 나온 악타이온은 아르테미스의 목욕 장면을 훔쳐보다가 들키고 만다. 감히 인간으로서 신의 몸을 훔쳐보고 넋을 잃었다는 죄목만으로 사슴이 되었고, 며칠 후 굶주린 사냥개의 먹이가 되고 말았다.

마차부자리

오리온자리의 북쪽에 있는 마차부자리의 알파(a)별인 카펠라와 베타별, 세타별, 이오타별, 그리고 황소자리의 북쪽 끝에 떨어져있는 베타(β)별의 다섯 개가 만드는 오각형은 눈에 잘 띈다. 가장 명확한 5각형을 이루는 별자리이며, 끝에는 손잡이용 고리가 붙어있는 것처럼 보인다. 모두 8개의 별로 되어있고, 그 중에서 가장 밝은 카펠라는 0.6등급에서 1.1등급으로 변하는 실시(實視) 연성으로 주황색 빛을 발하며, 반성(伴星)이 대단히 큰 초거성이다.

　마차부자리 북쪽에 어두운 별만 있는 것이 보이는데 이는 살쾡이자리다. 이때의 마차부(馬車夫)는 마차를 끄는 사람을 의미한다.

노인성자리

　고물자리 남쪽에 있는 용골자리의 알파별 카노푸스(Canopus)는 시리우스의 정남향에 있으며, -0.7등성인 시리우스에 이어 하늘에서 두 번째로 밝은 별이다. 동아시아에서는 노인성(老人星) 또는 수성(壽星)이라 하여 이 별을 보면 장수한다고 믿었다.『별양세시기』에는 추분을 전후하여 정홍색(正紅色)을 띤 밝은 별을 수 일 간 볼 수 있다고 하였으며, 제주 한라산과 남해 남산에서 한 밤중에 병(丙) 방향에 떠서 새벽까지 지지 않는다고 하였다. 또한 이곳에서는 7~80세는 오히려 일찍 죽은 편이라고 적고 있다.『국조오례의』에 수성에 대한 제사는 추분을 이용하여 5일간 지낸다고 한 것으로 보아 조선 초기에는 이루어졌던 것으로 보인다.

기타 별자리

　오리온자리와 작은개자리 사이에 있는 외뿔소자리는 밝은 별이 거의 없는 별자리이며, 오리온자리 남쪽에 있는 토끼자리도 밝은 별이 없는 작은 별자리에 속한다. 큰개자리 남쪽의 비둘기자리와 고물자리가 있기는 하지만 이 역시 발견하기도 어렵다. 게자리도 7개의 별로 되어있지만, 오른쪽 뒷다리를 잘린 형태여서 어딘지 불안한 모습을 하고 있다.

26.7 입동과 현실

김장은 한 해 겨울동안 먹을 음식답게 여러 재료를 사용하여 푸짐하게 만드는 것이 특징이다. 그러나 요즘 젊은이들은 자신들이 담그지 않고 고향의 늙은 부모에게 김장을 부탁하고 있다. 그 대신 약간의 비용을 치르는 것으로 때우곤 하는데 이는 고쳐야 할 태도다. 시장에서 담근 김치를 사려면 사용된 재료가 어떤지 몰라 걱정이라서 그런다고 핑계를 대지만, 실상은 김장을 하기 위하여 준비하는 노력과 정성을 무시하기 때문이라고 말하고 싶다. 김장은 버무리는 것보다 양념을 손질하고 준비하는 과정이 훨씬 더 힘들다는 것을 알아야 한다. 젊은 사람들이 하지 못하는 것을 늙으신 부모님들이 잘 할 수 있을 것이라고 기대하는 것부터가 잘못인 것이다. 늙은 부모님은 연륜에 의해 그런 일을 하는 요령을 알고 있을 뿐, 젊은이들이 부모의 조언을 들어가며 김장을 하는 것이 합당하다 하겠다.

입동(立冬)은 보통사람들에게 잘 어울리지 않는 이름이다. 그러나 수능 한파와 낙엽 지는 계절, 찬바람이 불어오는 계절이라면 듣는 사람 누구나 이해를 하게 된다. 해마다 대학입학 수학능력시험을 11월 10일 전후에 보는데, 평소에 따뜻하다가도 이때만 되면 추위가 몰려오는 것을 본다. 그래서 수능한파(修能寒波)라는 말을 하지만, 실상은 그 며칠 전에 입동이 버티고 있는 것이다. 따라서 입동추위를 하여 겨울을 대비하라는 경고를 하지만, 사람들이 그것을 수능추위라고 하니 어폐(語弊)가 있는 말이다. 아니 새로운 풍습으로 파생된 신조어일 수도 있다.

이 입동도 겨울에 들어섰음을 말하는 것이다. 따라서 추운 겨울을

26. 입동 **291**

날 준비를 하고, 주변을 둘러 행여 도움의 손길이 필요한 이웃이 있다면 그들을 어루만지는 정을 쏟을 때이다.

27 소설

소설은 24절기의 스무 번째로 입동(立冬)과 대설(大雪) 사이에 들며, 음력으로는 10월에 해당하고 양력으로는 11월 22일이나 23일에 속한다. 2011년의 경우 11월 23일에 들었고, 2012년과 2013년의 경우 11월 22일에 들었다. 태양의 황경이 240°에 오는 때로, 겨울이 왔다는 첫 징후로써 적은 양이더라도 눈이 내린다는 의미를 지니고 있다.

27.1 소설의 환경

농도인 전라북도 전주에서 소설로 기준한 11월 22일의 기후를 보면, 1971년부터 2000년까지의 1일 평균 기온의 평균은 6.2℃에 달했고, 최고 기온의 평균은 11.7℃로 나타나 입동보다 무려 5℃이상 낮았으며, 최저 기온의 평균은 1.8℃로 역시 5℃가 낮았다. 강수량은

2.0mm로 약간 많은 양을 보였으며, 평균 습도는 71.6%로 더 낮아져서 전형적인 겨울날씨를 보였다. 늦은 가을비와 진눈깨비 혹은 이른 첫눈이 오는 때이라서 강수량이 많은 듯하다. 바람도 평균 속도 1.0m/s에 그쳤다.

옛날 사람들은 소설로부터 대설 입기일까지의 15일을 5일씩 삼후(三候)로 구분하여, 처음 초후에는 무지개가 걷혀서 나타나지 않고, 다음 중후에는 천기(天氣)가 올라가고 지기(地氣)가 내려오며, 마지막 말후에는 하늘이 폐색(閉塞)되어 겨울이 된다고 하였다

대학입학 수학능력시험을 치르는 수능 시험일에는 어김없이 추위가 밀려온다. 이를 두고 수능한파라고 부르는데, 이때쯤은 입동이 지나고 소설이 오기 직전으로 이제 막 추위를 느끼기 시작하는 단계에 속한다. 따라서 며칠간은 따뜻하다가도 어느 날은 갑자기 소설다운 추위가 올 수도 있어 마음을 놓지 못하는 시기다.

소설은 이제 눈이 많이 오는 계절이라는 뜻이므로 혹시 모를 눈 피해를 예방하여야 한다. 미끄러운 고갯길을 정비한다거나 눈의 무게로 주저앉을 만한 곳은 없는지 살펴보아야 한다. 그러나 아직 맹추위는 오지 않았음으로 가끔씩 따뜻한 날이 있어 소설(小雪)을 소춘(小春)이라 부르기도 한다.

27.2 소설의 상황

살다보면 입동에 추운 경우도 있으며 더러는 따뜻한 경우도 있다지만, 소설 추위는 빚을 내서라도 몰려온다고 하였다. 따라서 소설 추위

는 본격적인 겨울의 전령
(傳令)이며, 갑작스레 추
워졌다고 하여도 전혀 이
상할 것이 없는 지극히
자연스러운 계절의 현상
이다.

▲ 가을산

한여름 푸른색으로 천
하를 덮었던 나무와 풀들
이, 그렇게 왕성하던 성장을 멈추고 자신을 돌아보는 시기다. 푸르던
잎을 모두 떼어내고 언제 그랬느냐는 듯이 잔뜩 몸을 움츠려 겨울을
준비한다. 이는 자신이 가지고 있던 수분을 내보냄으로써 겨울에 입
을 동해를 예방하고자 하는 지혜에 속한다. 땅위의 동물들도 땅속으
로 파고든다. 우리의 인생 여정도 계절의 순환과 비슷하다. 입동, 소설
부터는 계절상 겨울로 들어가는 절기이지만 인생을 놓고 보면 노년의
초입에 해당한다.

이때부터 살얼음이 잡히고 땅이 얼기 시작하여 점차 겨울 기분이
든다고 하지만, 한편으로는 낮 동안에는 간혹 따뜻한 햇볕이 간간이
내리쬐어 그야말로 소춘(小春)을 느낀다. 소설 무렵 즉 음력 10월 20
일께는 관례적으로 심한 바람이 불고 날씨가 차가운데, 이를 두고 '손
돌바람' 혹은 '손돌추위'라고 부른다.

소설의 풍속

소설은 시기적으로 초겨울에 해당하며, 지난 가을 추수의 기쁨이 아직까지 남아있다. 그러나 농사일과 관련된 특별한 풍속이 있는 것도 아니고, 연말연시의 행사에 담긴 풍속에 든 때도 아니어서 일부 제한된 지역에서 제한된 풍속만 전할 뿐이다. 이때는 다만 막바지 겨울 맞을 채비를 하여야 한다. 김장을 비롯한 겨울 먹을거리의 저장(貯藏)이 필요한 때이다.

손돌 바람

『여지도서(輿地圖書)』의 강화부(江華府)에, 고려 공민왕이 몽고 군사에게 쫓겨 강화도로 파천(播遷)을 가던 중 특정한 곳에 이르렀는데 마침 바람이 크게 불어 위험해지자 사공이던 손돌(孫乭)은 잠시 머물다 가자고 진언(進言)하였으나, 왕은 일부러 사경(死境)에 유인(誘引)하려는 것으로 여겨 그의 목을 베자 더 거센 바람이 일어났고, 그제야 뉘우친 왕이 손돌을 위로하는 제사를 지내주자 잠잠하여져서 목적지에 닿을 수 있었다. 그 뒤로 음력 10월 20일이 되면 통진과 강화 사이의 손돌이 죽은 곳에서 바람이 거세게 분다. 이 바람을 손돌바람, 그리고 이 추위를 손돌추위라고 부른다.

따라서 강화지역에서는 이날에 바다로 나가지 않는 풍속이 생겼다. 하지만 위와 같은 내용에 대해서는 인조(仁祖)가 이괄의 난을 피해 한강을 건너던 때라는 등 학자마다 의견이 분분하며, 당시의 임금이 누구인지에 대해서도 서로 다른 견해를 보이고 있어 하나의 전설로 전해왔다고 보는 사람도 있다. 그런데 『동국세시기(東國歲時記)』와 『열양세시기(洌陽歲時記)』에도 언급되고 있어 이와 비슷한 역사가 있었던 것으로 여겨진다.

27.4 소설의 농사일

농가에서는 비로소 농사일을 끝내고 편히 쉴 수 있는 시기로 음력 10월을 상달(上月)이라 하였다. 이 달에는 소설(小雪)이 포함되어있어 하나씩 하나씩 날리는 눈발을 바라보면서 쉴 수 있는 계절이기도 하다. 하지만 농사일이 끝났다고 하여 인생 자체도 쉴 수는 없었으니, 부지런한 사람들이 2모작과 겨울철 특용작물 재배를 연구해냈는지도 모르겠다.

전해오는 말에는 입동 때에 따뜻하면 보리가 잘 자라서 잎이 참새의 부리처럼 갈라진다고 하였다. 그러나 소설에는 추위가 찾아와서 더 이상 자라지 않으며, 이것은 너무 자란 보리가 동해(凍害)를 입지 않도록 하는 자연의 조화(造化)라고 하였다. 그래서 입동에는 따뜻해야 보리가 잘 자라고, 소설에는 추위야 보리가 잘 된다는 말을 하게 되었다. 늦게 파종한 보리는 골을 쳐서 배수를 돕고 퇴비를 주어 보온 효과를 얻어야 한다. 한편 땅심이 낮은 토양은 퇴비 혹은 객토를 하여 땅심을 높이는 시기다.

24절기가 잘 지켜져 왔던 농사 위주의 시대에는 삼한사온(三寒四溫)도 뚜렷하여 일정한 계획을 세워 농사일을 도모(圖謀)할 수도 있었다. 각 작물별로 어느 때에 어떤 일을 해야 하는지가 정해져 있었기 때문이다. 예를 들면 모는 언제 내야하고, 김장은 언제 해야 맛이 있으며 메주는 언제 쑤어야 잘 뜬다는 것, 된장은 언제 담아야 한다는 일정 표가 그것들이다. 따라서 내년 농사를 이룰 씨앗들이 추운 겨울동안 하릴없이 냉정하게 기다리는 것도, 우리 인간이 추운 겨울동안은 내년 봄을 준비하는 시기로 여기는 것과 같이 다 때를 보아 기다리는 것이라 할 것이다.

김장용 채소는 입동에 거둬들이며, 수확이 늦어 냉해를 입은 경우는 저장하는 동안 썩어서 사용할 수가 없게 되니 처음부터 폐기처분하여야 한다. 한편 월동용 채소는 강풍과 동해를 방지하기 위한 고랑 손질에 유의하여야 한다. 어린 과수목은 짚이나 헝겊으로 싸고, 혹은 수성페인트를 칠하여 수분침투를 막아 동해를 예방하여야 한다. 또 해충의 월동용 장소로 만들어 두었다가 봄에 떼어내어 처리하도록 한다. 과수원의 퇴비는 땅이 얼기 전에 주는 것이 좋으며, 저장고에 들어간 과실 상자도 통풍을 고려하면 3~4단이 적당하다.

축산 농가에서는 본격적인 겨울철에 대비하여 보온과 급수장치를 손질하고 특별히 영양공급에도 신경을 써야 한다. 그렇다고 너무나 실내에 둠으로써 운동부족이 되어 면역력이 떨어지면 이 또한 낭패가 된다. 11월부터 2월 사이에 극성인 구제역과 조류인플루엔자에 각별한 유의가 필요하다. 그리고 폭설과 강풍으로 축사가 무너질 만한 곳은 없는지 미리 돌아보아야 한다. 일손을 끝낸 농기계를 손질하여 보관하고 내년에 필요한 농자재는 어떤 것인지 고려해본다.

소설은 음력으로 10월 하순에 드는데, 초순(初旬)에 입던 홑바지가 하순(下旬)에는 솜바지로 바뀐다는 말처럼 기온이 하루가 다르게 내려간다. 그래서 추수를 끝낸 사람들은 소설이 되기 전에 김장을 하려고 서두른다. 본격적인 농사철도 지났으니 여러 가지 월동준비로 뒷마무리를 하는 시기다.

「농가월령가」도 겨울채비를 논하는데, '무 배추 캐어 들여 김장을 하오리라 / 방고래 구들질과 바람벽 맥질하기 / 창호도 발라 놓고 쥐구멍도 막으리라 / 수숫대로 터울하고 외양간에 거적치고 / 우리 집 부녀들아 겨울옷 지었느냐.'고 하였다. 내년 농사를 위한 마지막 채종(採種)을 하여야 하는 시기다.

27.5 소설의 먹을거리

입동(立冬)부터 시작된 겨우살이 준비가 소설(小雪)까지 이어진다. 아직 김장을 담지 않은 사람들은 소설절기가 끝나기 전에 마치도록 서둘러야 한다. 물론 요즘은 김치냉장고가 생겨나서 그 계절을 알 수 없게 만들었고, 지구의 이상 기온으로 그 시기가 늦춰지고 있기는 하지만 역시 소설에 담은 김장김치가 가장 맛있다는 것이 정평(正評)이다.

이때에 같이 등장하는 것이 메주를 쑤는 일이다. 잘 익은 콩을 골라 삶은 후 찧어서 만든 메주는 된장과 고추장의 주요 재료가 된다. 메주콩을 완전히 가루로 갈아서 만드는 것보다 약간 덜 부서진 채로 만들어진 메주가 좋다. 메주는 김치와 함께 우리나라의 대표적인 발효식품인데, 형태가 남아있는 콩에서 발효가 더 잘되는 특성을 보인다. 또한 씹는 식감(食感)에도 도움이 된다. 무와 배추는 김장김치 외에도 여러 형태의 음식으로 만들 수 있다. 무를 채썰은 무나물이 있고, 햇볕에 잘 말린 무말랭이도 있다. 그런가하면 이파리는 무시래기로 만들어 겨우내 국을 끓여먹을 수도 있다. 또 짠지와 동치미도 좋은 시절음식이라 할 것이다. 백김치와 쌈배추를 비롯하여 배춧국도 맛있는 음식에 속한다.

늦가을 어린호박은 된서리가 내리기 전에 썰어서 말리면 호박고지가 되고, 고구마 줄거리를 훑어 삶아서 말리면 고구마순 나물이 된다. 또 고춧잎을 따서 장아찌를 담고, 고사리와 산나물을 뜯어 말리면 두고두고 먹을 수 있는 음식이 된다. 목화를 따서 손을 보기도 한다.

이처럼 가을에 거둔 재료들을 모아 겨울에 먹는 것은 당연한 자연의 이치다. 여름이 오면 우리들도 시원한 옷으로 갈아입듯이, 자연도 그런 계절에 맞춰 자기 몸을 변화시키기 때문에 제철음식이 우리 몸에 좋은 것이다.

따라서 아무리 맛있고 값비싼 음식이라도 멀리서 들여온 것이라면, 텃밭에서 제철에 나고 값싼 음식보다 더 좋다고 말할 수가 없는 것이다. 다만 어느 특정인에 대한 치료(治療)나 조화(調和)의 목적으로 사용되는 경우는 별도로 보아야 한다. 이러한 음식이 우리 몸의 균형을 유지하고 환절기에 접하기 쉬운 질병에서 벗어나는 첩경(捷徑)이라 할 수 있다. 그래서 흔하다고 필요 없는 것이 아니며, 많다고 해서 못 쓰는 것은 아니다.

농가의 처마 밑에는 덜 익은 감을 깎아 엮은 곶감이 즐비하다. 나란히 매달린 곶감은 겨우내 발효가 되어 딱딱하지만, 그래도 오래 보관할 수 있는 먹을거리로 변신한다. 곶감은 표면에 하얀 분이 잘 피어나면 제대로 발효된 것이다. 하지만 요즘에는 반쯤 발효시킨 곶감이 등장하였으니, 조금씩 변하는 입맛에 따라 음식이 진화한다고 말할 수 있다. 높은 가지 끝에는 까치밥이 외로이 남아 메말라드는 가을을 아쉬워한다.

그런가하면 사람이 겨울에 먹을 양식을 비축하듯이, 농가의 큰 일꾼인 소에게 먹일 볏짚을 쌓아두는 일은 결코 잊어서는 안 될 중요한 일에 속한다. 그런데 사실 요즘 농사에 소를 이용하는 경우는 극히 드물어서 모든 것이 옛일이 되고 말았다.

27.6 소설의 별자리

벌써 첫눈이 올 정도로 추운 겨울이 다가오면, 동쪽 하늘에 겨울철의 별자리들이 어두운 밤을 틈타 나타나기 시작한다. 밤이 깊어가는 오후 10시가 되면 남동쪽 하늘에서 가장 밝은 천랑성이 떠오른다. 그러다가 새벽 3시가 되면 이에 버금가게 밝은 노인성이 남쪽 하늘 중앙에 위치한다.

천랑성 즉 시리우스는 푸른 눈의 늑대를 닮았다고 하여 붙여진 이름이며, 늑대의 호전성을 닮아 이웃나라에 싸움을 거는 별이다. 이런 늑대는 시장(市場)에 있는 닭들을 호시탐탐 노리게 되니, 피해자는 바로 들닭별로 야계성(野鷄星)이다. 이런 늑대가 못마땅하여 화살을 겨누고 있는 별은 호시별자리로 큰개자리의 꼬리에 있는 마지막 별 2개를 화살로 하여 시리우스를 겨냥한다. 이때 활과 활줄은 고물자리에서 빌려왔다.

위의 호시성, 군시성, 야계성, 천랑성 등이 모두 큰개자리에 속한다. 호시(弧矢)가 있는 고물자리의 오른쪽에는 비둘기자리가 있으며, 그

오른쪽에는 동양에서 아들별과 손자별 그리고 어르신별로 통하는 자성(子星), 손성(孫星), 장인성(丈人星)이 있다. 이때의 장인성 즉 노인성(老人星)은 정남쪽 하늘의 수평선이 맞닿는 곳에서 10월말에는 새벽 6시경, 11월말에는 새벽 3시경, 12월말에는 새벽 1시경, 1월말에는 밤 11시경, 2월말에는 저녁 9시경, 3월말에는 저녁 7시경에 만날 수 있다. 이들은 자정이 되어서도 수평선에서 겨우 5°정도로 낮게 떠 있다가 지는 별로 찾아보기가 어려운 축에 든다. 따라서 이 별을 오래 보면 오래 살 수 있다고 하여 수성(壽星)이라 하기도 한다.

27.7 소설과 현실

하나 둘 눈발이 날리는 날, 창가에 앉아 타오르는 장작 벽난로의 불 냄새를 맡으며 커피 한 잔을 들고 있는 풍경은 평화로워 보인다. 그러다가 고개를 돌려 창밖을 바라보는가 싶었는데, 언제부턴가 다

▲ 눈꽃송이

시 책을 읽고 있는 모습은 영화 속의 한 장면이 되기도 한다. 그러니 마음의 여유를 가진다면 이 시절에 가져볼 만한 풍경이다. 이때 손에 든 책이 소설(小說)이라면 거기에 담긴 내용은 바로 소설(小雪)의 한 대목일 수도 있다.

소설은 이렇게 책으로서의 소설(小說)이 우리와 더 근접하여 있는 것이 사실이다. 이제 본격적인 겨울에 들어 추워지는 시기지만 아직 절정에 달한 것은 아니다. 이런 때의 농가에서도 딱히 정해진 일이 없어 자유로우니 손에 잡히는 대로 한다. 농사에 필요한 새끼 꼬기나 가마니 짜기와 같은 짚일을 하며, 여러 사람이 모여 담소를 나누며 소쿠리와 채반을 만들기도 한다. 따뜻한 날 앞마당에서는 여러 사람들이 모여 멍석을 짜기도 한다.

그러나 자칫 유혹에 빠지면 여름내 애써 지은 농사를 한 순간의 오락에 날려 버리는 수도 있으니 도박(賭博)을 금(禁)해야 한다. 실제로 농한기마다 찾아오는 도박으로 인해 패가망신(敗家亡身)하는 사람들이 적지 않았던 게 사실이다.

28 대설

대설(大雪)은 24절기 중에서 21번째의 절기로, 태양의 황경(黃經)이 255°가 되는 때를 말한다. 음력으로는 11월, 양력으로는 12월 7일이나 8일경이다. 2011년과 2012년 그리고 2013년 모두 12월 7일에 들었다. 이 무렵 많은 눈이 내린다 하여 대설이란 이름이 붙었다. 그러나 이는 중국 화북지방(華北地方)의 기후를 기준(基準)한 것으로, 우리나라의 계절에서는 약간 늦게 형성된다.

28.1 대설의 환경

농도 전라북도 전주에서 대설로 기준한 12월 7일의 기후를 보면, 1971년부터 2000년까지의 1일 평균 기온의 평균은 3.7℃에 최고 기온의 평균은 8.4℃로 나타나 소설보다 약 3℃낮게 나왔으며, 최저 기온의 평균은 -0.4℃로 처음으로 영하의 날씨를 보였다. 강수량은

1.3mm로 그래도 적지 않은 편이었으며, 평균 습도는 75.3%로 눈이 제법 왔다는 것을 알 수 있다. 바람의 평균 속도 1.0m/s로 변함이 없었다.

옛날 사람들은 대설기간 동안을 다시 5일씩 3

▲ 눈

후(候)로 나누어 초후에는 산박쥐가 울지 않고, 중후에는 범이 교미하여 새끼를 치며, 말후에는 무환자나 무과의 여지(荔枝)가 돋아난다고 하였다.

동양에서는 입동 이후의 소설과 대설, 동지, 소한, 대한의 여섯 절기를 묶어 겨울이라고 하지만, 서양에서는 추분 이후에 한로, 상강, 입동, 소설, 대설까지를 가을로 본다. 따라서 서양의 역법(曆法)에 의하면 동지(冬至)에서 부터 겨울이 되는 셈이다.

우리가 만나는 양력 12월의 대설도 가끔은 눈이 오지 않고 넘어가는 경우가 있다. 따지고 보면 대설이 들어있는 12월보다도 오히려 1월에 더 많은 눈이 내리는 것을 확인할 수도 있다. 소설은 이론상으로 대설보다 눈도 적고 기온도 높지만, 실제로 느끼는 감각은 소설 추위도 만만치 않다. 그것은 가을에 적응되어왔던 신체가 아직은 추위에 대한 적응기간을 준비하지 못한 때문일 것이다.

대설(大雪)에 눈이 많이 오면 이듬해 풍년이 든다고 하였고, 포근한 겨울을 날 수 있다고 하였다. 겨울철의 두터운 눈은 대기의 찬 기운을 막아주어 보리가 월동하는데 도움을 주기 때문이다. 마치 에스키모인들이 이글루를 짓고 사는 것과 같다. 대설이 오기 전의 보리밭은 검은 토양에 푸릇푸릇한 녹색으로 얼룩말과도 같은 무늬를 한다. 또한 내리는 눈은 대기 중의 수분이 차가운 기온을 빼앗아 내려옴으로 하루 중의 대기 온도는 포근하다는 이론이다.

28.2 대설의 농사일

「농가월령가」11월령에 따르면, 수확한 곡식의 일부는 씨앗을 하고 일부는 돈으로 바꾸며 일부는 나라에 세금을 내고 일부는 품삯을 주며 일부는 장리이자를 낸다고 하였다. 논농사와 밭농사만 본다면 이처럼 별다른 농삿일은 없는 때이다. 소설을 지나 동지가 되기 전에 눈다운 눈이 내리기 때문에 대설이라 한다고도 하였다. 그러나 대설이라고 하여도 내리는 양이 일정한 것은 아니어서, 어느 해에는 소설보다도 적게 오기도 한다.

수확한 감자의 저장은 3~4℃가 적당하여 서늘한 곳에 보관하여도 되지만 고구마는 12~15℃의 따뜻한 곳에 저장하여야 한다. 한 겨울을 나는 동안 고구마가 썩는 것은 상처가 원인이 되기도 하지만 온도가 낮은 원인이 많다.

이때 일반가정에서는 메주콩을 쑤어 메주를 만들기도 한다. 메주는 내년의 장맛을 판가름하는 것으로, 메주가 잘 떠야 장(醬)이 맛있다고 하여 정성을 들였다. 메주를 만드는 콩은 고온에서 단시간 동안 익히는 것이 중요하며, 손으로 비벼보아 뭉그러질 때까지 익힌다.

한편 이날 눈이 많이 오면 다음해에 풍년이 들고 따뜻한 겨울을 날

수 있다고 믿었지만, 실제로 이날 눈이 많이 오는 경우는 드물다. 땅심을 높이기 위한 퇴비공급이나 객토(客土)사업이 필요하고, 우리 몸에 해가 적도록 유기농 재배를 지향(指向)하여야 한다. 간혹

▲ 대파

병충해에 강한 종자라 하여 새로 개량되는 경우도 있지만 그것은 어디까지나 일부에 관한 이야기이다. 또 일손 부족을 핑계로 독한 농약을 살포하는 것은 토양을 병들게 하며, 우리 몸에 축적된 화학제품의 성분이 결국은 우리를 망치게 한다는 것도 명심하여야 한다. 요즘 한약(韓藥)의 사용이 많이 줄어들었는데, 이는 처방 후 달여 먹기가 불편하다는 이유를 들 수 있겠지만 주 원인은 그렇지가 않다. 한약 재료의 성분과 함유된 유해 이물질의 농도 때문이라는 것을 잊어서는 안 된다. 이른바 신토불이(身土不二)가 정답이다.

밭작물의 배수에 신경을 쓰고, 흙덮기를 해서 동해를 입지 않도록 한다. 너무 웃자란 보리나 밀은 우듬지를 낫으로 베어 주는 것이 좋다. 월동 채소는 아무리 추위에 강하다고 하여도 갑자기 추워진다거나 눈이 녹아 습도를 많이 머금은 때에 추워지는 것은 막아야 한다.

요즘은 농한기라 하여도 시설채소를 재배하거나 특용작물을 재배하는 등 조금도 쉴 틈이 없는 곳이 농촌이다. 따라서 각각의 작물에 맞는 환경을 만들어주고 각자의 병충해를 방지하자면 정말 농번기(農繁期)가 따로 없는 형편이다.

과수에서도 낙엽과 주변의 잡초를 모아 태우거나 땅 속 깊이 묻어 주는 것이 좋다. 이로써 병원균의 이동을 막고, 더불어 토양을 기름지게 하는 효과도 얻을 수 있다.

이때 신경을 써야하는 곳은 축산 농가다. 동해(凍害)는 물론이며 환기불량으로 인한 호흡기질환, 계절 전염병인 구제역과 조류인플루엔자 등에 유의하여야 한다. 구제역은 가축의 분뇨, 발생 부위의 수포액, 혈액, 침, 가래, 우유, 내장, 고기, 물, 사료, 토양 등 일상에서 접하는 모든 경로를 통하여 전염된다. 따라서 철저한 소독과 방역이 최대 관건(關鍵)이라 할 수 있다. 소독약으로는 알칼리제, 산성제, 산화제, 알데히드제, 염기성제, 계면활성제 등을 축사 주변과 분뇨에 뿌리는 방법이 있다. 이들의 방제는 겨울철 황사가 지나간 다음이나, 겨울 철새가 지나간 다음에 실시하는 것이 좋다.

28.3 대설의 먹을거리

비록 춥다고는 하지만 그래도 곳간에는 가을에 거둬들인 먹을거리가 가득하고, 농사일도 끝이 났으니 그야말로 신선노름이 따로 없을 정도다. 마당에는 낟가리가 있고, 땅속에는 김장독이 있으니 마음도 든든하다.

이런 때에 따뜻한 탕이나 국물로 추위를 막아내면 한결 지내기 쉬운 겨울이 될 것이다. 그런가하면 이한치한(以寒治寒)으로 냉면을 먹거나, 살짝 언 동치미를 갓 찌어낸 고구마에 얹어 먹어도 그만인 계절이다. 이런 음식들은 굳이 대설(大雪)이 아니더라도 겨우내 먹을 수 있는 공통점을 가지고 있다.

청어천신

청어는 주로 겨울과 봄에 진상을 하며, 동짓날에 궁중에서뿐만 아니라 일반 사대부(士大夫) 집안에서도 청어(靑魚)를 사당(祠堂)에 올리는 일이 있었다. 이것이 청어를 천신(薦新)한다는 풍속으로 이어졌다. 청어가 푸른빛을 내기 때문에 새롭고 신선한 이미지를 주어 조상에게 올리는 정성을 나타내는 것으로 여겼던 것이다. 청어는 특히 황해도 해주와 경상도 통영에서 잡힌 것이 유명하였다. 통영에서는 껍질이 단단한 전복과 대구도 진상(進上)하였다.

감제

조선시대에 동짓달이 되면 제주 목사(牧使)가 중앙으로 감귤(柑橘), 유자(柚子) 등을 진상(進上)하는데, 임금은 이를 치하하는 의미에서 성균관(成均館)과 사학(四學)의 유생들에게 과거(科擧)를 실시하고 귤을 나누어주던 것이 감제이며, 귤이 누렇다고 하여 황감제(黃柑製)라 부르기도 한다. 과거의 선발과정은 특별한 절기를 맞아 기념으로 여는 절일제(節日製)와 같은 형식을 취했다.

냉면

냉면(冷麵)은 요즘에 와서 계절을 가리지 않고 먹는 음식이 되었지만 예전에는 시절음식으로 먹었었다. 그중에서도 맨 처음 접한 냉면은 본래 동짓달에서 비롯되었다. 그래서 요즘 겨울에도 냉면을 찾는 사람들이 제법 있다. 메밀국수를 무김치나 배추김칫국물에 말고, 여기

에 잡채나 배, 밤, 쇠고기, 돼지고기 등을 썰어 넣고 기름과 간장으로
간을 맞추면 특유의 맛이 나서 별도의 이름을 가지니 바로 골동면(骨
董麵)이다.

수정과

겨울철의 입맛을 돋우는 시절음식으로 수정과(水正果)를 빼놓을
수 없다. 계피(桂皮)와 생강을 넣고 달인 물에다 곶감을 담그고 그 위
에 잣을 띄워 먹는데 식혜(食醯)와 함께 한국의 대표 음료로 전하고
있다.

동치미

동치미는 무로 담그는 김치 가운데 하나로, 김장용 무김치보다 물
이 많아 물김치라고 부르기도 하는데 시원해야 제 맛이 난다. 무는 주
로 뿌리가 작은 것을 담는 예가 많다. 한 겨울에 고구마를 삶아놓고 눈
내리는 창밖을 보면서 동치미 한 입 고구마 한 입 베어 먹는 맛은 별미
에 속한다.

너비아니

조선시대에는 지금의 불고기와 비슷하게 조리 된 소고기구이를 '너
비아니'라고 불렀다. 그 이전에는 '맥적(貊炙)' 또는 '설야멱(雪夜覓)'
이라 불렸는데, 이들은 시대에 따라 조리법이 조금씩 다르게 전해왔
다.

너비아니는 소고기를 너붓너붓하게 썰고 칼등으로 두들겨 연하게
다듬질한 다음, 갖은 양념에 재워 구운 고기를 말한다. '설야멱'은 눈

오는 야밤에 찾아서 먹는 다는 뜻으로, 농사에 이용되는 소를 잡는 일을 금기시 하던 고려시대에 어쩌다 얻은 귀한 소고기를 유장(油醬)에 발라 굽다가 냉수에 담그고 다시 굽기를 세 번 반복하여 조리하는 음식이다. 이는 펑펑 눈이 쏟아지는 겨울밤의 술안주로 애용된 데서 비롯되었다. '맥적'은 고구려 시대에 기름기가 적고 연한 부위의 소고기를 양념하여 대나무 꼬치에 꿰어 구어 낸 요리를 말한다. 불고기용 소고기의 핏물을 빼주고, 갖은 재료를 넣어 버무린 양념에 재웠다가 굽는 것을 말한다. 고기의 두께가 두툼하면 칼등으로 두들겨서 부드럽게 하고, 얇으면 그냥 무쳐도 된다. 굽는 불은 직접 불에 굽는 직화(直火)가 좋으나 자칫하면 고기가 타므로 기름칠을 한 도구를 사용하는 것이 무난(無難)하다.

기타

시월상달 즉 양력 11월에 먹는 음식으로는 각종 고사떡과 전골냄비, 신선로, 연포탕, 만둣국 등의 국물음식이 있고, 무오병, 감국전, 무시루떡, 생실과, 유자화채, 백설기, 물호박떡, 애탕, 변씨만두, 밀단고, 애단자 등도 대설에 먹을 수 있는 시절음식이다.

28.4 대설의 별자리

이제 완전한 겨울이 펼쳐져 많은 눈이 오는 계절에 속한다. 이때의 별자리로 초저녁에는 가을철별자리가 보이다가도, 자정이 되면 겨울철별자리가 주인이 되어 있는 것을 알 수 있다. 이때 정수(井宿)가 주

(主) 별로 다가오며, 동쪽하늘에는 벌써 봄철의 별자리가 준비하고 있음도 보인다. 정수는 우물 정(井)자를 한 별자리로 삼수보다 동쪽에 있다고 하여 동정(東井)이라고도 한다. 동정은 남방 주작의 벼슬에 해당하며, 쌍둥이자리의 뮤(μ)에 속한다.

동정은 쌍둥이자리의 무릎과 발에 해당하는 별로, 동양에서는 음양궁(陰陽宮)이라 불렀다. 만약 5개의 행성이 이 우물 근처에 모이면 아주 경사스러운 일이 일어난다고 믿었다. 만사(萬事)가 성취되며 덕이 있는 자에게 경사가 있고, 새로운 군주가 즉위하여 천하를 안정시킨다고 하였다.

자정 무렵이 되면 하늘 중앙에 북하와 남하가 위치한다. 남하(南河)는 남쪽 강이라는 뜻으로 작은개자리에 해당하며 밝은 별은 알파(α) 프로시온이다. 북하(北河)는 북쪽의 강이라는 뜻으로 쌍둥이자리에서 각각의 머리에 해당하는 알파(α) 폴럭스, 베타(β) 카스트로다.

조선 세종 때에 수학자 이순지(李純之)가 저술한 천문(天文) 설명서 『천문류초(天文類秒)』에 의하면 남하와 북하는 변방(邊方)을 지킨다는 의미의 수성(戍星)이다. 따라서 해와 달 그리고 다섯 행성은 이 둘 사이를 지나가야 하며, 만약 길을 벗어나게 되면 천하가 어지럽고 가물며 전염병이 돈다고 하였다. 또 혜성이 나타나면 병란(兵亂)이 일고, 패성이 멈추어 서 있으면 가뭄이 든다고 하였다. 북하의 위에 있는 적수(積水)는 하늘나라의 술과 음식을 공평하게 나누어 주는 일을 담당한다.

28.5 대설과 현실

우리 고유의 음식 중에 된장과 간장, 그리고 고추장이 포함된다. 이런 발효식품들은 모두 콩을 가공한 식품으로 메주를 띄움으로써 시작된다. 메주는 삶은 콩을 소쿠리에 담아 물을 뺀 후 절구에 넣고 찧어서 내가 원하는 모양으로 만들면 된다. 이때 너무 삶아지거나 너무 설익어서도 안 된다. 그래서 어머니들은 뜨거운 가마솥에 손을 넣고 콩을 집어 비비기를 마다하지 않았다.

대개 된장용 메주는 네모난 퇴침(退枕)만하게 만들며, 고추장용 메주는 둥그런 도넛 형태로 주먹보다 조금 크게 만든다. 만들어진 메주는 짚으로 묶어 발효균이 잘 번식하도록 한다. 그래서 대설의 툇마루는 곶감과 메주가 익어가는 계절이다.

대설은 눈이 많이 오므로 눈피해가 없도록 하여야 하며, 노약자들은 혹시 모를 낙상(落傷)에 유의하여 야외 활동을 삼가는 것이 좋다. 그러나 운동부족으로 인한 면역력 약화로 독감이 올 수 있으니 개인 위생관리에 철저를 기해야 한다. 또한 밀폐된 공간에서 생기는 알레르기를 예방하여 자주 환기를 시키는 것이 필요하다.

예전의 농한기는 술과 화투가 일상을 비집고 들어와 삶의 중심에 앉아있기 일쑤였다. 그러나 화투놀이가 단순한 놀이에 그쳤으면 좋을 것인데, 대부분의 화투놀이가 투기 목적의 노름으로 변해가는 것이 문제로 대두된다.

반면에 아이들은 눈이 오면 마냥 즐거워하며 눈싸움을 즐겼다. 그러나 눈싸움이라는 것이 처음에는 즐겁게 시작하였지만 나중에는 옷과 장갑이 젖고 손이 시려워 멈추게 된다. 눈이 오는 날 그것도 함박

눈이 내리는 날이면 항상 야단을 맞았던 놀이에 속한다. 눈에도 젖은 눈이 있고, 마른 눈이 있어 무게 차이가 난다. 젖은 눈은 습기가 많은 눈으로 잘 뭉쳐져서 눈싸움하기에 아주 그만이다. 하지만

▲ 눈싸움

마른 눈도 햇빛을 받아 살짝 녹으면 물기가 생겨 잘 뭉쳐지게 된다.

29 동지

　동지는 24절기 중에서 스물두 번째로, 음력으로는 11월이며 양력으로는 12월 22일이나 23일에 해당한다. 2011년의 경우 12월 22일에 들었고, 2012년에는 12월 21일에 들었으며 2013년에는 12월 22일이었다. 동지가 음력 11월 초순에 들면 '애동지[兒冬至]', 중순에 들면 '중동지(中冬至)', 하순에 들면 '노동지(老冬至)'라고 하였다.

　이때는 태양이 적도 아래로 23.5° 내려간 날로, 황경(黃經) 270°에 도달하는 날이다. 즉 태양이 남회귀선(南回歸線)에 도달한 날이며, 이후로는 북쪽으로 올라오게 된다. 그러므로 우리나라에서는 1년 중 밤이 가장 길어지고, 남반구에서는 낮이 가장 긴 날이 된다. 일부에서는 동지를 아세(亞歲)라고 하였는데, 이는 아직 작은 설이라 뜻으로 설날에 비해 조금 못하다는 말이다. 따라서 밤이 짧아지고 낮이 길어지는 전환점으로, 해가 바뀌는 설날에 버금가는 날이라는 의미가 분명하다.

29.1 동지의 환경

농도인 전라북도 전주에서 동지로 기준한 12월 22일의 기후를 보면, 1971년부터 2000년까지 1일 평균 기온의 평균은 1.1℃에 달했고, 최고 기온의 평균은 5.9℃로 나타나 대설보다 약 2.5℃낮게 나왔으나 아직은 영하로 내려가지 않았으며, 최저 기온의 평균은 -3.2℃로 영하의 날씨를 보였다. 강수량은 1.5mm로 그래도 적지 않은 편이었으며, 평균 습도는 72.7%로 약간은 눈발이 날렸다는 것을 알 수 있다. 바람의 평균 속도는 1.1m/s로 변함이 없었다.

예전사람들은 동지 15일을 5일씩 나누어 처음 5일을 초후(初候)라고 하여 지렁이가 교결(交結)한다고 하였으며, 다음 5일은 중후라 하여 고라니의 뿔이 떨어진다고 하였고, 마지막 5일은 말후라 하여 샘물이 언다고 하였다.

동지는 대설(大雪) 다음에 오며 소한(小寒)의 앞에 들어있는데, 24절기 중에서는 가장 큰 명절로 여겼다. 이때는 연말이 되면서 각종 모임이나 찾아보아야 할 곳이 많은 계절이다. 또 신년을 설계하고 목표를 정하는 달이기도 하다. 따라서 모든 일에 적절한 절제(切除)와 자중(自重)도 필요하다. 차가운 기온으로 체온이 내려가는 때에 무리한 행동으로 면역력을 약화시켜 뇌졸중이나 심근경색과 같은 순환계질환이 악화되지 않도록 유의하여야 한다.

29.2 동지의 유래

북반구에 살던 고대인들은 태양의 기운이 가장 쇠한 날에 태양이 죽었다고 말하였으며, 동지가 지나면서 점차 부활하여 낮이 길어지고 뜨거운 생명의 기운이 되살아난다고 믿었다.

역경(易經)에서 간지(干支)로 본 새해의 첫 달 즉 자월(子月)을 동지가 들어있는 11월로 지정한 것도 죽음으로부터 부활하는 의미를 가지고 있다. 이에 따라 주(周)나라는 11월을 정월(正月)로 삼았고, 동지를 설날로 삼았었다. 그 후로 '동지를 지나야 한 살 더 먹는다.'거나 '동지팥죽을 먹어야 나이를 한 살 더 먹는다.'는 말을 하여 왔다.

서양에서도 동지(冬至)는 아주 중요한 의미를 가지고 있었다. 농경민족인 로마인들은 농신(農神)인 새턴(Saturn)에 대한 새턴네리아축제를 12월 21일부터 말일까지 행하였다. 그중에서도 12월 25일은 태양의 부활일로 기념되었었는데, 동지 이후에 낮의 길이가 길어지는 것을 태양의 부활로 인식한 것이다. 따라서 동지 풍습은 크리스마스라는 새로운 단어의 기원에까지 영향을 미치고 있다.

서기 270년 경에 터키의 한 항구도시 파타라에 니콜라우스가 태어났다. 그는 착한 일을 아주 많이 하여 성인으로 불렸으며, 그가 여자였기 때문에 성녀(聖女) 즉 산타(Santa)라는 별명이 붙었다. 따라서 우리말로 성녀 니콜라우스는 터키말로 산타니콜라우스가 되었고, 훗날 발음이 변하여 산타크로스로 불리게 되었다고 한다.

29.3 팥죽의 유래

동지에는 팥죽을 쑤어
먹는 풍속이 있다. 찹쌀과
팥이 주원료인 팥죽은 사
당(祠堂)에 제사를 지내
기도 하며, 대문간이나 장
독대와 부엌 등에 뿌리기
도 하였다. 이는 붉은 빛
을 싫어하는 잡귀를 쫓아

▲ 팥죽

내는 것으로 액(厄)을 막는 행위에 속한다. 또 붉은 색은 태양의 상징
인 양(陽)을 의미하여 새롭게 시작하는 기운을 표현하기도 한다.

중국의 세시서인 『형초세시기(荊楚歲時記)』에 의하면 공공씨(共工
氏)가 불초자(不肖子)를 두었는데, 그 아들이 동짓날에 죽어 역귀(疫
鬼)가 되었다. 그런데 이 아들이 살아생전에 팥을 무서워했으므로, 동
짓날에 팥죽을 쑤어 귀신을 쫓는 풍습이 생겼다고 한다.

한편, 팥죽은 우리 식단에 새로운 영양소를 제공하는 음식으로 채
택되었다. 겨울 동안 쌀밥과 김치만 먹던 영양의 불균형에서 벗어나
는 중요 수단인 것이다. 그러나 긴 겨울을 모두 지내고 영양이 쇠(衰)
해진 봄까지 기다렸다가 먹는 것이 아니라, 다음에 오는 설날에 먹을
음식을 고려하여 중간의 적당한 시기를 찾았으니 훌륭한 지혜라는 생
각이 든다. 지금도 가끔씩 별미로 등장하는 것이 팥죽이며 팥밥인데,
글자 그대로 별미로써 영양 보충이라는 단어가 어울리는 음식이다.

동지 풍속

동지는 새로운 태양의 부활을 의미하여 생명과 관련된 풍속이 전한다. 또 새로 시작하는 해에 어떤 준비를 할 것인가도 하나의 과제였다.

팥죽먹기

동짓날에는 동지팥죽 또는 동지두죽(冬至豆粥), 동지시식(冬至時食)이라는 오래된 시절음식이 있다. 이는 모두 팥죽을 의미하며 팥을 고아 죽을 쑤거나 찹쌀로 만든 단자(團子)를 넣어 끓이는 것이다. 새알만한 크기의 단자는 옹시래미 즉 새알심 혹은 옹심이라고 부르며, 이는 알의 부화(孵化) 또는 죽음에서 부활(復活)하는 씨앗의 의미다.

동지팥죽은 천신(薦新) 즉 사당에 올려 제사를 지내며 먹기도 한다. 또 벽이나 대문간과 같이 악귀가 드나드는 곳에 뿌려서 범접(犯接)하지 못하도록 하였다. 팥죽의 붉은 색은 피와 같아서 양(陽)의 색이며 역동(逆動)의 색이라서 음(陰)의 상징인 마귀를 이기는 벽사(辟邪)와 축귀(逐鬼)의 의미가 있다고 믿어왔고, 지금도 잔치에는 꼭 팥죽이나 팥떡 혹은 팥밥을 하여 대접하게 되었다. 가끔 팥을 주머니에 넣어 찜질을 하는 것도 음기(陰氣)를 쫓고자 하는 일에 속한다.

사실 알고 보면 팥에는 비타민 B_2가 많이 들어있어 영양이 편중된 우리 식단에 꼭 필요한 음식으로 통한다. 이런 팥죽을 먹는 다는 것은 건강한 겨울을 나는데 아주 적합한 성분을 얻는 것이다.

하선동력

옛날 궁궐에서는 단옷날에 부채를 하사하였다. 이는 다가오는 더위

를 피하고 잘 지내라는 의미가
담겨있다. 그런데 동지에도 이와
비슷한 일이 있었으니 바로 책력
(冊曆)을 하사(下賜)하는 것이
다.

관상감에서 책력을 만들어 궁
에 바치면, 왕은 '동문지보(同文
之寶)'라는 어새(御璽)를 찍은
후 관원들에게 나누어주었다. 이
책력은 황장력(黃粧曆), 청장력
(靑粧曆), 백력(白曆) 등으로 구
분되었고, 관청에서는 책력을 주

▲ 책력표지

민들에게 나누어주었다. 이 책력은 농사를 짓는데 필요한 절기와 기
후를 짐작할 수 있었으며, 물 때 등도 기록되어 아주 중요한 생활의 지
침서가 되었다. 그래서 여름에는 부채요 겨울에는 책력이라는 말을
'하선동력(夏扇冬曆)'이라고 불렀다.

여기에 나오는 책력이란 대한민국 사람들에게 적용할 민력(民曆)
을 의미한다. 이 민력이란 연중 행사일을 포함하여 각종 기념일을 안
내하고, 24절기의 정확한 날짜와 시간, 그리고 민간에서 지켜야 할 의
례, 60갑자 사주방식과 인근 국가의 연호표도 싣고 있다. 이때 절기와
연관하여 기후는 물론 농사에 필요한 지식과 방법도 기술하고 있다.
따라서 당시 일상생활에 필요한 기본 지침이 들어있다고 해도 과언이
아니다. 이런 민력은 국가기관인 천문우주과학연구소의 자료를 바탕
으로 하고 있다.

한편, 위의 민력처럼 매년 작성하는 것이 있는가 하면 만세력(萬歲曆)처럼 만년 동안의 민력을 묶어 놓은 것도 있다. 그러나 이때의 만년이라는 숫자는 글자 그대로 10,000년이 아니라 그만큼 긴 세월동안의 민력을 묶어 놓은 것이라는 뜻으로, 수십 년 혹은 백 년 정도의 종합민력이라고 보면 된다. 이 민력과 만세력을 모두 통틀어 책력이라고 한다.

지금도 12월 하순이 되면 내년도 달력을 준비하기에 바쁘다. 이 달력은 예전의 민력에 비해 아주 간단하지만 내년의 계획을 세우는데 아주 긴요한 수단이며, 일상생활에서도 모든 일의 시점(時點)을 나누는 아주 중요한 기준이 되고 있다.

전약

조선시대 궁중에서 의약을 담당하던 내의원(內醫院)에서는 전약(煎藥)이라는 특별한 약을 만들어 진상하였다. 전약은 소의 다리와 소가죽, 그리고 소머리를 넣고 고은 후 관계(官桂), 생강, 정향(丁香), 후추[胡椒 : 호초], 청밀(淸蜜), 대추[大棗 : 대조], 아교(阿膠) 등을 섞어 기름에 굳힌 것이다. 이 약성(藥性)은 따뜻하여 악귀를 물리치고 추위를 막아 몸을 보호하는 효과가 있다고 한다.

민가(民家)에서 팥죽을 끓여 먹었던 것과 궁중에서 전약을 만들었던 것을 합하면, 국가나 백성 모두가 중시 하던 날임은 틀림없어 보인다.

황감제

제주(濟州) 목사(牧師)는 동지 무렵이 되면 특산품인 귤을 진상하였는데, 상감은 멀리 있는 제주 사람에게 그 공로를 치하하고 위로하였다. 그리고 모든 백성들과 함께 기쁨을 누리고자 이날에 과거(科擧)를 시행하였는데, 노란 귤로 인하여 치르는 과거라 하여 황감제(黃柑製)라 하고, 다른 말로는 그냥 감제(柑製)라고도 한다.

동지부적

동짓날의 부적으로는 '사(蛇)'자 부적이 있다. 뱀을 나타내는 사(蛇)를 써서 벽이나 기둥에 거꾸로 붙이면 악귀가 들어오지 못한다고 하였다. 또 계절적으로 추워야 하는데 만약 동지에 일기가 온화하면 다음해에 질병이 많이 번진다고 믿었다.

이로써 사람들은 춥고 눈이 오는 동지가 되어 내년에 풍년이 들기를 고대하였다. 지금도 겨울에 춥고 눈이 많이 와야 내년 농사가 풍년든다는 말들을 하고 있다. 이는 겨울가뭄으로 내년 농사에 필요한 물을 준비하지 못할까봐 걱정하는 마음이었다고 여겨진다. 또 해충이 모두 얼어 죽기를 바라는 마음의 발로이기도 하다.

동지헌말

우리 선조들은 동지 추위에 천을 겹겹이 댄 버선을 신음으로써 이겨냈다. 그런데 이 버선을 만드는 일은 손이 많이 가는 것으로, 일손이 귀한 농번기에는 엄두를 내지 못하다가 농한기에 들어서야 지을 수 있었다.

일손이 뜸해진 며느리는 해가 길어지기 시작하는 동지부터 납일(臘日)까지, 시할머니를 비롯하여 시어머니와 시누이의 버선을 만들기에 여념이 없었다. 이것이 바로 동지날에 버선을 헌납한다는 동지헌말

(冬至獻襪)이다. 다른 말로는 풍년을 빌고 많은 소출(所出)을 기원해 드린다는 뜻으로 바꾸어 풍정(豊呈)이라고 하였다.

조선의 실학자 이익(李瀷)은 새 버선을 신고 길어져 나가는 해 그림 자를 밟으면 수명이 길어져 장수한다고 하였는데, 이것은 감춰져 보이지 않는 며느리의 설움을 달래기 위해 지어낸 말이라고 볼 수 있다.

동지사

한때나마 동지는 중국의 설날이기도 하였다. 그 이후에도 동지는 중국의 9대 명절에 속하는가 하면, 조선의 4대 명절에 속한 때도 있었다. 그런 연유로 조선시대에는 새로운 시작을 의미하는 동지를 맞아 축하하고 기념하는 사신(使臣)을 파견하였는데, 이때 파견된 사신이 바로 동지사(冬至使)다.

동지불공

사람들은 동지를 맞이하여 인근에 있는 사찰을 찾아 동지불공(冬至佛供)을 드렸다. 동지에 드리는 불공은 내년에 자신에게 닥칠 액운을 물리친다고 믿었다. 이날은 추운 겨울로 활동을 꺼려하는 판에, 이렇게라도 하여 운동을 하며 사찰을 찾고 불공(佛供)을 드리는 것은 우리 몸을 튼튼하게 하는 주요 수단이 되었을 것이다.

동지금방

동지는 호랑이가 교미하는 날이다. 이렇게 1년에 한 번 교미를 하는 호랑이는 새끼도 많이 낳지 못하여 겨우 1마리를 낳으니 일을 그르치지 않으려는 마음이 간절하였다. 따라서 호랑이가 교미를 하는 날을 상서롭게 여겨 인간들이 합방을 하면 안 된다[冬至禁房]고 전한다. 잘못하여 액운이 닥치면 호랑이처럼 자녀를 평생토록 한 명밖에 낳지 못한다고 믿었던 때문이다.

기타

동지는 헌 것을 버리고 새것을 맞이하는 의미라서, 어려운 백성들도 짊어졌던 빚을 청산하고 새로운 각오로 새 출발하는 날이기도 하다. 사람들은 이날에 밀렸던 빚을 갚기 위하여 많은 노력을 하였으며, 이로 인하여 자신의 생활에 보탬이 되었던 것은 서로 좋은 일이라 할 수 있다. 그래서인지 동지에도 팥죽을 열두 그릇을 먹고 나무도 열두 지게를 해야 한다는 말도 생겨났다.

또 전염병이 유행할 때에는 마을 우물에 팥을 넣으면 질병이 없어진다고 믿었다. 당시에는 수인성전염병(水因性傳染病)이 많을 때이니, 상대적으로 물을 깨끗하게 하면 병이 나았을 것이다. 이런 때에 악귀를 물리치는 팥은 아주 좋은 마음의 치료약이 되었던 것이다. 요즘으로 말하면 향기치료나 음악치료 혹은 미술치료, 독서치료 등에 버금간다고 할 수 있다.

이와 비슷한 내용으로 상가(喪家)에서 병을 얻어오는 사람들이 더러 있었다. 그래서 출산(出産)을 앞둔 가정이라든지 조상의 신위(神位)를 모셔야할 제주(祭主)는 상가에 가지 않는 풍습이 있는데, 이런 때에 내가 가는 대신 팥죽을 쑤어 상가에 보내는 풍습도 공존하니 팥의 위력(威力)을 알만하다. 요즘도 해산을 앞두고는 상가에 가지 않는 풍습이 전해지고 있다.

29.5 동지의 농사

가축이나 작물을 막론하고 일 년 중 해가 가장 짧은 기간이므로 기온이 낮고 햇볕이 부족하여 각종 질병에 취약한 상태다. 밭작물은 이렇다 할 관리가 필요하지 않지만, 서릿발에 의한 뿌리의 들뜸현상을 막는 동시에 웃자란 보리가 냉해를 입지 않도록 보리밟기를 하기도 한다. 그러나 이때도 땅이 질어서 얼기 쉬운 날은 피해야 한다.

요즘 유행하는 오이, 토마토, 딸기, 파프리카, 풋고추, 상추, 쑥갓 등 시설채소는 각자의 생육 환경과 발육 상태를 관찰하여 철저한 소독과 적절한 수분공급이 필요하다.

마늘과 양파처럼 월동하는 채소류는 눈이나 비로 인한 동해를 방지하기 위하여 배수가 잘 되도록 고랑을 손질하고, 퇴비 등으로 덮어주는 것도 좋은 방법이다.

가축은 해가 든 날을 골라 적당한 운동을 시키는 것도 필요하다. 또 비나 눈이 오는 날은 소독의 효과가 떨어짐으로 맑은 날을 골라 하는 것이 효과적이다. 쌓아둔 볏짚이나 사료용 건초에 물이 들어가서 부패하는 일이 없도록 하고, 동물의 분변이나 철새의 이동 중 분뇨에 노출되지 않도록 한다.

29.6 동지의 먹을거리

동지는 한 겨울에 속하여 농사 지은 곡식은 이미 수확을 하였고, 많은 과실들도 저장이 끝난 시기다. 그리고 아직은 새로운 봄나물도 나지 않은 때이므로 설이나 소한 혹은 대한 때와 같은 음식들이 시절(時節) 음식으로 등장한다. 그래서 특별히 동지 때에만 챙겨야 하는 음식은 그리 많지 않다.

겨울이 되면 차가운 기온으로 몸이 움츠러들면서 에너지 소모가 많아지게 된다. 따라서 피부와 기관지의 점막(粘膜)에 이상이 생기면서 병이 오기도 한다. 이때 비타민 A와 D가 필요하게 되며, 면역력을 높이기 위하여 비타민 C의 공급은 필수적이다. 이때는 시금치, 연근, 갓, 당근, 마늘, 우엉, 배추, 무, 버섯, 마, 대파, 가자미, 도미, 홍어, 삼치, 갑오징어, 대구, 방어, 조기, 굴, 정어리, 김, 미역, 생태, 귤, 레몬, 다래 등의 제철음식이 좋다. 이런 겨울을 나면서 정월 대보름이 되면 호두, 땅콩 등으로 지방과 무기질을 포함한 영양을 보충하려고 오곡밥 혹은 약식(藥食)을 먹었던 것이다.

동지에 가장 중요한 음식으로는 우선 팥죽과 팥떡을 들 수 있으며, 타락죽과 냉면, 동치미, 경단, 전약, 수정과, 식혜, 실과를 꼽을 수 있다. 또 생선으로는 청어구이와 청어젓갈을 들 수 있다.

냉면(冷麵)

면을 주재료로 하여 쇠고기나 닭고기를 고은 후 차게 식힌 육수를, 동치미국물 또는 시원하게 익힌 배추김치국물 등에 말아 먹는 음식이다. 여기에 제육편육과 배추김치, 무김치, 오이, 무생채, 배 등을 섞어 얹은 후에 계란고명, 잣, 고춧가루를 뿌리면 훌륭한 냉면이 된다.

냉면의 종류로는 물냉면 외에 비빔냉면, 회냉면 등 어떤 재료를 넣었느냐에 따라 다른 이름을 붙이기도 한다. 냉면은 평양냉면, 함흥냉면이라는 이름과 같이 주로 북쪽지방에서 즐겨먹었던 음식인데, 요즘에는 때와 장소를 가리지 않고 즐겨 찾는 별미(別味) 음식이 되었다.

골동면

비빔면, 비빔국수라고도 하며, 삶아낸 국수에 여러 가지 양념을 넣고 비빈 것을 말한다. 이때의 골동이란 여러 가지 음식을 한꺼번에 섞어 먹는 것을 일컫는데, 비빔밥의 원조인 골동반과 같은 이치다.

29.7 동지의 별자리

남방7사(南方七舍)는 적도 근처의 별자리 28수 중에서 동짓날 초저녁 동쪽 지평선 위로 떠오르는 정수(井宿)를 시작으로 귀수(鬼宿), 유수(柳宿), 성수(星宿), 장수(張宿), 익수(翼宿), 진수(軫宿)를 말한다.

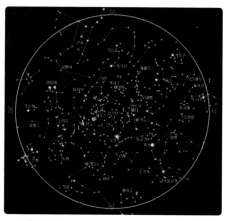

▲ 겨울 별자리

이들은 적도상에 위치하는 별자리로 초저녁부터 서서히 그리고 차례대로 떠오르는 별이며, 우리나라의 밤하늘에서 정수는 쌍둥이자리로 겨울별자리, 귀수는 게자리로 겨울별자리, 유수와 성수 그리고 장수는 바다뱀자리로 봄별자리, 익수는 컵자리로 봄별자리, 진수는 까마귀자리로 봄별자리에 해당한다.

28수는 달이 하늘을 운행하는 길인 백도(白道)를 따라 일주하는데, 이때 약 27.32일이 걸리기 때문에 28일을 기준으로 하였으며, 이때 달이 머문다는 의미를 지닌다. 28수와 그 주변의 별자리를 동(東)은 창룡(蒼龍), 북(北)은 현무(玄武), 서(西)는 함지(咸池) 또는 백호(白虎), 남(南)은 주작(朱雀)의 4관(冠)으로 분배했다.

밤이 가장 긴 동지에는 저녁 9시가 되면 벌써 깊은 밤에 속한다. 이때 동쪽 하늘에 떠오르는 별은 귀수로 한밤이 되면 중앙에 이른다. 그리고 헌원과 류수도 봄철의 별자리를 이끌고 뒤를 잇는다.

귀수는 귀신별자리를 뜻하며 사망과 질병, 그리고 제사를 주관한다. 따라서 남을 엿보기를 좋아하는데, 각자의 별이 맡은 임무가 모두 다르다. 귀수는 게자리를 포함하고, 귀수의 중앙에 내재된 뿌연 별기운을 적시기라 하는데 이것이 바로 프레세페성단이다. 이때 적시기(積屍氣)는 시체(屍體)가 쌓여있는 기운(氣運)을 뜻하며, 주변에는 무덤을 뜻하는 대릉성(大陵星)도 있다. 역시 동지는 음의 기운이 가득하여 귀신들이 활개치는 시기(時期)라 할 수 있다. 대릉성은 페르세우스자리에서 마녀 메두사의 머리에 해당하는 별이다. 또 귀신이 타고 다니는 가마별로 여귀(輿鬼)도 보인다. 여귀는 남방 주작의 눈에 해당하며 게자리의 세타(θ)로 어두운 별이다.

적시기가 포함되어 있는 귀수의 게자리 밑에 류수가 나타난다. 류수(柳宿)는 남방 주작의 부리에 해당하며 큰물뱀자리의 머리인 델타(δ)에 해당한다. 바로 이어지는 성수(星宿)는 남방 주작(朱雀)의 목에 해당하며 큰물뱀자리의 중심부 알파르드에 속한다. 조금 더 내려오면 장수(張宿)가 보이며, 이는 큰물뱀자리의 꼬리 중간에 해당하는 별이다. 그런가 하면 류수의 아래에 부엌별인 외주(外廚)가 있고, 더 아래의 토지신(土地神) 천사(天社) 별은 종묘(宗廟)에 제사를 지내는 음식을 장만하는 곳이다.

성수와 장수 위에 옛 황제였던 헌원(軒轅)이 있고, 그 중앙에 헌원대성(軒轅大星)이 있다. 헌원은 사자자리의 머리 부분이며, 헌원대성은 사자자리의 앞무릎 알파(α) 레굴루스로 지배자라는 의미를 가진다.

29.8 동지와 현실

동지는 낮의 길이가 가장 짧았다가 서서히 길어지는 시점으로, 새로운 해를 맞이하는 작은 설을 의미하기도 한다. 따라서 이때에 먹는 팥죽은 나이 한 살을 더 먹게 하는 것으로, 팥죽의 옹심 즉 새알은 나이 수대로 먹어야 한다는 말이 생겨나기도 하였다. 애동지에는 팥떡을 해야 좋고 노동지에는 팥죽을 끓여야 좋다고 하였으니, 중동지에는 어느 것을 해도 무탈하다고 할 것이다.

우리가 먹는 팥죽은 맛으로 먹는 일본식의 단팥죽과 다르다는 것을 알아둘 필요가 있다. 우리가 설날에 먹는 담백하면서도 쫄깃쫄깃한 가래떡과 마찬가지로, 팥죽은 담백하고 구수하면서도 달지 않은 맛이 일품이다. 요즘은 팥죽을 끓이는 가정이 다소 줄어들고 있기는 하지만, 불가(佛家)에서는 아직도 잡귀를 쫓는 방식으로 확실하게 지켜지는 풍속 중의 하나다.

30 소한

소한은 24절기의 스물세 번째 절기로 동지(冬至)다음에 오며 대한 (大寒) 앞에 있다. 음력으로는 12월에 해당하고 양력으로는 1월 5일 이나 6일 경이며, 양력으로는 해가 바뀌고 나서 처음 맞이하는 절기가 되는 셈이다. 2011년과 2012년 모두 1월 6일에 들었고, 2013년에는 1월 5일에 들었다. 이때는 태양이 황경(黃經) 285°의 위치에 있을 때 이다.

절후의 이름으로 보면 대한(大寒)에 가장 추워야 하지만, 우리나라 기후에서는 소한(小寒) 때에 더 추운 경우가 많다. 그래서 대한이 소 한 집에 놀러 갔다가 얼어 죽었다거나, 소한 추위는 꾸어서라도 한다 는 속담이 생겨났다. 그러나 30년 간의 실제적인 기온을 살펴보면 대 한이 한 겨울로 소한보다 더 추운 것은 사실이다.

30.1 소한의 환경

농도인 전라북도의 전
주에서 소한으로 기준한
1월 5일의 기후를 보면,
1971년부터 2000년까지
1일 평균 기온의 평균은
-1.0℃였으며, 최고 기온
의 평균은 3.6℃로 추운
날씨를 보였고, 최저 기

▲ 겨울산

온의 평균은 -4.9℃였다. 또 강수량은 1.7mm로 눈이 많이 오지 않았
으며 바람의 평균 속도는 0.9m/s로 나타났다. 습도는 74.0%였다.

옛날 사람들은 소한으로부터 대한까지의 15일을 5일씩 삼후(三候)
로 나누고, 초후에는 기러기가 북으로 돌아가며, 중후에는 까치가 집
을 짓기 시작하며, 말후에는 꿩이 운다고 하였다.

겨울이 춥다고 하여 밀폐된 방안에만 있다 보면 자칫 건강을 해칠
수 있으니 자주 환기를 시켜주고, 낮에는 적절한 운동을 곁들여 면역
력을 강화시켜야 한다. 그래야만 감기나 알레르기 질환 등을 막을 수
있다. 또 말 못하는 짐승이지만 한(寒)데서 지내는 소와 개, 닭, 돼지의
보온(保溫)에도 유의하여야 한다.

30.2 소한의 농사

1년 중 마지막 달인 음력 12월은 절기상으로 소한과 대한이 들어 있다. 그 중에서도 소한이 들어있는 양력 1월 중순은 겨울 중 가장 추운 날씨다. 따라서 '소한에 언 얼음 대한에 녹는다.'고 할 정도다. 그러니 농가에서도 소한부터 날이 풀리는 입춘까지는 혹한(酷寒)과 폭설(暴雪)에 대비하여야 한다. 시설물에 쌓인 눈은 구조물이 파손되거나 붕괴되지 않도록 제 때에 치우는 것이 좋다. 따라서 땔감과 먹을거리를 충분히 비축해야 하는 시기다. 특히 고구마는 기온이 내려가면 얼었다 녹으면서 썩는 경향이 있으므로 15℃ 이상의 상온에서 보관하는 것이 좋다.

정학유(丁學游)의 「농가월령가」에 집안의 여인들은 세시의복을 장만하고, 온갖 무색을 들인다고 하였다. 그러면서 어업이나 장사보다 돈이 적지만 그래도 잘못하여 크게 손해 볼 일이 없는 것이 바로 농사니 이것이 가장 좋다고 하였다. 소한의 농사로는 특별히 권장할 만한 것이 없다. 봄에 객토(客土)할 흙을 알아보고 다니는 등 비교적 여유로운 시기이다. 그러나 겨울철에는 보리가 한창 자라고 있으니 이에 대한 관리가 따르면 족할 듯하다. 가을에 심는 보리를 가을보리라 하며 혹한의 시련을 맞는 이른바 내냉처리(耐冷處理)를 거쳐야 하는데, 자칫 잘못하여 봄에 심으면 성장은 하되 알찬 열매를 얻을 수 없는 것이다. 또 봄보리를 가을에 심으면 혹한을 견뎌낼 준비가 전혀 안 되어 있는 상태에서 바로 동사(凍死)하고 말 것이다.

이렇듯 모든 식물은 제때에 심는 것이 중요하다. 이미 심어진 보리와 밀은 대한이 지날 때까지 밭고랑을 정비하고 물빠짐을 도와야 한다. 흙을 북돋우고 유기물을 덮어서 추위를 막는 것도 중요하다. 논농사는 새해 영농계획을 세우고 토양개량제를 뿌려두어야 한다. 이때 논을 갈기 전에 볏짚을 깔아두는 작업이 필요하다.

▲ 배추

이렇게 자란 보리는 여름철의 중요한 양식이 된다. 여름에는 무더운 날씨와 함께 풍성한 양기(陽氣)로 사람의 몸이 뜨거워지기 쉽다. 이때 더위를 먹고 지치면서 일상의 활력을 잃게 하는 요인이 된다. 여기에 보리를 먹어준다면 차가운 겨울을 이겨낸 냉기(冷氣)가 열을 중화(中和)시켜 안정된 몸을 유지할 수 있다.

이른바 보리는 차가운 성질을 가진 음식이고, 쌀은 여름내 뜨거운 태양을 받고 자라 따뜻한 성질을 가진 음식인 것이다. 이것을 음양오행설(陰陽五行說)에서는 음과 양으로 표현하기도 한다.

이러한 보리는 경상도 지방을 중심으로 많이 재배한다. 경상도는 대체로 산악지형이 더 많아 쌀보다 보리가 흔하였던 결과로 '경상도 보리문디'라는 말도 생겨났다. 이는 볍씨가 없어서라기보다는 토양과 기후가 쌀보다는 보리에 더 적합한 이유에 기인한다.

마늘과 양파, 대파 등 월동 채소도 동해와 습해를 입지 않도록 주의한다. 버섯도 너무 추워 동사(凍死)하지 않도록 하여야 한다. 하지만 요즘에는 시설채소를 하면서 참외, 수박, 멜론, 토마토, 가지, 오이, 딸기, 고추, 파프리카 등 각종 채소류가 시절을 가리지 않고 생산되므로 어느 특정한 식물에 대하여 논하는 것도 이상할 정도가 되었다.

가을보리를 심고, 그 위에 눈이 쌓이면 보리풍년이 든다고 하였다. 이것은 차가운 눈이지만 보리밭 전체를 덮고 있으면, 그 위로 불어오는 바람을 막아주어 얼어 죽지 않는 다는 말이다. 엄동설한의 고초를 겪지 않고는 좋은 열매를 맺을 수 없다는 것처럼, 우리 인생도 쓰라린 실패의 경험이 없으면 좋은 결과를 기대할 수 없다는 말로도 들린다.

30.3 소한의 풍속

겨울에 내리는 눈은 위와 같이 풍년을 기약하는 첫 번째 징조로 보았다. 물은 논농사에서 절대 불가결한 요소였으며, 보리농사에서도 아주 중요한 역할을 하였던 것이다. 그러기에 첫눈을 먹으면 감기에 걸리지 않는다는 말도 생겨났는데, 이는 차가운 기운을 미리 접함으로써 다음에 닥칠 혹한의 단련(鍛鍊)으로 예방주사와 같이 본 것이다.

또 장사(葬事)지낼 때 눈이 오면 좋다고 하거나 또 첫눈이 올 때 넘어져도 재수가 좋다고 하였다. 하지만 큰일을 치르는데 눈이 와서 좋을 일이 없을 것이고, 실제로 눈밭에 넘어져서 좋을 일은 없을 것이나, 눈[雪]은 농사에 좋은 것이니 눈으로 인하여 생기는 것은 아무래도 좋다는 그런 내용이다.

기후를 보더라도 대한(大寒)이 소한(小寒) 집에 놀러왔다가 얼어 죽었다는 말처럼, 1월 하순의 대한은 입춘의 앞에 들어 동장군(冬將軍)이 물러가는 시점에 해당한다. 반면에 소한에 내린 눈은 비록 녹았다고는 하더라도 바로 얼어붙어 빙판길을 만들며, 겨우내 얼었다 녹기를 반복하여 위험한 길을 만든다. 이렇게 많은 눈이 내리면 봄이 되면서 물로 변해 논농사에 요긴하게 쓰이는 것이다

30.4 소한의 먹을거리

소한에는 특별한 행사가 없으며, 이에 맞춰 반드시 챙기던 음식도 없다. 그러므로 반대로 해석하면 겨울에 먹는 음식은 모두 소한의 먹을거리가 되니 추운 날씨를 이겨내는 음식이면 족할 듯하다. 동지에 먹었던 음식들도 좋고, 조금 있으면 다가올 설날음식도 무난할 것이다. 그러나 그냥 먹는 음식이라면 굳이 격식을 갖추지 않아도 되니 집에서 쉽게 마련할 수 있는 재료를 사용한 음식이어도 충분할 것이다.

김치만두나 만두전골도 좋고, 황태찜이나 황태전골도 소한 음식이 된다. 요즘 같으면 김치전이나 순두부찌개도 좋으며, 냉이국처럼 된장을 풀어도 좋고 매콤한 음식도 겨울을 나는데 제격이다.

제철을 만난 미역은 칼륨과 칼슘, 그리고 요오드가 풍부하여 산후조리에 좋고 변비와 비만을 예방하는 효과가 있다. 이런 미역을 이용하여 미역국을 끓여도 되고, 미역초무침을 하여도 좋다. 김 또한 제철이므로 추가로 조미(助味)하지 않은 생김을 살짝 구워 먹으면 바삭한 입맛에 생기(生氣)가 돈다. 저장성도 뛰어난 김은 칼슘의 함유량이 우유보다 4배나 높아 누구에게나 좋고, 먹는 데에도 거부감이 없는 아주 훌륭한 식품이다.

그러나 뭐니뭐니 해도 하얀 쌀밥은 양기(陽氣)를 듬뿍 지닌 음식이니 한 겨울의 추위를 막아주는 아주 유용한 음식이 된다. 우리가 여름

에 꽁보리밥을 별식(別食)으로 먹기는 하지만, 사실은 별식이 아니라 여름의 훌륭한 주식거리다. 보리는 차가운 겨울에 자라난 음기(陰氣)가 강한 식물로 더위를 몰아내는데 아주 그만이어서 여름철에 요긴하게 활용되었던 것이다. 이렇듯 음양의 조화에 따라 음식을 달리 먹는 것은 아주 중요한 일에 속한다.

30.5 소한의 별자리

이제 가장 춥다는 소한(小寒)에 들었고, 동쪽 밤하늘에서는 동방 주작의 목과 심장에 해당하는 성수가 떠오른다. 성수는 큰물뱀자리의 중간에 있는 별로 왕비에 관한 일을 주관하는 알파드(Alphard)다. 성수의 위에 있는 헌원(軒轅)은 봄의 제왕으로 사자자리에서 머리와 앞부분에 해당한다. 중국 고대 신화의 인물로 집을 처음 지었다고 하는데, 죽어서 황룡(黃龍)이 되었으며 중국 황토(黃土)의 영향을 받아 황제(黃帝)가 되었다고 한다.

이런 황제에 대해 맞서 싸운 사람이 바로 치우천왕(蚩尤天王)이다. 치우는 청구국(靑丘國)의 황제로 동이족(東夷族)이었으니, 동쪽에 살며 큰 활을 가진 민족이라는 뜻이다. 화살촉 또한 백두산에서 나는 특수한 돌로 만들었는데 방패를 뚫을 수 있는 우수한 병기(兵機)였으며, 비석박격기(飛石迫擊機)를 활용하여 전세(戰勢)를 유리하게 이끌었다. 결국 중국의 황제 헌원은 10년간에 걸친 70여 차례의 전투에서 치우천왕에게 패하여 조공(朝貢)을 하기에 이른다.

태미원의 아래에 있는 진수(軫宿)는 여러 별자리를 거느리고 있는데, 그 중에 하나가 청구별이다. 이때의 청구별이 바로 청구국을 의미한다. 진수는 남방 주작의 꼬리에 해당하며 까마귀자리의 감마(γ)를 의미한다. 헌원의 위에 삼태성이 보이는데, 이는 큰곰자리의 앞발과 뒷발의 끝에 있는 두 개씩의 별 세 쌍을 가리킨다. 그리고 우리가 잘 아는 큰곰자리의 꼬리부분인 북두칠성도 보인다.

쌍둥이자리에서 두 사람의 머리로 이루어진 북하(北河)와 마차부자리의 오각형이 만든 오거성(五車星)도 눈에 들어온다.

30.6 소한과 현실

소한은 양력 1월의 초순에 들어 한창 겨울방학이 시작되는 때다. 요즘처럼 장난감이 흔하지 않던 시절에는 아이들이 오밀조밀하게 노는 일이 별로 없었다. 그러니 아이들은 직접 몸으로 부딪치며 체험을 하는 놀이에 관심을 가질 수밖에 없었다. 이것은 마치 맹수들이 형제간에 물고 물리면서 먹이 사냥술을 배우는 것과 비슷하다.

시골의 아이들은 논에 가서 썰매를 타거나 팽이치기를 하였다. 그런가하면 언덕에 올라 연을 날리기도 하고, 자치기라고 하여 서양식 야구와도 같은 전통 놀이를 하곤 하였었다. 자치기는 한 뼘이나 되는 나무막대기를 약 1미터 쯤 되는 다른 막대기로 쳐 보내는 것으로, 넓은 공간을 필요로 하기 때문에 요즘에는 거의 찾아보기가 어려운 놀이가 되었다. 물론 이런 놀이는 소한에만 이루어졌던 것은 아니라, 날씨가 추워지면 호연지기를 기르는 방법으로 언제나 즐겨 성행했었다.

지붕 위의 눈이 녹아 흘러내리다 소한 추위에 얼어붙으면 곧 고드름이 된다. 아이들은 처마 끝의 고드름을 따서 누구 것이 더 큰가 내기를 하거나, 고드름을 칼 삼아 칼싸움을 하기도 한다. 그러나 고드름은 어름이면서도 가늘기 때문에 쉽게 부러지는데, 잘못 건드리면 아직 칼싸움을 시작하기도 전에 부러져서 낭패를 당하기도 한다.

이렇게 하루 종일 차가운 밖에서 놀다보면 손발이 차가워지고, 신체에서 가장 노출이 심한 귀는 항상 얼어있게 마련이다. 그러면 잠잘 때에 양말에 콩을 넣은 후 양말 속에 언 손을 넣거나, 콩 넣은 양말로 동상에 걸린 부위를 감싸고 살았다. 그 속에 들어있는 양의 성질을 가진 콩이 냉증을 중화시키는 역할을 하여 동상치료제로 활용된 민간요법이었다.

31 대한

대한은 24절기의 마지막 절후(節候)로 음력으로는 섣달 즉 12월에 해당하며, 양력으로는 1월 20일경에 든다. 2011년과 2012년 그리고 2013년 모두 1월 20일에 들었다. 태양의 황경이 300°되는 날로, 대한으로부터 입춘이 되기 직전까지의 기간을 대한절기로 본다.

한편 마지막 절기라는 의미에서 절분(節分)이라고도 부른다. 이는 지는 해와 다가오는 해의 절기를 나누는 점이라는 뜻이며, 계절의 달력으로 보는 연말이었던 것이다.

31.1 대한의 환경

농도인 전라북도의 전주에서 대한(大寒)으로 기준한 1월 20일의 기후를 보면, 1971년부터 2000년까지 1일 평균 기온의 평균은 -1.3℃였으며, 최고 기온의 평균은 3.7℃로 추운 날씨를 보였고, 최저 기온의 평균은 -5.5℃였다. 또 강수량은 1.6mm로 눈이 많이 오지 않았으며, 바람의 평균 속도는 1.2m/s로 1월 상순의 소한에 비해 다소 강한 바람이 불었다. 습도는 69.5%였다.

원래 겨울철의 추위는 입동(立冬)에서 시작하여 소설(小雪), 대설(大雪), 동지(冬至), 소한(小寒), 대한(大寒)으로 갈수록 점차 추워진다고 하였다. 그러나 이는 중국의 화북지방 기온을 기준한 것으로, 우리나라에서는 소한 때에 더 춥게 느껴진다. 그래서 '춥지 않은 소한 없고 포근하지 않은 대한 없다.'고 하거나 '대한이 소한의 집에 놀러왔다가 얼어 죽었다.'는 말이 생겨났다.

대한절기 15일을 5일씩 나누어 처음 5일을 초후(初候)라 하고 닭이 알을 낳기 시작하며, 다음 5일은 중후라 하고 하늘을 나는 새가 높이 날며, 다음 5일간을 말후라 하여 연못물이 단단하게 언다고 하였다.

날씨가 좋지 않은 관계로 일조량이 부족하여 우울증에 걸리기 쉬운 때이다. 그렇다고 함부로 외출을 하면 심뇌혈관계 질환을 유발시킬 수 있으므로 항상 체온을 유지하고 충분한 준비운동을 한 후 외출하는 것이 바람직하다.

31.2 대한의 상황

대한은 소한(小寒)날로부터 15일 후에 들며, 입춘(立春)이 되기 전까지로 음력 섣달 중순에 해당하며 1년 중 가장 추운 때다. 시베리아에서 발달한 차가운 대륙성 고기압이 우리나라 남부까지 깊숙이 내려오게 되어 추운 날이 계속된다. 예전에는 삼한사온(三寒四溫)이 잘 지켜져서 조금만 참으면 다시 따뜻한 날이 되었지만 이제는 그런 예측(豫測)도 틀어진지 오래다.

▲ 고드름

그런데 날씨는 추위도 많은 눈이 내리지 않으면 오히려 겨울가뭄이 드는 때가 바로 지금이다. 보리밭에 두툼한 이불을 덮어주어 차가운 바람을 막아주어야 하는데 그렇지 못하면 동해(凍害)를 입고, 농사 지을 물은 물론이며 자칫하면 마실 물조차 부족하게 된다.

눈도 적게 오고 습도도 낮은 대한의 건조한 기후는 아궁이불이 화마(火魔)로 변하기도 쉽다. 예전의 초가지붕은 짚으로 되어있어 속 불은 끌 수가 없었으니, 잊어버릴 만하면 한 번씩 발생하는 불은 완벽한 잿더미로 만든 다음에야 꺼지는 것이 안타까운 현실이었다. 그러나 지금은 불을 때는 아궁이가 사라졌으니 최소한 불쏘시개로 인한 화재는 걱정하지 않아도 되는 상황이다.

31.3 대한 풍속

대한은 가장 추운 시절로 모든 생물이 성장을 멈추고, 겨울잠을 자거나 최소한의 활동으로 저장된 영양분을 적게 소모하는 때이다. 따라서 이렇다 할 행사나 특별한 풍습은 없고, 다만 한겨울에 할 수 있는 일들이 있을 정도다.

마지막 절기인 대한은 다음에 오는 첫 번째 절기 즉 입춘에 비해 묵은 해가 되며, 입춘이 바로 신년(新年)이 되는 것이다. 따라서 대한을 신구(新舊)의 구분점으로 삼기도 하였으며, 새로운 것을 맞는 거룩함에 비유하여 경건하게 대하기도 하였다.

절분

우리나라를 비롯한 동양에서는 겨울을 매듭짓는 절후(節候)이며, 사시사철의 계절에서는 한 해의 마지막이 되어 다음 해와 구분이 된다는 의미로 절분(節分)이라 하였다.

해넘이

절분이 계절의 마지막이었던 것처럼, 이날을 계절의 연말로 보아 해넘이를 하였다. 해넘이는 콩을 방이나 마루 등에 뿌려 악귀를 쫓고 새해를 맞는 풍습이다. 절분이 지나면 정월절(正月節)로 접어든다. 한 해에 처음 시작되는 절기는 입춘이며, 이 날은 절월력(節月曆)으로 연초(年初)가 된다. 따라서 대한이 되면 곧 연말이라는 인식과 함께 돈을 빌리거나 각종 연장을 빌리는 등의 새로운 일을 벌이지 않았다. 그와 반대로 이미 벌어진 일에 대해서는 마무리를 하는 시기로, 빌려준 돈을 다 받아야 하며 못다 한 일을 찾아서 끝내는 습관이 생겨났다.

집안 손질

제주도에서는 이사나 집수리를 포함한 집안 모든 손질은 신구(新舊)간에 하라고 하였다. 이는 신들이 하늘에 올라가 보고(報告)한 후

새로운 임무를 받아오는
날이므로 땅에 신(神)이
없어 해(害)가 없다는 것
이다. 이때의 신구간은 대
한 후 5일에서 입춘(立
春) 전 3일까지의 기간을
말하는데, 이는 양력으로
대략 1월 25일부터 2월 1
일까지의 1주일 정도가 된다.

▲ 가마니짜기

31.4 대한의 농사

　농민들은 동지섣달이 엄동설한(嚴冬雪寒)이라고 하여 방안에만 앉
아있는 것은 아니다. 내년에 지을 임대논의 경작료 즉 도지(賭地)를
정하고, 새끼꼬기와 가마니치기로 시간을 보낸다. 요즘에는 사라졌지
만 어떤 집에서는 멍석을 짜거나 돗자리를 엮는 등 일손을 놀리지 않
았다. 또 내년 농사를 위하여 똥장군과 지게를 손질하기도 한다.

　겨울철 보리밭에 가서는 혹시나 들뜬 보리가 있어 얼어 죽지 않을
까 밟아주고, 물이 고이지 않도록 고랑도 손질한다. 가정에 따라서는
지난여름에 부서졌던 농기구를 손질하거나 새로 장만하는 일들로 시
간을 보냈다.

　대한의 농사는 소한과 마찬가지로 밭고랑을 정비하고 물 빠짐을 도
와야 한다. 흙을 북돋우고 유기물(有機物)을 덮어서 추위를 막는 것도

중요하다. 채소류의 농사
는 소한과 다르지 않다.
논농사는 새해 영농 계획
을 세우고 땅심이 떨어진
곳은 객토를 하거나 토
양개량제(土壤改良劑)를
뿌려두어야 한다. 이때 논
을 갈기 전에 볏짚을 깔

▲얼음 나르기

아두는 작업이 필요하며, 심을 벼의 특성을 고려하여 품종을 준비하
는 시기다.

   과수 농가는 가지치기를 하는 데, 원줄기와 원가지, 버금가지, 곁가
지 등이 골고루 남아있도록 잘라야 한다. 또 위로 갈수록 조금 좁게 하
여 햇볕이 잘 들고 바람이 잘 통하도록 한다. 요즘이야 비닐하우스다
특용작물이다 하여 식물의 계절을 가리지 않지만, 예전에는 그래도
정해진 작물을 정해진 시간에 심는 것이 중요한 과제로 등장했었다.
「농가월령가(農家月令歌)」에서는 음력섣달을 이렇게 적고 있다.

   십이월은 계동(季冬)이라 소한(小寒) 대한(大寒) 절기로다.
   설중(雪中)의 봉만(峰巒)들은 해 저문 빛이로다.
   세전(歲前)에 남은 날이 얼마나 걸렸는고.
   집안의 여인들은 세시의복(歲時衣服) 장만할 제
   무명 명주 끊어 내어 온갖 무색 들여 내니
   자주 보라 송화색(松花色)에 청화(靑華) 갈매 옥색(玉色)이라.
   일변으로 다듬으며 일변으로 지어 내니

상자에도 가득하고 횃대에도 걸렸도다.

입을 것 그만하고 음식 장만 하오리라.

떡쌀은 몇 말이며 술쌀은 몇 말인고.

콩 갈아 두부하고 메밀쌀 만두 빚소.

세육(歲肉)은 계(契)를 믿고 북어를 장에 사서

납일(臘日)에 창애 묻어 잡은 꿩 몇 마린고.

아이들 그물쳐서 참새도 지져 먹세.

깨강정 콩강정에 곶감 대추 생률(生栗)이라.

주준(酒樽)에 술 들으니 돌 틈에 샘물소리

앞뒷집 타병성(打餠聲)은 예도 나고 제도 난다.

새 등잔 세발심지 장등(長燈)하여 새울 적에

웃방 봉당 부엌까지 곳곳이 명랑하다.

초롱불 오락가락 묵은세배하는구나.

31.5 대한의 먹을거리

소한과 더불어 대한에도 특별한 시절음식이 없다. 그러나 조상들은 곡간에 양식이 넘쳐나지만 여름과 가을의 고된 때에 비교하여 겸손한 마음을 가지고 있었다. 특별하게 힘든 일도 없는데다가 날도 짧으니 그저 적게 먹어야 한다고 생각하였던 것이다. 특히 섣달은 날씨도 춥고 일할거리도 없으니 그냥 조용히 지내라는 뜻으로 해석하여 남의 덕분으로 사는 즉 '남의 달'이라 하였다.

따라서 농가에서는 점심에 죽을 먹는 습관이 생겨났다. 맑은 쌀죽을 끓이기도 하고, 호박죽이나 팥죽을 끓여 먹기도 하였다. 그런가 하면 콩나물밥과 고구마밥이나 무밥을 하여 양을 늘리기도 하였다. 어떤 때에는 시래기밥을 하거나 시래기죽을 끓이는 예도 있었다. 모두가 할 수 있을 때 절약하려는 의도에서 비롯되었음을 알 수 있다. 한편으로는 이것들도 평소에 반찬으로 먹기 힘든 것을 밥과 함께 먹는 지혜의 하나였다.

31.6 대한의 별자리

이제 한 겨울의 정점(頂點)인 대한에 이르렀다. 아직 추위가 가시지 않았지만 벌써 밤하늘에는 봄의 별자리들이 찾아오기 시작한다. 새벽 2시가 넘으면 태미원이 중앙에 떠 있고, 큰물뱀자리에 속한 익수(翼宿)와 장수(張宿), 그리고 진수(軫宿)가 남쪽 하늘 낮은 곳에 걸려있다.

장수는 남방 주작의 모래주머니에 속하며 큰물뱀자리의 몸통 가운데로 웁실론(v)에 해당한다. 임금의 종묘(宗廟)와 명당(明堂)을 맡은 어사(御使)이며, 하늘나라의 부엌도 담당하고 있다.

익수는 남방 주작의 날개로 컵자리의 알파(a)에 해당한다. 하늘나라의 음악과 연극, 배우들을 주관하는 관청이다. 다른 말로 태미원의 3정승이라고도 하는데, 도덕과 윤리를 위한 문서와 법전을 관장한다. 태미원의 다섯 임금이 앉을 오제좌(五帝座)는 사자자리의 꼬리 끝인 베타(β)로 데네볼라(Denebola)를 말하며, 처녀자리에 해당하는 각수(角宿)와 항수(亢宿)는 모두 봄의 별자리로 보면 된다.

태미원의 남쪽 하늘에서 28수 중의 마지막별인 진수(軫宿)는 수레를 뜻하는 별로 마차와 말타기 등을 주관하며, 까마귀자리의 오른쪽 날개인 감마(γ)에 속한다.

31.7 대한과 현실

날씨가 아무리 추워도 아이들은 방안에서만 노는 것이 아니다. 물론 지금처럼 다양한 장난감이 있는 것은 아니었지만, 나름대로 주어진 환경에서 여러 가지 놀이를 개발하였다. 연날리기도 하고,

▲팽이치기

얼음지치기도 하며, 숨바꼭질도 하였다. 팽이치기, 못치기, 벽치기 등도 있다. 겨울에는 농작물을 수확하고 난 다음이라 낱가리가 여기저기 쌓여있어 숨을 곳도 많았는데, 숨바꼭질을 하다보면 차가운 바람을 맞다가 아늑한 바람막이에 숨어 있으면 나름대로는 노곤하여 잠이 들기도 한다. 그러면 해질 무렵에 저녁밥을 먹으라고 부르는 소리에 깨어 돌아가곤 하였다. 이때는 대체로 술래를 포함하여 숨바꼭질을 하던 친구들이 모두 돌아간 뒤이기 십상이다.

예전 대한에 느꼈던 가장 큰 고통은, 토방에서 세수를 하고 방으로 들어가기 위해 문고리를 잡는 순간 '척'하고 달라붙는 것이었다. 별다

른 생각 없이 문을 열다보면 손이 문고리와 하나가 되고 만다. 이때 억지로 떼다보면 손의 살점이 떨어져나가는 경우도 생긴다.

이런 예는 현재도 가끔 느끼게 되는데, 한 여름 뜨거운 태양볕에서 단단한 막대 아이스케이크를 먹다보면 얼음에 입술이 달라붙는 것과 같다. 이때도 억지로 떼다보면 입술이 터져 상처가 생긴다. 여기서 말하는 토방(土房)은 마루에 올라서기 전에 마당과 경계를 지어주던 평평한 곳을 말한다. 이곳은 대체로 차양을 하여 그늘을 만들며 비나 눈을 면하는 곳이다. 마치 방과 같이 중요한 곳인데 흙으로 되어있어 토방이라 부른다. 말하자면 마루에 오르기 위해 신발을 벗는 댓돌이 놓여있는 곳이다.

한편, 대한은 맹추위가 극성을 부리는 때이므로 따뜻한 구들장을 만들기 위해 아궁이에 군불을 때기도 한다. 장작개비는 타고 숯이 남아있으면, 이를 화로에 담아 방안의 난로로 활용한다. 비록 장작이 아니더라도 솔가지나 왕겨의 잔재(殘在)도 화로(火爐)에 담아 덮어두면 그런대로 온기를 느낄 수 있는 이동식 난로가 된다. 이런 화로를 이용하여 밤이나 고구마를 구워먹는 재미도 쏠쏠하다. 비록 적은 양이라서 모든 사람들이 배불리 먹을 수 있는 것은 아니었지만 그래도 가족 간의 정, 그리고 고향의 정을 쌓기에는 충분하였다.

부록

1. 월 중 절기와 세시풍속일

구분	기준일 (양력)	절기 (節期)	중기 (中期)	태양 황경 (黃經)	주요 세시풍속 (음력)	
1월	02월 04일	입춘		315°	설날	01월 01일
	02월 19일		우수	330°	대보름	01월 15일
2월	03월 06일	경칩		345°	영등일	02월 01일
	03월 21일		춘분	0°		
3월	04월 05일	청명		15°	삼짇날	03월 03일
	04월 20일		곡우	30°		
4월	05월 06일	입하		4°	초파일	04월 08일
	05월 21일		소만	60°		
5월	06월 06일	망종		75°	단오	05월 05일
	06월 22일		하지	90°		
6월	07월 07일	소서		105°	유두	06월 06일
	07월 23일		대서	120°		
7월	08월 08일	입추		135°	칠석	07월 07일
	08월 23일		처서	150°	백중	07월 15일
8월	09월 08일	백로		165°	중추	08월 15일
	09월 23일		추분	180°		
9월	10월 09일	한로		195°	양중	09월 09일
	10월 24일		상강	210°		
10월	11월 08일	입동		225°	상달	10월 전체
	11월 23일		소설	240°		
11월	12월 07일	대설		255°		
	12월 22일		동지	270°	동지	동지
12월	01월 06일	소한		285°		
	01월 21일		대한	300°	제석	섣달 그믐

2. 최근의 24절기일

구분	황경 (°)	연도별 기준일시		
		2012년도	2013년도	2014년도
소한	285	01월 06일 07시 44분	01월 05일 13시 34분	01월 05일 19시 24분
대한	300	01월 21일 01시 10분	01월 20일 06시 52분	01월 20일 12시 51분
입춘	315	02월 04일 19시 22분	02월 04일 01시 13분	02월 04일 07시 03분
우수	330	02월 19일 15시 17분	02월 18일 21시 01분	02월 19일 02시 59분
경칩	345	03월 05일 13시 21분	03월 05일 19시 15분	03월 06일 01시 02분
춘분	0	03월 20일 14시 14분	03월 20일 19시 02분	03월 21일 01시 57분
청명	15	04월 04일 18시 05분	04월 05일 00시 02분	04월 05일 05시 47분
곡우	30	04월 20일 01시 12분	04월 20일 07시 03분	04월 20일 12시 55분
입하	45	05월 05일 11시 20분	05월 05일 17시 18분	05월 05일 22시 59분
소만	60	05월 21일 00시 15분	05월 21일 06시 09분	05월 21일 11시 59분
망종	75	06월 05일 15시 26분	06월 05일 21시 23분	06월 06일 03시 03분
하지	90	06월 21일 08시 09분	06월 21일 14시 04분	06월 21일 19시 51분
소서	105	07월 07일 01시 41분	07월 07일 07시 34분	07월 07일 13시 15분
대서	120	07월 22일 19시 01분	07월 23일 00시 56분	07월 23일 06시 41분
입추	135	08월 07일 11시 30분	08월 07일 17시 20분	08월 07일 23시 02분
처서	150	08월 23일 02시 07분	08월 23일 08시 02분	08월 23일 13시 46분
백로	165	09월 07일 14시 29분	09월 07일 20시 16분	09월 08일 02시 01분
추분	180	09월 22일 23시 49분	09월 23일 05시 44분	09월 23일 11시 29분
한로	195	10월 08일 06시 12분	10월 08일 11시 58분	10월 08일 17시 47분
상강	210	10월 23일 09시 13분	10월 23일 15시 10분	10월 23일 20시 57분
입동	225	11월 07일 09시 26분	11월 07일 15시 14분	11월 07일 21시 07분
소설	240	11월 22일 06시 50분	11월 22일 12시 48분	11월 22일 18시 38분
대설	255	12월 07일 02시 19분	12월 07일 08시 08분	12월 07일 14시 04분
동지	270	12월 21일 20시 11분	12월 22일 02시 11분	12월 22일 08시 03분

3. 24절기별 전주지역 30년 평균 기온
(1971~2000년)

절기	기준일	평균 기온℃	최고 기온℃	최저 기온℃	강수량 mm	풍속 m/sec	습도%
입춘	02/04	-0.5	4.5	-4.6	0.5	1.0	71.7
우수	02/19	1.8	7.3	-2.4	1.6	1.3	70.9
경칩	03/06	4.2	10.2	-0.8	2.3	1.5	66.6
춘분	03/21	7.0	13.1	2.1	1.8	1.5	68.0
청명	04/05	10.7	17.9	4.4	4.6	1.6	65.0
곡우	04/20	13.8	20.5	7.5	2.3	1.4	62.1
입하	05/05	16.2	23.1	10.3	2.3	1.6	62.5
소만	05/21	18.7	25.2	12.9	1.1	1.4	66.9
망종	06/06	21.2	27.3	15.5	1.9	1.3	69.6
하지	06/21	23.1	28.2	18.6	1.5	1.3	73.6
소서	07/07	25.0	29.8	21.3	10.0	1.5	77.1
대서	07/23	26.5	30.9	23.0	12.5	1.5	78.4
입추	08/07	27.0	31.8	23.3	3.3	1.3	77.4
처서	08/23	25.0	29.3	21.4	7.1	1.3	78.6
백로	09/08	22.8	27.3	18.8	4.7	1.1	77.6
추분	09/23	19.8	25.2	15.3	7.0	1.0	75.0
한로	10/08	16.1	23.0	10.6	1.1	1.0	72.8
상강	10/23	12.9	19.7	7.3	1.0	1.0	70.3
입동	11/07	11.0	17.2	6.3	1.0	1.0	73.6
소설	11/22	6.2	11.7	1.8	2.0	1.0	71.6
대설	12/07	3.7	8.4	-0.4	1.3	1.0	75.3
동지	12/22	1.1	5.9	-3.2	1.5	1.1	72.7
소한	01/05	-1.0	3.6	-4.9	1.7	0.9	74.0
대한	01/20	-1.3	3.7	-5.5	1.6	1.2	69.5

4. 주요 산의 단풍시기

산	해발 (m)	평년 (1981~ 2010)		2011		2012		2013		2014	
		시작	절정	시작	절정	시작	절정	시작	절정	시작	절정
금강산	1,638			10/01	10/15	09/29	10/15	09/28	10/16	09/26	10/16
설악산	1,708	09/27	10/18	10/03	10/16	10/02	10/17	09/30	10/18	09/28	10/18
오대산	1,563	10/01	10/16	10/08	10/18	10/04	10/18	10/04	10/20	10/03	10/19
북한산	836	10/14	10/27	10/16	10/28	10/15	10/26	10/16	10/27	10/15	10/28
월악산	1,097	10/11	10/23	10/16	10/25	10/15	10/23	10/15	10/27	10/14	10/26
치악산	1,288	10/06	10/21	10/12	10/22	10/09	10/20	10/09	10/25	10/08	10/25
계룡산	845	10/17	10/27	10/20	10/27	10/17	10/27	10/16	10/27	10/17	10/27
속리산	1,058	10/15	10/29	10/17	10/27	10/15	10/26	10/16	10/27	10/18	10/30
내장산	763	10/17	11/06	10/24	11/05	10/25	11/06	10/21	11/06	10/18	11/07
지리산	1,915	10/09	10/21	10/15	10/24	10/10	10/18	10/11	10/24	10/09	10/21
팔공산	1,192	10/26	10/26	10/22	10/28	10/18	10/26	10/19	10/29	10/19	10/28
가야산	1,430			10/18	10/28	10/12	10/25	10/15	11/01	10/14	10/28
무등산	1,187	10/20	11/03	10/24	11/05	10/23	11/02	10/22	11/06	10/20	11/03
두륜산	703	10/29	11/11	10/30	11/11	10/28	11/11	10/31	11/10	10/27	11/11
한라산	1,950	10/15	10/29	10/18	10/28	10/15	10/30	10/14	10/27	10/17	11/01

참고서적

• 강릉문화재 원형콘텐츠/ 강릉단오제보존회/ 강릉시/ 2008.08.21

• 건강보험/ 국민건강보험공단/ 동방인쇄공사/ 2008년 6월호, 2009년 3월호

• 건강보험/ 국민건강보험공단/ 씨디피애드/ 2010년 5월호, 2011년 2월호

• 건강보험/ 국민건강보험공단/ 천일/ 2012년 8~9월호

• 건강을 가꾸는 사람들/ 건강보험심사평가원/ 신생보훈복지인쇄조합/ 2008.1,7~9월호

• 김해문화/ 김해문화원/ bm디자인/ 2011.01.00

• 날뫼문화/ 대구시 서구문화원/ 아도니스커뮤니케이션즈/ 2011.12. 01 11호

• 달력/ 자클린 드 부르그앵/ 정숙현 옮김/ 시공사/ 2003.08.30

• 동국세시기/ 홍석모/ 정승모역/ 풀빛/ 2009.03.30

• 동국세시기/ 홍석모/ 최대림역/ 홍신문화사/ 1989.08.30

• 땅과 사람들/ 대한지적공사/ 대로인쇄/ 2010년 2월호, 2012년 9월호

• 디지털 포스트/ 한국우편사업지원단/ 반디컴/ 2008.06.01

• 문화재/ 한국문화재보호재단/ 디자인소호/ 2011년 2,3월호

• 문화사 산책/ 이경구, 이용재 외/ 신아출판사/ 2009.08.25

• 문화유성/ 유성문화원/ 동인문화사/ 2011년 5 · 6월호

• 문화재사랑/ 문화재청/ 성우애드컴/ 2007년 4,5,7,8,10,11,12월호

• 문화재사랑/ 문화재청/ 성우애드컴/ 2008년 1,3,5,9월호. 2012년 8월호

• 문화재사랑/ 문화재청/ 동영인쇄/ 2009년 8,9월호, 2010년 6월호, 2011년 8월호

• 밤하늘의 별자리이야기/ 조앤 힌즈/ 승영조 역/ 승산/ 2003.06.23

• 별밤 365일/ 체트 레이모/ 이태형 옮김/ 현암사/ 1994.10.15

• 부산의 민속문화/ 황경숙/ 세종출판사/ 2003.09.15

• 산나물 들나물 대백과/ 이영득/ 황소걸음/ 2010.03.01

• 살기 좋은 땅 살고 싶은 집/ SH공사/ 성우애드컴/ 2010년 6월호, 여름호, 11~12월호

• 세시풍속과 우리 음식/ 조후종/ 한림출판사/ 2002.10.16

• 스산의 숨결/ 서산문화원/ 서산인쇄공사/ 2010년 4,6,7월호

• 스산의 숨결/ 서산문화원/ 서산인쇄공사/ 2011년 7,10월호, 2012년 7월호

• 역법의 원리분석/ 이은성/ 정음사/ 1985.02.01

• 영동문화/ 영동문화원/ 시시울/ 2011.12.26 제27호

• 옛마을 세시 · 절기 풍속/ 김영태/ 이담북스/ 2009.03.20

• 우리문화/ 한국문화연합회/ 태양씨엔피/ 2009년 1,6월호

• 우리가 정말 알아야 할 우리 별자리/ 안상현/ 현암사/ 2000.07.20

• 월간문화재/ 문화재보호재단/ 로즈앤북스/ 2008. 9,12월호

• 월간문화재/ 문화재보호재단/ 디자인소호/ 2010년 5월호, 2011년 3월호

• 월간문화재/ 문화재보호재단/ 반디컴/ 2012.06.01 6월호

• 익산의 영농계획/ 익산시 농업기술센터/ 질문자료/ 2011.07.19

- 재미있는 별자리 여행/ 이태형/ 김영사/ 1995.02.20
- 제27회 전국향토문화공모전 수상집/ 한국문화원연합회/ 계문사/ 2012.12.00
- 전라좌도장수굿/ 장수문화원/ 신아출판사/ 2009.09.01
- 전원생활/ 농민신문사/ 벽호문화사/ 2008.02.01 2월호
- 조선시대세시기Ⅲ/ 국립민속박물관/ 기산칼라/ 2007.05.04
- 주간 농사정보/ 농업진흥청/ 홈페이지/ 2010.01.01~12.31
- 좋은 동네/ 강동문화원/ 아트벤트/ 2011년. 03, 06, 09월호
- 줄다리기/ 국민생활체육줄다리기연합회/ 느낌기획원/ 2011.12.12
- 컬쳐라인/ 경북북부권문화정보센터/ 도서출판 성심/ 2009.06 여름호
- 풀코스 별자리 여행/ 김지현, 김동훈/ 현암사/ 1999.12.24
- 한국의 민속/ 김성배/ 집문당/ 1995.05.01
- 한국민속과 전통문화/ 김영일, 최재남/ 세종출판사/ 1993.08.20
- 한국민속학/ 김동욱 외4/ 새문사/ 1996.08.30
- 한국세시풍속1/ 김명자/ 민속원/ 2005.02.15
- 한국세시풍속2/ 김명자/ 민속원/ 2007.12.28
- 한국세시풍속기/ 강무학/ 집문당/ 1995.01.15
- 한국세시풍속연구/ 임동권/ 집문당/ 1993.11.10
- 한국의 민속/ 김성배/ 집문당/ 1995.05.01
- 한국전통문화의 이해/ 유광수, 김연호/ MJ미디어/ 2003.03.05
- 한국민속과 전통문화/ 김영일, 최재남/ 세종출판사/ 1993.08.20
- 사진 : 칠머리당영등굿보존회, 기지시줄다리기박물관, 이강모, 조재필, 안동시청, 남원 천문대 외 2

독자평

이복규 | 서경대학교 국어국문학과 교수 ·····························

저자인 한호철은 내 중고등학교 친구이다. 고등학교를 졸업한 후 타향살이를 하는 나와는 달리 그냥 고향을 지키면서 왕성하게 글을 쓰는 가운데, 이번에는 『선조들의 삶, 24절기 이야기』를 썼다. 어릴 때부터 생활 속에서 체득한 것, 조사하여 깊이 알아낸 것들이라 어떤 이의 책보다 구체적이고 자세하며 사례 또한 풍부하다. 학창시절에도 영감님처럼 생각이 깊더니, 우리 민속을 보는 눈매도 그윽하여 음미할 대목이 많다. 같이 보면 더 좋을 책으로 전작인 『선조들의 삶, 세시풍속이야기』를 강추한다.

정기원 | 사단법인 한국작은도서관협회 이사 ⋯⋯⋯⋯⋯⋯⋯⋯

우리의 조상들은 우리보다 학력도 부족하고, 문화의 시설을 누리지도 못했지만 그분들의 지혜와 슬기는 우리가 따라갈 수 없을 만큼 깊다. 이 책은 신시대 학문과 과학의 발달에만 의지하는 우리에게, 조상들의 슬기를 통해 옛것을 돌이켜 보며 현재의 생활과 어떤 관계가 있는지 그리고 그것이 얼마나 중요한 것인지를 알 수 있도록 설명하고 있다.

한호철 선생은 'O$_2$독서클럽'회원으로 연 100권 이상의 책을 읽고 있으며, 개인적으로 작은도서관을 만들어 독서운동을 전개하는 한편, 한국작은도서관협회 전북도지회 사무국장으로 활동하는 실천독서가이다. 그간 수필집을 비롯하여 칼럼 및 역사와 전통에 관한 많은 책을 냈지만, 이번의 『24절기 이야기』는 조상의 지혜를 후손에게 연결해주는 훌륭한 가교 역할을 할 것으로 기대한다.

김현주 | 황등남초등학교 교사 ⋯⋯⋯⋯⋯⋯⋯⋯⋯⋯⋯⋯

초등학교 학생들의 상당수는 스마트폰을 마치 친구처럼 생각한다. 잠시라도 스마트폰이 없으면 불안해하면서도, 책을 하루라도 안 보면 불안해하는 사람들은 적은 것 같다. 1주일에 1권 책 읽기 즉 'O$_2$독서'모임에서 저자를 알게 되었다. 항상 깊이 있게 책을 읽으시는 분으로 생각하고 있었는데, 이번에 내신 『24절기 이야기』를 읽어보니 우리 조상들의 삶의 지혜를 배울 수 있었다. 우리나라는 베이비붐 세대를 기점으로 24절기를 직접 체험했는지 안했는지를 구분 지을 수 있을 것이다. 이후 세대들에게는 다소 생소하게 들릴 수 있는 24절기이지만, 이 책을 민족의식 및 역사의식 고양의 매개체로 인식하여 청소년들에게도 적극 권장하고 싶다.

김현석 | 대전유일성결교회 담임목사 ·······························

수필가인 저자는 그간 다수의 수필집을 발표하더니, 『익산의 문화재를 찾아서』(익산투데이)와 『세시풍속 이야기』(익산목발노래보존회)라는 전문적인 역사 연구와 문화 추적자로 우리 곁에 돌아왔다.

기독교적 관점에서 이스라엘의 7대 명절에 유월절, 무교절, 초실절, 오순절, 나팔절, 속죄절, 장막절이 있다. 히브리인들은 유월절이 되면 양의 피를 문설주에 발랐는데 우리는 동짓날이 되면 문 위에 팥죽을 발랐다. 이러한 절기 속에는 우리의 건강과 풍요, 서원과 감사, 문화와 미래 등 모든 삶이 녹아있다. 지구의 반대편에서 논밭을 가꾸었던 우리 선조들과 유목을 하면서 야훼신앙으로 살아온 유대인들의 생활습관에도 비슷한 부분이 많은 것이다. 24절기를 단순한 농경사회의 월력쯤으로 이해하는 시대는 지났고, 삶에서 꼭 알아야 하는 교과서로 남아있다. 저자의 끊임없는 노고에 찬사와 격려를 보내며, 『24절기 이야기』가 우리 앞에 나와 기쁘고 즐거울 뿐이다.

김도중 | 용안중학교 교장 ·······························

교사로 첫 발령을 받은 소도시 순창의 모 고등학교에서 볶은 콩을 선물 받았고, 잊어버릴 만하면 한 번씩 다른 선물도 받았었다. 다른 지역에서는 명절이나 특이한 세시풍속의 경우에만 행하던 것들도 순창의 작은 마을에서는 절기에 따라 빠트리지 않고 있었던 것이다.

퇴임을 앞두고 고유의 전통을 제대로 교육하지 않았다는 점이 아쉬운 즈음에 『선조들의 삶, 24절기 이야기』를 접하고 보니, 우리 절기에 대한 유래와 환경, 농사, 먹을거리, 풍속, 별자리, 그리고 현실에 미치는 영향 등을 완벽하게 소개하고 있어 기쁘기 그지없다. 마치 체계적으로 잘 작성된 수업 지도안처럼 명확하여 우리나라 모든 학교에서 고유의 전통문화를 가르치는 교과서로 사용해도 전혀 손색이 없을 것으로 생각되어, 감히 〈창의적 재량활동 시간〉의 교재로 추천한다.

이렇게 훌륭한 책을 세상에 내놓은 저자의 노고에 진심어린 치하와 축하를 드린다.

서택훈 | 공인중개사 ·····································

평소 지근에서 보아온 저자는 직장인으로서 수필가로 활동하면서 바쁜 삶을 살아왔다. 그간 많은 저서가 있었지만 최근에 나온 『선조들의 삶 세시풍속이야기』는 우리 민족이 살아온 각양 명절을 고스란히 담고 있다고 할 것이다. 이번에 나온 『선조들의 삶 24절기이야기』는 그 후속작으로 농경사회의 기본을 정리한 것이라 말할 수 있다.

이 책은 기존의 어떤 자료보다 더 상세한 것은 물론이며, 오랜 기간에 걸쳐 직접 조사하고 현실적으로 어떻게 비교할 것인가를 연구한 흔적이 뚜렷하다. 따라서 조상들과 우리 그리고 후손들이 서로 대면하지는 못해도 이심전심으로 한 민족임을 증명하는 데는 충분하다. 인성의 중요성을 강조하는 요즘에 입시공부에만 몰입하는 학생들이나 입신에 목숨 거는 젊은이들이 온고이지신하여 새로운 지평을 열

수 있기를 바란다.

윤선덕 | 태광메디컬 이사 ⋯⋯⋯⋯⋯⋯⋯⋯⋯⋯⋯⋯⋯⋯⋯⋯⋯⋯

고향이 아닌 지역에서 살아온 지 벌써 십 년도 넘었지만, 정작 내가 사는 지역을 한 눈에 알아보는 것은 쉽지 않았다. 이때 저자의 역저인 문화재 탐구 서적을 접하면서 자세히 알게 되었다. 더불어 내가 살아온 인생, 조상들의 삶을 알아보는 것 또한 쉽지 않은데 이를 일깨워 주려는 듯 또 한 번의 역작을 내놓았다. 『선조들의 삶, 세시풍속이야기』에 이은 후속작 『선조들의 삶, 24절기이야기』를 보니 우리 민족의 생활상을 한 눈에 보는 듯하다. 지금까지 잘 알고 있는 것처럼 믿어왔던 사실들을 다시 돌아보고, 점차 잊혀져가는 우리 고유의 풍속을 기억 속에 담아두는 좋은 매개체가 될 것이다.

내 나이에 미처 경험하지 못한 풍속이 있다는 것도 새롭지만, 후손들에게는 마치 남의 나라 이야기처럼 들릴지 걱정도 든다. 아마도 인문학이 부족해서 그럴 것이다. 저자의 좋은 책을 접하면서 아름다운 미풍양속은 오래 전달되었으면 좋겠다는 생각을 해본다.

박영임 | 수필가 ⋯⋯⋯⋯⋯⋯⋯⋯⋯⋯⋯⋯⋯⋯⋯⋯⋯⋯⋯⋯⋯⋯⋯

문학인이라 하더라도 자신의 고유 장르가 아닌 부문에서 두각을 나타내기란 쉽지 않다. 그런데 저자는 평범한 직장인이면서 수필가로 역사와 민속에 관하여 해박한 지식은 물론 방대한 자료를 토대로 역사적 증거를 제시하고 있다는 것이 놀랍다.

이번에 저술한 『선조들의 삶, 24절기 이야기』는 전작인 『세시풍속 이야기』와 더불어 우리 조상들의 삶을 조명하여 후손들에게 전달하려는 저자의 강력한 의지가 엿보인다.

저자는 그냥 지나가는 달력의 어느 한 날을 보면서 현재 내가 어떤 일을 해야 하며 예전에 어떤 일을 하여 어떤 결과를 얻었는가 돌이켜 보는 지혜를 동시에 선사한다. 이것은 우리가 읽는 책이 그냥 기계적으로 글자를 읽는 것뿐이 아니라, 문장을 읽고 그 내용을 통하여 사상을 배우고 생활의 지혜를 얻는 데 있다 할 것이다.

시대가 변하고 생활 방식이 바뀌면서 예전의 것들을 버리는 게 우리다. 그러나 옛것이 없었다면 현재는 물론이며 앞으로의 생활도 없다는 말을 잊어서는 안 된다. 반대로 이 책을 통하여 옛것을 알고 다가올 미래의 삶도 개척하는 계기가 되기를 바란다.

정재혁 | 정치인 ···

이런 책이 나오길 오래 전부터 기다려왔었다. 역사학적으로 사회학적으로 우리의 전통과 문화가 점점 잊혀져가는 안타까움 때문일 것이다. 언어를 잊어버리면 나라가 망하고 역사를 부정하면 미래가 없다고 하였다. 역사적으로 흥한 나라는 새로운 도전과 개척정신이 탁월하였으나, 그 밑바탕에 과거의 경험과 역사적 교훈이 있었음은 부정할 수 없는 사실이다.

본 도서 『선조들의 삶, 24절기이야기』 속에 나타나는 우리 민족의 풍속을 접할 때 흙냄새 나는 고향의 진한 향기를 느낄 수 있다. 또한 돌아가신 할아버지의 전기를 읽는 듯하다. 이 책을 통하여 가까이는 고향과 나의 뿌리를, 그리고 조금 멀리는 우리 선조를 다시 생각해보는 기회가 되기를 원한다. 이것이야말로 내가 살고 우리나라가 살 길이기 때문이다.

김영규 | 한국연예예술인총연합회 익산지회장 ·····················

나는 변화와 개혁이라는 이름 아래 서구적 개인주의와 합리주의를 수용하여 생활에 익혀야만 전근대성에서 빨리 탈피할 수 있다고 믿어 왔다. 또한 우리나라의 고유한 것을 강조하며 복고주의를 맹종하는 사고에 대하여 반사적으로 거부감을 느껴왔다.

그러나 언제부터인가는 반대로 서구의 개인주의나 합리주의도 가장 합리적인 삶의 철학이 될 수 없다는 생각이 싹트면서, 한국적인 것을 강조하는 사람들의 견해에도 긍정적 측면이 있다는 반성을 하게 되었다.

그럴 즈음, 우리가 세계 속에서 당당히 맞서 나갈 자산이 무엇인가를 알게 해준 책이 바로 『선조들의 삶, 세시풍속이야기』였다. 이어 발간되는 『선조들의 삶, 24절기이야기』는 생활 속에 더욱 밀접하게 녹아있는 삶 그 자체를 설명하고 있다. 구체적이고 풍부한 내용을 통하여 조상들이 주는 슬기와 지혜를 배우고, 각박한 현실을 헤쳐 나갈 수 있는 삶의 지침서로 활용할 수 있을 것이다. 예술은 창작이면서 동시에 모방성을 가지고 있는데, 예술인들의 작품 소재로 혹은 주제의 이정표로서도 부족함이 없음을 자신한다. 말하자면 예술인의 기본적인 교과서라고 말할 수 있을 것이다.

저자 | 한 호 철

한호철은 전북 익산출신으로 본명은 한한철이다.

2004년 종합계간지『문예연구』에 수필로 등단하였으며, 수필집에『쉬운 일은 나도 할 줄 안다』(2003),『그 때 우리가 본 것은』(2006),『내가 시방 뭔 일을 한 겨』(2008),『눈을 떠야 세상이 보인다』(2013)가 있다. 칼럼집으로『블루코드』(2012. 공저)가 있으며, 역사와 문화에도 관심을 가져 5년 간 200여 차례의 현장답사와 자료 확인을 거친 후『익산의 문화재를 찾아서』(2011)를 펴낸바 있다. 또한『선조들의 삶, 세시풍속이야기』(2014)는 본 도서와 더불어 우리나라 각 지방에서 펼쳐지는 민속 문화를 보전하는 귀중한 자료가 되고 있다.

「한국농촌문학상」, 문예연구「올해의 작가상」을 수상하였다.

사립작은도서관을 운영하는 가운데 1년에 52권의 책을 읽는 'O₂독서' 모임에서 200% 이상을 달성하는 독서마니아이며, 지방지에 칼럼을 게재하면서 글쓰기를 계속하고 있다.

선조들의 삶 II - 24절기 이야기

초판 인쇄 | 2016년 3월 30일
초판 발행 | 2016년 3월 30일

저　　자 한호철

책임편집 윤수경

발 행 처 도서출판 지식과교양
등록번호 제 2010-19호
주　　소 서울시 도봉구 쌍문1동 423-43 백상 102호
전　　화 (02) 900-4520 (대표) / 편집부 (02) 996-0041
팩　　스 (02) 996-0043
전자우편 kncbook@hanmail.net

ISBN　978-89-6764-055-2　03380　　　　　　　　정가 26,000원